Vielfalt – Das andere Wörterbuch

Duden

Vielfalt

Das andere Wörterbuch

Sebastian Pertsch (Hrsg.)

Dudenverlag
Berlin

Inhaltsverzeichnis

Vorwort

Die *Dudenredaktion* ist in Berlin beheimatet und wir alle, die wir dort arbeiten und uns intensiv mit der → *deutschen Sprache* beschäftigen, erleben tagtäglich auf unterschiedlichste Weise Vielfalt. Sie ist unsere Lebensrealität. Und auch wenn das Bild nicht in allen Gegenden des Landes gleich ist – unsere Gesellschaft, unser Leben und damit auch unsere Sprache werden vielfältiger. Was bringt diese bereits auf den ersten Blick sichtbare Vielfalt der Menschen einerseits und gegebenenfalls ihr Fehlen andererseits mit sich und welche Spuren hinterlässt die zunehmende Vielfältigkeit der Herkunft, der Lebensentwürfe der Menschen in der deutschen Sprache?

Die Aufgabe der Dudenredaktion ist es, die Entwicklung der deutschen Sprache zu beobachten, auszuwerten und die Ergebnisse in Wörterbüchern, Grammatiken und Ratgebern festzuhalten, zu dokumentieren und Ratsuchenden Hilfestellungen für den Gebrauch der deutschen Sprache zu geben. Diese Aufgabe ist in den vergangenen Jahren anspruchsvoller geworden, weil die Einflüsse auf die Sprache vielfältiger geworden sind und diejenigen, die sie sprechen, andere Anforderungen an sie stellen.

Umso erstaunlicher ist es, dass es bisher kein (gedrucktes) Wörterbuch gibt, das sich speziell mit den Wörtern beschäftigt, die diese vielfältigen Ausprägungen des Lebens in besonderer Weise widerspiegeln.

So haben wir den Vorschlag des Herausgebers dieses Buches, Sebastian Pertsch, einen intensiven Blick auf diese Gruppe von Wörtern zu werfen, gern angenommen. Gemeinsam mit 100 bekannten Menschen haben wir aus einer Liste von mehr als tausend potenziellen Stichwörtern 100 ausgewählt und sie gebeten, sich zu je einem Wort Gedanken zu machen. Ihren Texten vorangestellt ist jeweils der entsprechende Eintrag aus *Duden online*, dem umfassendsten Bedeutungswörterbuch der deutschen Gegenwartssprache, und ein Vermerk dazu, wann dieses Wort zum ersten Mal im *Rechtschreibduden* (z. B. 1. Auflage 1880 oder 28. Auflage 2020) oder auf *Duden online* verzeichnet wurde. Entstanden sind so spannungsreiche Blicke auf Wörter, die uns zunehmend im Alltag beschäftigen und die unsere Sprache bereichern.

Die *Dudenredaktion* arbeitet mit einer großen digitalen Textsammlung, dem *Dudenkorpus*, das derzeit knapp 7 Milliarden laufende Wortformen umfasst. Im Wesentlichen stammen sie aus deutschsprachigen Pressetexten aus dem In- und Ausland, aber auch aus Romanen und Sachtexten. Aus der Analyse dieses Korpus gewinnen wir zum Beispiel Neuaufnahmekandidaten für unsere Wörterbücher, aber – durch die Kontextanalyse – auch die Basis für die Definition der einzelnen Stichwörter. Ein Wörterbuch ist immer ein Spiegel seiner Zeit und so verwundert es nicht, wenn gerade in den letzten Jahren und auch im Erscheinungsjahr dieses Buches viele Wörter aufgenommen wurden, die den gesellschaftlichen Wandel hin zu mehr Vielfalt dokumentieren.

Ein Wörterbuch ist kein Lexikon, d. h., wir geben kaum Sachinformationen (z. B. sagen wir nicht, wie viele Menschen von → *Autismus* betroffen sind), erläutern aber in möglichst einfachen Formulierungen die allgemeine Bedeutung eines Wortes. Gelegentlich geben wir auch noch Verwendungshinweise, beispielsweise, wenn ein Wort als → *diskriminierend* aufgefasst wird.

In diesem Buch treffen nun die *Duden*-Definitionen und der individuelle Blick der 100, die für dieses Buch geschrieben haben, aufeinander – deshalb heißt es im Untertitel »Das andere Wörterbuch«. Denn anders als die üblichen *Dudenwörterbücher* lässt es auch die persönlichen Sichtweisen der Schreibenden zu und daraus entsteht eine faszinierende Momentaufnahme der → *Diversity*-Begriffe unserer Zeit.

Kathrin Kunkel-Razum, Chefredakteurin, und die Dudenredaktion
Berlin, im Oktober 2023

Einleitung

Ein solch aufwendiges Werk mit 100 Autor*innen zu schreiben, lässt unweigerlich die Frage nach dem *Warum?* aufkommen: Warum gibt es so viele Themen und Autor*innen – und welches Anliegen verfolgt dieses Buch? Die Antworten darauf lassen sich kaum auf einen Nenner bringen. In meinen vielen Gesprächen zu dem Sachbuch habe ich festgestellt, dass alle Beteiligten eine etwas andere Vorstellung davon haben, weshalb sie dabei sind, was sie sich davon erhoffen und wieso ihr Thema eine Relevanz für *Vielfalt* haben könnte. Auch was *Vielfalt* und → *Diversity* eigentlich zu bedeuten haben, wird von den Autor*innen, die ihre Texte unabhängig voneinander geschrieben haben, unterschiedlich interpretiert. Das finde ich bemerkenswert: Die 100 vielfältigen Blickwinkel tragen dazu bei, dass die 100 Kapitel nicht nur thematisch vielfältig aufgestellt sind, sondern sich das ganze Buchprojekt auch nur unter einem eher unklaren Begriff wie *Vielfalt* einordnen lässt. Allein dieses scheinbar Unkonkrete stimmt schon neugierig!

Vielfalt und → *Diversity* sind übrigens keine Synonyme, obwohl die Begriffe als eine Übersetzung des jeweils anderen so verstanden werden können. Bei *Duden online* wird der Begriff *Vielfalt*[1] mit »Fülle von verschiedenen Arten, Formen o. Ä., in denen etwas Bestimmtes vorhanden ist, vorkommt, sich manifestiert; große Mannigfaltigkeit« erklärt, wohingegen Diversität[2] nur als Synonym für »Vielfalt, Vielfältigkeit« steht. Das aus dem Englischen entlehnte Wort *Diversity*[3], das auch im Deutschen genutzt wird, wird differenzierter als *Vielfalt* gedeutet: »(als positiv wahrgenommene) Vielfältigkeit, Individualität innerhalb einer Gruppe[2] oder der Gesellschaft (z. B. hinsichtlich Alter, Herkunft, Geschlecht[sidentität], Sexualität, Weltanschauung, körperlicher und geistiger Fähigkeit)«. Während *Vielfalt* also eher »nur« als Aufzeigen dieser »Mannigfaltigkeit« zählt, wird *Diversity* gerade im Englischsprachigen (aber auch zunehmend im Deutschsprachigen) als wichtige Form der → *Antidiskriminierungsarbeit* [4] und auch als Bildungsarbeit gesehen: *Diversity* ermöglicht die Teilhabe für alle Menschen. Sie schließt also nicht nur alle mit ein, sondern sie geht uns alle auch noch etwas an. Auch von diesen gesamtgesellschaftlichen Herausforderungen handelt dieses Buch. Und es möchte beides versuchen: *Vielfalt* und *Diversity*. Einerseits diese Vielfalt aufzeigen, aber andererseits auch deutlich benennen, wo es noch hakt – und dort, wo es noch zwickt, konstruktive Lösungsvorschläge einbringen.

Die Idee für dieses Buch entstand Ende 2021, als ich ein kleines Diversity-Lexikon [5] mit mehreren Autor*innen für die Fachzeitschrift *journalist* des *Deutschen Journalisten-Verbands* entwarf. In dem Medienmagazin gebe ich seit 2015 Schreibtipps und analysiere dafür »Worte und Wörter«, mit denen Journalist*innen häufiger falschliegen oder sie Schwierigkeiten haben. Dieses Know-how gebe ich seit Jahren in Vorträgen, Workshops und Interviews weiter. Auch mit der *Floskelwolke* (2014–2023) und einem Piper-Sachbuch habe ich zusammen mit meinem Kollegen Udo Stiehl die Unsauberkeiten in der deutschen Sprache – gerade im Kontext von Nachrichten – besprochen. Fragen, die mir immer wieder im Journalismus begegnen, waren ebenfalls Beweggründe für die Umsetzung dieses Buchs: Weshalb werden einige Begriffe immer wieder falsch verwendet? Manchmal aus Versehen, aber auch bewusst und manipulativ. Weshalb liest man beispielsweise noch immer von einem euphemistischen »Familiendrama« [6], unterlässt zugleich aber, das Thema → *Femizid* zu benennen? Wieso schreibt man von einer Person, die angeblich »an den Rollstuhl gefesselt« sei, statt sachlich zu formulieren: »Die Person ist auf einen Rollstuhl angewiesen« oder gar mit einem positiven Dreh: »Dank des Rollstuhls kann diese Person wieder am Leben teilhaben«? Wieso wird der Begriff → *woke* gekapert und für etwas vermeintlich *Linkes* umgedeutet? Weshalb gibt es altbekannte Themen, die trotz einer hohen Verbreitung und Aktualität immer wieder neu erklärt werden müssen? Was bedeutet → *queer* noch mal? Sollte das nicht längst bekannt sein? Da wird es beim Unterschied zwischen → *Inklusion* und → *Integration* schon schwieriger, obwohl diese Themen Millionen Menschen betreffen. Und dann gibt es noch scheinbar oder tatsächlich neue Begriffe, die dennoch längst bekannt sein sollten, wie → *Person of Color*, → *Klassismus*, → *Bias* und → *Care-Arbeit*.

Ich beobachte aber auch, dass die Kenntnis dieser Begriffe mit einer unnötigen Selbstverständlichkeit vorausgesetzt werden – und dadurch viele Menschen in den Diskursen exkludiert. Zum Beispiel wissen viele nicht, was *exkludieren* bedeutet: nämlich *ausschließen*. Wenn über »marginalisierte Personengruppen« (siehe → *Marginalisierung*) oder → *Intersektionalität* gesprochen wird, ist es zwar wichtig, dass diese Fachbegriffe verwendet werden. Andererseits lässt man viele Menschen ratlos zurück, anstatt zumindest in einem Nebensatz zu erklären, was die Wörter eigentlich bedeuten. Es ist dann auch deshalb eine paradoxe Rhetorik, weil man ja mit diesen Themen auch jene Menschen ansprechen und erreichen möchte, die Interesse signalisieren und bestenfalls auch die, die längst abgeschaltet haben. Eine → *inklusive Sprache* wäre aus meiner Sicht zielführender. Denn natürlich kann man von niemandem verlangen, alle 148.000 Stichwörter des aktuellen Rechtschreibdudens[7] zu kennen. Es geht weniger um pedantisches Besserwissen einzelner Schlagworte, schon gar nicht um »Sprachpolizei«, sondern eher um das Wissen, was hinter den Wörtern steckt und wie wir die Herausforderungen, die sie benennen, gesellschaftlich anpacken können. Ein gutes Beispiel ist → *Ableismus*. Der englische Begriff *ableism* tritt in den USA verstärkt[8] seit den 1970er-Jahren auf. Im deutschsprachigen Raum findet er erst seit wenigen Jahren Verbreitung, wie die Verlaufskurve[9] des *Digitalen Wörterbuch der deutschen Sprache* aufzeigt. Doch das Thema gibt es seit Menschengedenken: die → *Diskriminierung* gegenüber Menschen mit Behinderungen – und selbst diese Deutung reicht nicht aus, um das facettenreiche Thema zu erklären. Wussten Sie übrigens, dass jede zehnte Person in Deutschland eine schwere Behinderung hat und nur drei Prozent mit einer Behinderung geboren wurden?

Dieses Diversity-Wörterbuch war aus mehreren Gründen herausfordernd, denn es unterscheidet sich von regulären Wörterbüchern und es möchte trotzdem ein wörterbuchähnliches Format darstellen:

1. Obwohl 100 Kapitel viel sind, repräsentativ können sie nicht sein. Das liegt schon alleine an der großen Menge an möglichen Themen, die einen Bezug zu *Diversity* bzw. *Vielfalt* haben: In der Vorbereitung dieses Buchs sammelte ich mehr als tausend Stichwörter und recherchierte Hunderte potenzielle Autor*innen. Dieses Sachbuch mit »nur« einhundert Beiträgen darf daher als Auftakt verstanden werden.

2. Wir haben versucht, eine breite Palette abzubilden: Diskriminierung, Religion, Medizin, Behinderungen, Digitalisierung, Sprache, Kultur, Queer, Medien, Geschlecht, Naturwissenschaften und viele Themen, die in unserer Gesellschaft gerade besonders relevant sind und viel diskutiert werden. Das Thema Sprache kommt – und hier sind wir dem Namensgeber des Verlags, Konrad Duden, verpflichtet – in jedem Kapitel vor.

3. Jedes einzelne Thema böte Stoff für mehrere Bücher, um die gesamte Bandbreite zu erklären. In den Kapiteln wird ein Fokus gesetzt, werden Beispiele gegeben und Aspekte kompakt zusammengefasst, um das Wichtigste zu vermitteln. Mit den Quellen und Medientipps (siehe → *Was dieses Buch enthält*) geben die Autor*innen aber zusätzlich Empfehlungen zu weiterer Literatur. Diese Medien sollen Sie unterstützen, wenn Sie mehr über ein Thema erfahren möchten.

4. Die Kapitel sind Einordnungen von Expert*innen, die sich zur Sache hervorragend auskennen. Manche Einschätzungen decken sich nicht unbedingt mit denen anderer kompetenter Autor*innen und manchmal auch nicht damit, wie sie im Duden stehen. Um die Qualität und den Anspruch an ein Wörterbuch zu sichern, gab es zahlreiche Vorgaben und es wurde durch Lektorat, Korrektorat und → *Sensitivity-Reading* alles gründlich geprüft und einem Fakten- und Quellencheck unterzogen.

5. Wie auch im Journalismus gibt es ein Dilemma, ein unlösbares Problem: Ist eine Person zu nah dran an einem Thema, wird ihr vorgeworfen, »befangen«, »ideologisch« oder »betriebsblind« zu sein. Ist die Person hingegen zu weit weg vom Thema, wird ihr vorgeworfen, keine Kompetenz zum Thema zu haben. Ein Dilemma ist es deshalb, weil man sich nicht in der vermeintlichen, da unmöglich zu definierenden Mitte treffen kann. Dieses Buch lässt Menschen zu Wort kommen, die sich nicht nur einen Namen gemacht haben, sondern auch einen persönlichen und/oder beruflichen bzw. akademischen Bezug zum Thema haben.

Eigentlich sind wir in unserer pluralistischen und modernen Gesellschaft schon viel weiter, als wir uns eingestehen wollen, lassen uns aber bewusst, manchmal unbewusst von altbackenen Strukturen und populistischen Persönlichkeiten zurückwerfen. Nicht selten aus Bequemlichkeit, weil einfache Antworten zu komplexen Themen verheißungsvoll, obgleich selten hilfreich sind; manchmal aus einer diffusen Angst heraus. »Je mehr man über sich selbst und über das, was man will, weiß, desto weniger lässt man an sich ran«, sagte Bill Murray im Film »Lost in Translation« (2003).[11] Diese melancholischen Worte haben aber auch ihre Schattenseiten, denn je älter man wird, desto gefestigter wird das eigene Weltbild – und man ist weniger bereit, sich selbst und die Stationen seines Lebens zu reflektieren und schließlich zu hinterfragen. Nicht immer, aber leider zu oft.

Meiner Ansicht nach könnten wir an manchen Stellen schon längst weiter sein. Nicht alles ist gut, manches einfach nur grau, braun, hässlich und unangenehm – und oftmals selbst verschuldet. Das heißt auch, dass wir unsere → *Privilegien* gelegentlich prüfen und uns fragen sollten, ob in jeder unserer Entscheidung Egoismus oder eine falsch verstandene → *Freiheit* zum Wohle aller dient, oder ob es nicht vielleicht besser wäre, diese *Vielfalt* auch wahrhaftig, also nicht nur mit leeren Worten zu ermöglichen und uns als → *Ally* einzusetzen, wenn Menschen beispielsweise Diskriminierungen erleben. Der → *Schwarze* Schriftsteller James Baldwin (1924–1987) beobachtete treffend: »Wir dürfen nicht vergessen, dass Unterdrückte und Unterdrücker in derselben Gesellschaft aneinandergebunden sind; sie akzeptieren dieselben Kriterien, sie teilen dieselben Überzeugungen, beide hängen von derselben Wirklichkeit ab.«[12]

Dieses Buch soll neugierig machen, im besten Falle Horizonte erweitern, Sie zuversichtlich für eine Welt voller Veränderungen stimmen und Sie vielleicht auch zu mehr Mut gegen Ungerechtigkeiten anregen. Die Texte sind weder absolut noch apodiktisch, weder zu kompliziert noch mit erhobenem Zeigefinger geschrieben, sondern sollen hoffnungsvoll und inkludierend sein und kompakte Einordnungen zu sensiblen, spannenden und höchst interessanten Themen bieten. Ich bin optimistisch, dass es die 100 Autor*innen schaffen werden, bei Ihnen das eine oder andere *Aha-Erlebnis* auszulösen. Vermutlich werden Sie – ebenso wie ich es bereits tat – erstaunt feststellen, wie viele Themen Sie direkt oder indirekt berühren und wie viel Neues Sie erfahren werden. Ich freue mich also sehr, dass Sie dieses Buch in den Händen halten, und ich hoffe sehr, dass es Ihnen ein guter und lesenswerter Leitfaden sein wird.

Sebastian Pertsch

Journalist, Medienprofi, Projektleiter und Herausgeber dieses Buchs

Medientipps → 11, 12, 13, 14, 15, 16, 17, 18, 19, 20

Was dieses Buch enthält

Die 100 Kapitel dieses Buches enthalten viele unterschiedliche Elemente. Dazu gehören *Shortlinker*, interne Verweise, Quellenangaben, Medientipps, Illustrationen und die Erläuterungen aus *Duden – Die deutsche Rechtschreibung* oder aus *Duden online* zu den jeweiligen Stichwörtern. Im Folgenden erläutern wir diese Elemente:

Header

Zu jedem Stichwort folgen zunächst die Angaben zu dem jeweiligen Stichwort aus *Duden – Die deutsche Rechtschreibung* oder *Duden online*. Sie umfassen die Wortart, die Schreib- und Trennmöglichkeiten sowie das Jahr der Aufnahme des Wortes in den Duden. Diese Jahreszahl bezieht sich normalerweise auf *Duden – Die deutsche Rechtschreibung*. Sollte das Wort noch nicht Eingang in das gedruckte Werk gefunden haben, wird das Jahr der Aufnahme in das Onlinewörterbuch (*Duden online*) angegeben. Es folgt dann die Bedeutungsangabe bzw. die für das Buch relevanten Teile daraus.

Sensitivity-Reading

Substantiv, Neutrum | Sen|si|ti|vi|ty-Rea|ding, Sen|si|ti|vi|ty|rea|ding |
im Duden seit 2023 (Duden online)

D mit hoher Aufmerksamkeit für exkludierende, diskriminierende und stereotype (1) Inhalte oder Formulierungen erfolgendes Lesen oder Lektorieren

Dieser Header und der jeweilige Beitrag der Autor*innen sind nicht aufeinander abgestimmt worden. Sowohl Überschneidungen als auch Diskrepanzen in den Bedeutungen sind daher möglich und durchaus gewünscht, um Diskussionen zu ermöglichen.

Medientipps

Neben den Quellenhinweisen, die oftmals Fakten belegen und sich als hochgestellte blaue Zahlen im Text selbst befinden, bieten alle Autor*innen zusätzlich noch Medientipps an. Sie finden Sie unten rechts neben dem Porträtfoto ebenfalls als blaue Zahlen. Diese Medientipps sind Empfehlungen für Sie, wenn Sie mehr zum Thema lesen, hören oder sehen möchten. Das Spektrum reicht von Presseartikeln, über Bücher hin zu Videos und manchmal auch Songs.

Shortlinker – Teil 1

Sowohl die Quellenangaben als auch die Medientipps haben ein gemeinsames Zahlenreferenzsystem. Keine Zahl tritt also doppelt auf. Zahlen können aus maximal vier Ziffern bestehen. Im Buchanhang sind das Quellenverzeichnis und die Medientipps zusammengelegt und nach Zahlen geordnet. Wegen der hohen Anzahl an Autor*innen, Kapitel und dementsprechend auch vielen Quellen und Medientipps sind die Angaben im Buchanhang auf eine Zeile pro Eintrag verkürzt. Eine ausführliche Aufschlüsselung mit allen Informationen zur Quelle bzw. zum Medientipp gibt es nur online.

Hadija Haruna-Oelker
Journalistin, Autorin und Moderatorin
Medientipps → 1155, 1156, 1157, 1158, 1159

Für dieses Buchprojekt nutzen wir ein Hilfsmittel: Ein sogenannter *URL Shortlinker* (oder auch *Kurz-URL-Dienst* genannt) schlägt einen Bogen vom Buch zum Internet. Der *Shortlinker* leitet Sie auf eine Internetseite des Dudenverlags weiter, auf der alle Details zur Quelle oder zum Medientipp stehen. Hierfür geben Sie im Internetbrowser die Domain *vielfalt.link* ein, gefolgt vom Schrägstrich bzw. Slash / und anschließend die Zahl für die Quelle oder den Medientipp. Das sieht wie folgt aus:

https://vielfalt.link/1234

Gibt es beispielweise die Quelle mit der hochgestellten Nummer *1234* im Buchbeitrag, geben Sie im Browser *vielfalt.link/1234* ein und Sie werden automatisch zur Internetseite des Buchprojekts weitergeleitet und erfahren mehr zu dieser Quelle. Gleiches gilt für die Zahlen der Medientipps. Das einleitende *https://* können Sie bei der Eingabe im Browser übrigens auslassen.

Hinweis: Die Zahl *1234* soll hier nur als Beispiel dienen; es gibt sie nicht als Quelle oder Medientipp im Buch. Wenn Sie den Link *vielfalt.link/1234* aufrufen, gelangen Sie zu diesem Buch im Duden-Shop.

Shortlinker – Teil 2

Dieser Shortlinker kommt auch bei der inhaltlichen Aufschlüsselung der Quellen und Medientipps zum Einsatz. Hierfür werden aber keine Zahlen, sondern nur Großbuchstaben verwendet, um besser unterscheiden zu können und Verwechslungen zu vermeiden. Technisch gesehen funktionieren sie aber identisch:

https://vielfalt.link/ABCD

Angenommen, Sie haben in einem Kapitel die Zahl *1234* als Medientipp entdeckt und möchten mehr dazu wissen. Wie Sie gerade erfahren haben, gibt es dafür zwei Möglichkeiten: Sie nutzen den *Shortlinker* und geben im Internetbrowser *vielfalt.link/1234* ein oder Sie blättern hinten im Buchanhang bis zur Zahl *1234*. So oder so gelangen Sie zu weiteren Details und erfahren nun, auf welches Buch, welchen Artikel oder welches Video verwiesen wird. Für **alle** Quellen und Medientipps gibt es eine Internetseite, also einen Link. Und damit Sie lange Links nicht mühsam abtippen müssen und auch, damit wir im Buchanhang Platz sparen, nutzen wir hierfür ebenfalls diesen Shortlinker.

1 Duden online: Eintrag zu »Vielfalt« → vielfalt.link/AHBL
2 Duden online: Eintrag zu »Diversität« → vielfalt.link/AEHG
3 Duden online: Eintrag zu »Diversity«, abgerufen: 05.10.2023 → vielfalt.link/TWKA
4 Gregull: »Dossier Migration: Migration und Diversity«, 2018 → vielfalt.link/AGRK
5 Pertsch (Hrsg.): »Diversity-Lexikon«, journalist (Zeitschrift), 2021 → vielfalt.link/REWT
6 Leitfaden: »Kein Familiendrama, journalist (Zeitschrift), 2023 → vielfalt.link/WHKC
7 Duden: »Der Umfang des deutschen Wortschatzes« → vielfalt.link/XDBL
8 »Ableismus & Gewalt: Was ist Ableismus?«, Rechercheprojekt #AbleismusTötet → vielfalt.link/DFTP
9 Wortverlaufskurve von »Ableismus« und »Ableism«, DWDS, Zeitraum: 2000 bis 2023 → vielfalt.link/TXER
10 Baldwin: »Von einem Sohn dieses Landes«, dtv, 2022 → vielfalt.link/BAMP

Haben Sie also, um im Beispiel zu bleiben, die Quelle *1234* im Buchanhang gefunden, könnte da auf eine TV-Dokumentation hingewiesen sein. Die URL zu dieser Doku befindet sich aber nicht in voller Länge dort, sondern nur als verkürzter Link mit den vier Großbuchstaben, beispielsweise »Video in der ARD-Mediathek → *vielfalt.link/ABCD*«. Um zur eigentlichen Internetseite weitergeleitet zu werden, rufen Sie *vielfalt.link/ABCD* im Browser auf.

Hinweis: Wie auch die *1234* ist *ABCD* nur ein Beispiel und taucht nicht als Quelle oder Medientipp im Buch auf. Wenn Sie den Link *vielfalt.link/ABCD* aufrufen, gelangen Sie ebenfalls zum Buch im Duden-Shop.

Interne Verweise

Alle Themen in diesem Buch haben Berührungspunkte zu weiteren Kapiteln; manche mehr, manche weniger. Um Sie darauf aufmerksam zu machen, verweisen wir mit einem vorangestellten blauen Pfeil vor dem Begriff auf diese hilfreiche Verknüpfung. Der anschließende Begriff ist kursiv gesetzt (z. B. → *deutsche Sprache*). Gelegentlich verlinken wir nur die gebeugte Form (z. B. → *marginalisierte* Person), wenn die Grundform im Beitrag nicht erwähnt wird (hier im Beispiel statt → *Marginalisierung*).

Illustrationen

Zahlreiche Kapitel wurden von der Designerin und Infografikerin Katharina Schwochow[20] illustriert. An der inhaltlichen Aufbereitung der Illustrationen waren alle beteiligt: Nicht nur die Illustratorin, sondern auch die Autor*innen als Expert*innen zu ihren Themen, die Dudenredaktion und der Herausgeber haben sich gemeinsam viele Gedanken gemacht, um eine Einordnung und einen Mehrwert zu schaffen, der das jeweilige Kapitel bereichert.

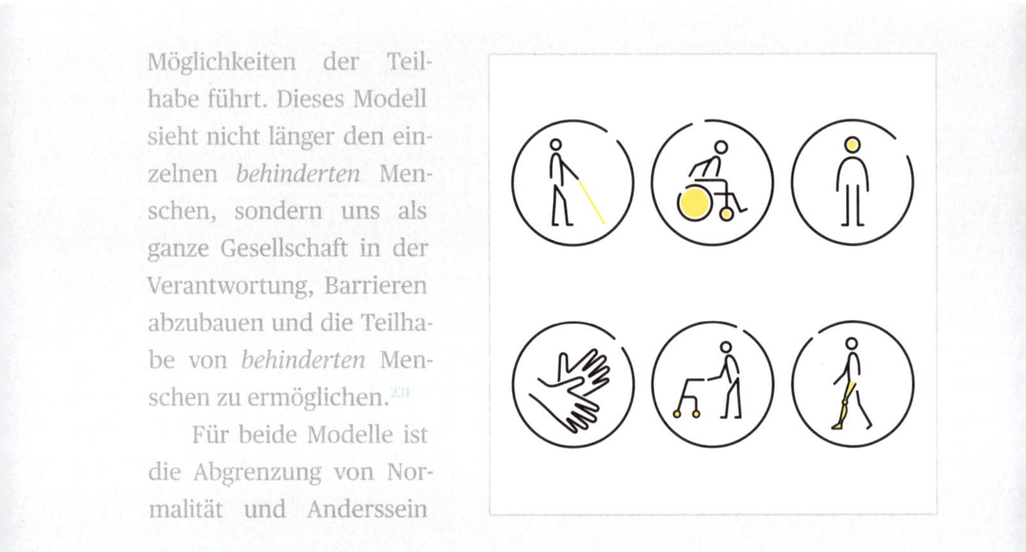
Möglichkeiten der Teilhabe führt. Dieses Modell sieht nicht länger den einzelnen *behinderten* Menschen, sondern uns als ganze Gesellschaft in der Verantwortung, Barrieren abzubauen und die Teilhabe von *behinderten* Menschen zu ermöglichen.[231]

Für beide Modelle ist die Abgrenzung von Normalität und Anderssein

Geschlechtergerechte Sprache

Wir nutzen im Buch eine → *gender*inklusive Sprache, weil wir nicht nur Frauen und Männer, sondern selbstverständlich alle, also auch → *nicht binäre* Menschen ansprechen möchten.[21] Gibt es keine geschlechtsneutrale Formulierung, kommt auf Wunsch des Herausgebers der Asterisk zum Einsatz.

Barrierefreiheit

Insbesondere für die Ausgabe als E-Book und in Online-Publikationen wurde Wert darauf gelegt, dass das Buch barrierearm ist. Für dieses Buch sind alle Illustrationen und Porträtfotos mit einem sogenannten *ALT-Text*[22] hinterlegt. Die Illustrationen und der mit der Spiegelfolie versehene Umschlag enthalten außerdem genügend Kontraste, damit sie besser gesehen werden können.

Ableismus bis Zionismus

Ableismus

Substantiv, maskulin | Able|is|mus | im Duden seit 2020 (D1, 1. Auflage)

D Abwertung, Diskriminierung, Marginalisierung von Menschen mit Behinderung oder chronisch Kranken aufgrund ihrer Fähigkeiten; Gebrauch: besonders Soziologie

Ableismus ist eine →*Diskriminierung*skategorie, die Menschen mit → *Behinderung* strukturell auf verschiedenen Ebenen abwertet und ausschließt. Das sozialwissenschaftliche Fachwort verbreitete sich im großen Rahmen zuerst innerhalb der US-amerikanischen Behindertenbewegung der 1970er-Jahre.[100] Im Englischen setzt sich das Wort *ableism* aus dem Adjektiv *able* (fähig) und der Endung *ism*, die für gesellschaftliche Strukturen steht, zusammen.[101]

Im Deutschen wird *Ableismus* immer noch oft fälschlicherweise mit dem Wort *Behindertenfeindlichkeit* gleichgesetzt. Das ist eine Vereinfachung, die der gesellschaftlichen Verbreitung von *Ableismus* und seinen Folgen nicht gerecht wird. Aktive Behindertenfeindlichkeit bildet einen Teilaspekt von *Ableismus* ab, reicht aber nicht aus, um den Begriff im Ganzen zu erfassen.

Der *Ableismus* stellt den nichtbehinderten Menschen in das Zentrum der Norm. Alle gesellschaftlichen Bereiche sind in einer ableistischen Gesellschaft allein auf die Bedürfnisse und Erfahrungen von nichtbehinderten Menschen ausgerichtet. Behinderte Menschen, die diese Norm nicht erreichen können, werden von Politik, Institutionen und Gesellschaft strukturell abgewertet, ignoriert oder schlicht vergessen.[102]

Menschen mit sichtbarer Behinderung werden zudem oft von baulichen, aber auch von kommunikativen Barrieren darin gehindert, ein selbstbestimmtes Leben zu führen. Eindrückliche Beispiele sind Schulen ohne Aufzüge, Haltestellen ohne Leitsystem für sehbehinderte und blinde Menschen oder Bundespressekonferenzen, die ohne Gebärdensprachdolmetscher*innen stattfinden. Behinderte Menschen ohne sichtbare Behinderungen hingegen müssen viel zu oft erst um die Anerkennung ihrer Einschränkungen und Barrieren kämpfen. Ihnen begegnen des Öfteren die ableistischen Glaubenssätze, dass sie nur Aufmerksamkeit suchen oder sich einfach nicht genug anstrengen würden.[103]

Daneben existiert *Ableismus* natürlich auch in der Sprache. Das Wort *behindert* wird zum Beispiel häufiger als Schimpfwort verwendet. Das führt nicht nur zu einer Abwertung, sondern auch dazu, dass die nicht behinderte Mehrheitsgesellschaft versucht, das Wort zu vermeiden. Die fremdbestimmten und beschönigenden Alternativen – wie *Menschen mit besonderen Bedürfnissen* oder *Menschen mit speziellen Fähigkeiten* – lehnen viele Menschen mit Behinderung ab.[104] Die Bedürfnisse von behinderten Menschen unterscheiden sich kaum von denen nichtbehinderter Menschen. Nur die Zugänge zur Erfüllung dieser Bedürfnisse sind für behinderte Menschen erschwert, blockiert oder gar nicht erst vorhanden. Das Wort *behindert* beschreibt eben genau diese Behinderung von außen, aber auch die körperlichen und psychischen Einschränkungen der individuellen Personen. Daher gilt es für die meisten behinderten Menschen als neutrales Wort.

Deutschland hat sich bereits seit 2009 dazu verpflichtet, Maßnahmen zu ergreifen, um *Ableismus* in allen Formen und Bereichen entgegenzuwirken. Mit der Unterzeichnung des *Übereinkommens über die Rechte von Menschen mit Behinderungen* (kurz: »UN-Behindertenrechtskonvention«) hat die deutsche Regierung anerkannt, dass Menschen mit Behinderung ein Recht auf → *Chancengleichheit*, Zugänglichkeit und volle Teilhabe an der Gesellschaft haben.[105] Leider warten Menschen mit Behinderung bislang in vielen Bereichen vergeblich, dass dieses Recht in einklagbare Gesetze innerhalb der deutschen Gesetzgebung übersetzt wird.

Eine Gesellschaft, die → *Inklusion* strukturell und individuell lebt und vorantreibt, ist die beste Antwort auf *Ableismus*, denn jeder Mensch mit und ohne Behinderung hat ein Recht auf ein selbstbestimmtes Leben ohne ständige Abwertung und dauerhaften Ausschluss.

Tanja Kollodzieyski
Autorin, Redakteurin und Behindertenrechtsaktivistin

Medientipps → 106, 107, 108, 109, 110, 111, 112, 113

Abtreibung

Substantiv, feminin | Ab|trei|bung | im Duden seit 1880 (D1, 1. Auflage)

D das Abtreiben (2b); Schwangerschaftsabbruch

Eine *Abtreibung* ist die vorzeitige Beendigung einer Schwangerschaft durch einen operativen Eingriff oder die Einnahme von Medikamenten. Der Begriff wurde die längste Zeit seines Bestehens als neutrale Beschreibung verwendet. Erst Mitte des 20. Jahrhunderts bekam der Begriff eine negative Bewertung, als Abtreibungsgegner*innen ihn zunehmend abwertend gebrauchten.[114] Dies führt dazu, dass gerade Personen, die sachlich über das Thema schreiben wollen, eher Begriffe wie *Schwangerschaftsabbruch* oder *-beendigung* verwenden.

Zwar wird der Begriff *Abtreibung* auch kämpferisch von Menschen gebraucht, die sich für das Recht auf Selbstbestimmung einsetzen. Es hält sich aber die Tendenz, dass häufiger Gegner*innen ihn nutzen. Analysen zeigen, dass *Abtreibung* doppelt so häufig in Suchmaschinen eingegeben wird wie *Schwangerschaftsabbruch*.[115] Er ist für viele Menschen das geläufigere Wort. Durch die einseitige Besetzung des Begriffs von Abtreibungsgegner*innen besteht die Gefahr, schnell auf Internetseiten mit bewusst verbreiteten Fehlinformationen zu gelangen. Es ist daher wichtig, *Abtreibung* auch im wertfreien Kontext zu verwenden.

So umkämpft wie der Begriff ist auch das Recht darauf, über Fortführung oder *Abbruch* einer Schwangerschaft selbst entscheiden zu können. Zu jeder Zeit und in jeder Gesellschaft gibt es Debatten darüber, unter welchen Umständen *Abtreibungen* erlaubt sind. Auf der Welt gibt es große Unterschiede. In manchen Ländern können Schwangere bis zu bestimmten Fristen einfach selbst entscheiden, in anderen Ländern gibt es Beratungspflichten und Wartezeiten – und in wieder anderen Ländern ist *Abtreibung* absolut verboten.

In Deutschland sieht die Gesetzeslage vor, dass eine *Abtreibung* verboten ist, aber geduldet wird, wenn bestimmte Bedingungen eingehalten werden. Diese Regelung und das gesellschaftliche Tabu haben zur Folge, dass es in manchen Regionen kaum möglich ist, zeit- und wohnortnah eine Schwangerschaft abzubrechen. Insbesondere medikamentöse *Abtreibungen* werden von zu wenigen Ärzt*innen angeboten.[116] Dabei stellt gerade diese Methode seit Ende der 1980er-Jahre eine revolutionäre Entwicklung dar, um sicher abzutreiben – und das ohne fremde Hilfe im häuslichen Umfeld. Es ist nicht verwunderlich, dass besonders in Ländern mit rechtem Backlash die Verbreitung dieser Medikamente erschwert wird (siehe → *Rechtspopulismus*).

Verbote und Hindernisse verhindern aber keine *Abtreibungen*, sondern machen sie nur gefährlicher, weil sie dann heimlich und zu einem späteren Zeitpunkt stattfinden. Weltweit werden etwa 45 % aller *Abtreibungen* unter unsicheren Bedingungen durchgeführt. Die Weltgesundheitsorganisation (WHO) fordert[117] daher, dass *Abtreibungen* »sicher, zeitnah, kostengünstig, diskriminierungsfrei und respektvoll« sein müssen. Für → *marginalisierte* Gruppen ist der Zugang häufig besonders erschwert. Unnötige Hindernisse und die daraus resultierenden Versorgungsprobleme treffen diese Personen stärker.

Für ungewollt schwangere → *trans** Männer und → *nicht binäre* Personen ist beispielsweise die Vorstellung, von einer unbekannten Gynäkolog*in medizinisch betreut zu werden, häufig mit mehr Ängsten verbunden als für cis Frauen. Arme Schwangere können sich die Fahrt zu einer weit entfernten Praxis weniger leisten als reiche und nicht jede Einrichtung ist barrierefrei.[118]

Ob *Abtreibung* oder *Schwangerschaftsabbruch*: Es ist wichtig, überhaupt über das Thema zu sprechen und es zu enttabuisieren. Denn *Abtreibungen* betreffen im Laufe eines Lebens fast alle mindestens einmal – als Schwangere, Partner*innen, Eltern oder Freund*innen.

Jana Maeffert
Gynäkologin und Pro-Choice-Aktivistin

Medientipps → 119, 120, 121, 122, 123, 124, 125, 126, 127, 128

Ally

Substantiv feminin; Substantiv maskulin | Al|ly | im Duden seit 2023 (Duden online)

D Ally, der: männliche Person, die sich mit den Anliegen einer marginalisierten (2) oder diskriminierten gesellschaftlichen Gruppe solidarisch zeigt, ohne dieser selbst anzugehören; Ally, die: weibliche Person, die sich mit den Anliegen einer marginalisierten (2) oder diskriminierten gesellschaftlichen Gruppe (2) solidarisch zeigt, ohne dieser selbst anzugehören

Wenn wir uns im Themenfeld von Vielfalt und → *Diversity* bewegen, beschreibt der Begriff *Ally* einen Menschen, der in bestimmten Kontexten zu privilegierten sozialen Gruppen gehört und diese für Menschen einsetzt, die von → *Ungleich*behandlung und struktureller → *Diskriminierung* betroffen sind.[129] *Ally* ist ein englisches Wort und bedeutet Verbündete*r, Partner*in oder Alliierte*r. In den USA bekam der Begriff in den 1970er-Jahren eine neue Kontextualisierung durch die Selbstbenennung heterosexueller Unterstützer*innen in der → *queeren* Community. Sie bezeichneten sich als »Straight Ally« und auch in Deutschland ist dieser Begriff mittlerweile verbreitet.[130]

In den Medien und bei Demonstrationen positionieren sie sich gegen die Diskriminierung von LGBTQIA*. In den 1980er-Jahren etablierte sich die Bezeichnung *Ally* als Ergebnis verschiedener Initiativen zur multikulturellen Erziehung in den USA[131] in einem vielfältigeren Bedeutungsspektrum. Heutzutage treten *Allys* (engl. *allies*) als Verbündete für alle marginalisierten Gruppen in unserer Gesellschaft ein, so z. B. für Menschen mit → *Behinderungen*, Menschen aus Einwandererfamilien oder BIPoCs (siehe → *Person of Color*).

Neben dem Aktivismus stellt *Allyship* eine aktive Interventionsmöglichkeit im Kampf gegen Diskriminierung, Exklusion und Paternalismus dar und ist damit eine wichtige Stellschraube für Partizipation und soziale Gerechtigkeit. Wir brauchen heute und in der Zukunft viel mehr Menschen, die sich bewusst dafür entscheiden, ihre Ressourcen zu teilen, um zu einer Stärkung der Rechte und Anliegen nicht privilegierter Menschen beizutragen.

Aber wie werde ich ein *Ally*? Zunächst geht es um eine intensive Auseinandersetzung mit den eigenen → *Privilegien*. Die Reflexion darüber, in welchen Kontexten ich privilegiert bin und über welche soziale Macht ich

dadurch verfüge, schafft ein Bewusstsein dafür, welche Ressourcen ich anderen zur Verfügung stellen kann.[129] Als *Ally* ist es meine Aufgabe, mich zu informieren und fortzubilden, vor allem aber, den Menschen zuzuhören, die von Diskriminierung betroffen sind. Ich suche immer wieder das Gespräch, um meine eigene Perspektive zu hinterfragen und zu verändern. Für einen *Ally* stehen niemals eigene Interessen oder Erwartungen an Nützlichkeit im Vordergrund. Im Gegenteil, *Allys* bieten die Bühne, die ihnen aufgrund ihrer Privilegien angeboten wird, Menschen an, die zu unterrepräsentierten und diskriminierten Gruppen in unserer Gesellschaft gehören. *Allys* sind sich ihrer Rolle absolut bewusst und verhalten sich verantwortungsbewusst und reflektiert, denn sie könnten Menschen, für die sie Verbündete sind, durch Fehlverhalten neue Verletzungen zufügen.[132]

Meine Haltung als *Ally* bezieht sich nie nur situativ auf einzelne Momente einer Solidarisierung. In den sozialen Medien auf Hatespeech zu reagieren, macht noch keinen *Ally* (siehe → *Hasskriminalität*). Es geht vielmehr um eine grundsätzliche Positionierung und Praxis – ein aktives Tun – im eigenen Alltag. Abhängig von den je eigenen Ressourcen kann es vielfältig sein, wie ich mich als *Ally* einbringe und die Anliegen anderer zu meinen eigenen mache. Jedes Engagement gegen Diskriminierung und Ungleichbehandlung ist wertvoll. In diesem Sinne: Be an *Ally*!

Anna-Kristina Mohos
Dolmetscherin, Diversity-Trainerin und Autorin

Medientipps → 133, 134, 131, 132, 135, 136

alter weißer Mann

Mann: Substantiv, maskulin | al|ter wei|ßer Mann | im Duden seit 2023

D kein eigener Eintrag, aber auf Duden online als Beispiel unter *Mann* gezeigt

Das Schlagwort *alter weißer Mann* bzw. *alte weiße Männer* bezeichnet eine Person oder Personengruppe, die eine von ihr als selbstverständlich empfundene privilegierte Stellung besitzt, dazu eine überhebliche und abwertende Haltung gegenüber Menschen einnimmt, die nicht ihren moralischen oder gesellschaftlichen Idealen entsprechen und die dem gesellschaftlichen Wandel im Allgemeinen eher ablehnend gegenübersteht. Sowohl → *Privilegien* als auch Haltung werden von den Gemeinten zumeist vehement bestritten.

Die Ursprünge des Begriffs lassen sich zum englischen »old white men« zurückverfolgen, der in den USA im Laufe der 1990er-Jahre aufkam.[137] Im deutschsprachigen Raum fand der Begriff dann zunehmend in den 2010er-Jahren Verwendung und Beachtung.[138] 2019 setzte sich Sophie Passmann in ihrem Buch »Alte weiße Männer – Ein Schlichtungsversuch« intensiv mit dem Ausdruck und seiner Bedeutung auseinander. Das Schlagwort steht immer wieder in nicht ganz unberechtigter Kritik, und das nicht allein innerhalb der Riege der Gemeinten, da es im Grunde genommen irreführend ist.[139] [140] [141] [142]

Zum einen, weil bei Weitem nicht alle alten, weißen Männer die für *alte weiße Männer* entscheidenden Merkmale aufweisen, zum anderen, weil es überraschenderweise keineswegs zwingend notwendig ist, alt, weiß oder auch nur ein Mann zu sein, um ein *alter weißer Mann* zu sein. So lässt sich die Mischung aus verleugneter privilegierter Stellung, mit Intoleranz gepaarter Überheblichkeit sowie dem konservativen Streben nach Erhaltung des Status quo heute nicht nur ohne Weiteres auch bei jungen, weißen Männern, alten, nicht weißen Männern oder mittelalten Männern ganz gleich welcher Hautfarbe vorfinden, nein, es ist sogar möglich, als Frau ein *alter weißer Mann* zu sein, wenngleich diese Kombination eher seltener vorzukommen scheint.

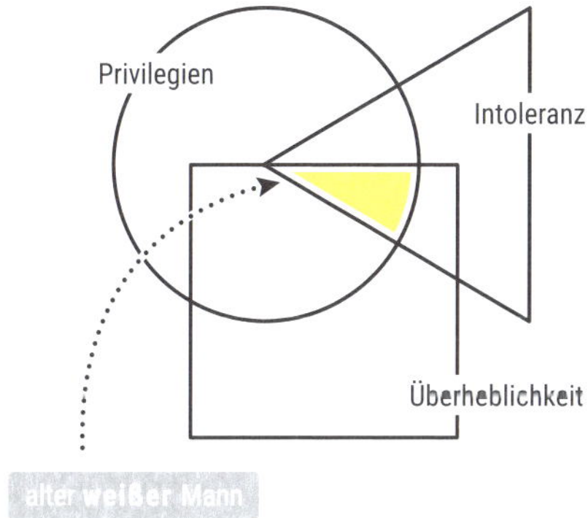

Möglicherweise hängt dies mit dem Umstand zusammen, dass beim typischen *alten weißen Mann* fast immer auch ein Fundament aus patriarchischer Grundhaltung vorhanden ist und sich das Patriarchat nach wie vor schwer damit tut, Patriarchinnen zu akzeptieren. Ungeachtet aller bei *alten weißen Männern* möglichen Kombinationen von Alter, Hautfarbe und Geschlecht weisen jedoch, zumindest in der öffentlichen Wahrnehmung, noch immer mehrheitlich tatsächlich alte, weiße Männer die für *alte weiße Männer* typischen Charakteristika auf. Deshalb lässt sich das Schlagwort trotz seiner relativen Ungenauigkeit nur schwer kompakt, allgemeingültig und dabei für alle verständlich ersetzen.

Darüber hinaus kommt die lauteste Kritik an dem Begriff nach wie vor aus den Reihen der Gemeinten. Da allgemein eher wenig Interesse daran zu bestehen scheint, auf die Gefühle dieser selbst als eher intolerant und rücksichtslos wahrgenommenen Gruppierung Rücksicht zu nehmen, halten sich die Bemühungen zur Findung eines alternativen Ausdrucks bisher in sehr überschaubaren Grenzen.

Die meisten alten, weißen Männer, die bestreiten, *alte weiße Männer* zu sein, oder sogar beklagen, dafür → *diskriminiert* zu werden, alt, weiß und ein Mann zu sein, sind in der Regel tatsächlich *alte weiße Männer*, die, ganz nach Art *alter weißer Männer*, nur nicht in der Lage oder gewillt sind, sich selbst zu reflektieren.

Benno Brockmann
Autor und Slam-Poet

Medientipps → 142, 139, 137, 143, 144, 145

antiasiatischer Rassismus

Rassismus: Substantiv, maskulin | an|ti|asi|a|ti|scher Ras|sis|mus | im Duden seit 2023

D kein eigenes Stichwort im Duden, aber als Beispiel unter → *Rassismus* auf Duden online aufgeführt

Antiasiatischer Rassismus ist kein neues Phänomen und zeit- und kontextabhängig. In seinem Ausmaß und Typus zeigt er sich in vielfältigen Erscheinungsformen. Die Wahrnehmung und Behandlung asiatischer Personen oder jener, die für Asiat*innen gehalten werden, sind äußerst volatil und widersprüchlich. Die weitverbreiteten rassifizierten Zuschreibungen sind → *gender*abhängig, d. h., das Geschlecht wird rassifiziert und die → *»Rasse«* wird → *geschlechtsspezifisch* eingeordnet: Frauen werden infantilisiert und hypersexualisiert, Männer hingegen entsexualisiert und feminisiert. Die sexuell gefügige asiatische Frau ist ein zentraler Bestandteil des Orientalismus[146] und viele mediale Asienbilder sind Konstrukte einer orientalistischen Fantasie. Beispielsweise ermöglicht das Bild der »Lotusblume« oder der »China Doll« ein sofortiges Abrufen vorhandener Klischees und stellt ein breites Angebot an »exotischen« bzw. exotisierten Bildern zur Verfügung.

Asiatische Communitys in Deutschland sind in ihrer Zusammensetzung sehr heterogen und haben unterschiedliche Herkunfts- und Migrationsgeschichten.[147] Dadurch ergeben sich komplexe Fragen wie: Welche Länder zählen zu Asien und wer wird als Asiat*in *gelesen*? Es gibt keine eindeutigen Antworten darauf und sie müssen stets kontextabhängig verhandelt werden.

Asiat*innen in Deutschland – insbesondere Koreaner*innen und Vietnames*innen – wurden und werden wiederholt als »Vorzeigemigrant*innen« für ihre vermeintlich mühelose Integration gelobt. Der Bildungserfolg der zweiten Generation gilt dafür als Beleg. Dieser »Model Minority Myth«[148] ist aus mehreren Gründen problematisch und irreführend: Er ignoriert bestehende Konflikte und verschweigt Rechte. Darüber hinaus gibt es – weil sich Asiat*innen eben »reibungslos« in die weiße Mehrheitsgesellschaft integrieren – wenig oder keine Forschung zum *antiasiatischen Rassismus*. Da keine Daten über den spezifischen → *Rassismus* vorhanden sind, gibt es kaum Sichtbarkeit und Verantwortlichkeit. Daher ist es schwieriger, Widerstand gegen → *Diskriminierung* zu organisieren, und Asiat*innen laufen Gefahr, auch nach Generationen ewige → *Ausländer*innen* zu bleiben. Zudem werden andere Communitys durch den Mythos der »Model Minority« ausgegrenzt und abgewertet, indem sie als → *integrations*unwillig und/oder defizitär dargestellt werden. Gleichzeitig werden Asiat*innen oft als ununterscheidbare Masse beschrieben: »Die sehen doch alle gleich aus.« Mit der Etablierung Chinas als wirtschafts- und geopolitische Macht ist die Angst vor der »Gelben Gefahr« wieder spürbar präsent.[149]

Während der Coronapandemie häuften sich sowohl verbale als auch körperliche Gewalttaten gegen Asiat*innen. Medien, die gezielt antiasiatische Ressentiments schürten, waren keine Seltenheit.[150] Diese spezifische Zunahme von Angriffen fügt sich in die Logik der unterschiedlichen und sich widersprechenden Bilder über Asiat*innen ein: Je nach Krisensituation und Narrativbedarf werden rassifiziertes Wissen und passende Bilder abgerufen und in Umlauf gebracht. Bestehende Vorurteile und Ablehnungen werden (re)aktiviert und führen zu verschiedenen Ausprägungen von *antiasiatischem Rassismus*.

Noch heute werden in Kindergärten und Schulen asiatisch *gelesene* Kinder und Jugendliche mit rassistischen Worten, Liedern, Gesten und Spielen gehänselt und diskriminiert. *Antiasiatischer Rassismus* ist nicht nur für betroffene Menschen relevant, sondern Teil und Symptom eines gesellschaftlichen und wirtschaftspolitischen Systems, dessen Auswirkungen alle betreffen.[151]

Sun-Ju Choi
Autorin, Sensitivity-Readerin und Diversity-Beraterin

Medientipps → 146, 151, 150, 147, 152

antimuslimischer Rassismus

Rassismus: Substantiv, maskulin | an|ti|mus|li|mi|scher Ras|sis|mus | im Duden seit 2023

D kein eigenes Stichwort, aber als Beispiel unter → *Rassismus* auf Duden online aufgeführt

Antimuslimischer Rassismus, Islam- oder Muslimfeindlichkeit und Islamophobie werden oft synonym verwendet. Anders als die anderen Begriffe werden bei *antimuslimischem Rassismus* jedoch gesellschaftliche Machthierarchien mitgedacht.[153] Sie bedeuten die unterschiedliche (Chance auf) Teilhabe an gesellschaftlicher Macht je nach Gruppenzugehörigkeit. In dieser Hierarchie sind diejenigen Menschen → *privilegiert*, die keiner gesellschaftlichen Minderheit angehören, also nicht → *marginalisiert* oder rassifiziert werden. Als rassifiziert gelten Menschen, die von → *Rassismus* betroffen sind. Die Kategorisierung von Menschen auf Grundlage des sozialen Konstrukts »Rasse« gehört der Vergangenheit an. Doch ist Rassifizierung als Prozess einer Benennung und Markierung durch die gesellschaftlich-dominante Gruppe allgegenwärtig.[154]

Bei *antimuslimischem Rassismus* geht es nicht um eine Religionskritik oder religiöse Diskriminierung. Auch Nichtmuslim*innen sind von *antimuslimischem Rassismus* betroffen. Die Zuschreibung muslimischer Zugehörigkeit – wenn also ein Mensch als Muslim*in »gelesen« oder »markiert« wird – ist das wichtige Konstruktionsmerkmal für *antimuslimischen Rassismus*.[155]

Es gibt strukturellen, institutionalisierten und interpersonellen *antimuslimischen Rassismus*. Auch dieser Form des Rassismus geht nicht zwingend eine bewusst boshafte Entscheidung voraus, Menschen benachteiligen oder diskriminieren zu wollen. Die in unseren Denk-, Gesellschafts- und Ordnungsstrukturen verankerten Stereotype bedingen – auch ungewollt – Ausgrenzungsmechanismen, mit denen muslimisch gelesene Menschen konfrontiert sind.[156] Das *Berliner Neutralitätsgesetz* ist ein solcher strukturell verankerter Übergriff, der es Lehrerinnen pauschal verbietet, bei der Ausübung ihres Berufs ein Kopftuch zu tragen. Das Gesetz ist vom Bundesarbeitsgericht als → *diskriminierend* eingestuft, was Anfang 2023 vom *Bundesverfassungsgericht* nicht beanstandet worden ist.[157]

Neben den Zuschreibungen, mit denen muslimische Menschen konfrontiert sind, bleibt die sichtbare Auslebung ihrer Religion stets ein Politikum. Dass Muslim*innen natürlicher Teil der Gesellschaft, damit in allen Räumen dieser Gesellschaft auch adäquat repräsentiert sein und teilhaben müssen, ist noch immer keine Selbstverständlichkeit. Dafür sprechen viele pauschalisierende Debatten über Muslim*innen bzw. den Islam. Auch → *Hasskriminalität* gegen Muslim*innen bzw. Orte islamischen Lebens, wie z. B. Moscheen, geben Hinweise darauf.[158] [159]

Das rassistische Attentat im Frühjahr 2019 in Hanau war entscheidend für das Verständnis um die problematische Tragweite *antimuslimisch rassistischer* Weltbilder.[160] Bei diesem Attentat wurden gezielt junge, rassifizierte Menschen ins Visier genommen, die sich an einem »muslimisch markierten« Ort aufhielten. Die Tat selbst, die Ermittlungen der Sicherheitsbehörden sowie die politische und mediale Rezeption liefern wichtige Erkenntnisse, wie muslimisch gelesene Menschen Übergriffe und Ungleichbehandlung – auch nach ihrem Ableben – erleben.[161] Nach Hanau forderte »CLAIM – Allianz gegen Islam- und Muslimfeindlichkeit« von der Politik, *antimuslimischen Rassismus* als Motor von rechtem und antidemokratischem Gedankengut zu erkennen und Maßnahmen gegen ihn zu ergreifen. Der Berliner Senat setze daraufhin eine »Expert*innenkommission antimuslimischer Rassismus« ein, die im Jahr 2022 ihre konkreten Handlungsempfehlungen veröffentlichten.[157]

Auch heute sind Entwicklungen um rassistisch aufgeheizte Debatten gegen Muslim*innen und muslimisch gelesene Menschen ein Grund zur Sorge. Den Silberstreif am Horizont bilden dagegen zivilgesellschaftlich immer breitere Bündnisse und stabile politische Allianzen.

Tuba Bozkurt
Unternehmensberaterin und Politikerin

Medientipps → 162, 163, 164, 165, 158

Antisemitismus

Substantiv, maskulin | An|ti|se|mi|tis|mus | im Duden seit 1934 (D1, 11. Auflage)

D a) Abneigung oder Feindschaft gegenüber dem Judentum; b) [Politische] Bewegung mit ausgeprägt antisemitischen Tendenzen

Antisemitismus war nie verschwunden, sondern hat eine jahrhundertealte Kontinuität – in Deutschland, aber auch in vielen anderen Ländern auf der Welt. Jüdinnen*Juden werden als »andere« konstruiert, als homogenes Kollektiv, als Teil einer angeblich mächtigen Verschwörung. *Antisemitismus* kann dabei unterschiedliche Formen annehmen und sich in verschiedenen gesellschaftlichen Gruppen unterschiedlich manifestieren. Mal zeigt er sich als offener Hass gegen Jüdinnen*Juden, mal als Verschwörungserzählung oder in antisemitischen Narrativen über Israel.

Für eine Einordnung wird an vielen Stellen die Arbeitsdefinition *Antisemitismus* der *International Holocaust Remembrance Alliance* (IHRA) als Grundlage genutzt. Die IHRA-Arbeitsdefinition beschreibt *Antisemitismus* als »eine bestimmte Wahrnehmung von Jüdinnen und Juden, die sich als Hass gegenüber Jüdinnen und Juden ausdrücken kann. Der *Antisemitismus* richtet sich in Wort oder Tat gegen jüdische oder nichtjüdische Einzelpersonen und/oder deren Eigentum sowie gegen jüdische Gemeindeinstitutionen oder religiöse Einrichtungen.«[166]

Antisemitismus äußert sich nicht nur in der offenen Ablehnung von Jüdinnen*Juden (siehe → *Judentum*), sondern auch versteckter über Codes und Chiffren.[167] In der Arbeitsdefinition *Antisemitismus* werden hier exemplarisch auch »falsche, entmenschlichende, dämonisierende oder stereotype Anschuldigungen gegen Jüdinnen und Juden oder die Macht der Jüdinnen und Juden als Kollektiv« genannt.[166] Zu den wirkmächtigsten antisemitischen Zuschreibungen zählt in diesen Kontext die antisemitische Hetzschrift »Die Protokolle der Weisen von Zion«, die weltweit bis heute als Grundlage für antisemitische Stereotype bis hin zu offenem Hass gegen Jüdinnen*Juden dient. In der Gründungscharta der palästinensischen Terrororganisation Hamas wurde auf die »Protokolle« Bezug genommen.

Auch das westliche verschwörungsideologische bzw. rechtsextreme Milieu verbreitet immer wieder die antisemitischen »Protokolle«.[168]

Als weitere Form spielt der sekundäre *Antisemitismus* in gegenwärtigen antisemitischen Diskursen ebenfalls eine wichtige Rolle. Er kann als Form der Schuldabwehr im postnationalsozialistischen Deutschland verstanden werden und sich etwa in Relativierung oder Leugnung des Holocaust, der Forderung nach einem Schlussstrich unter die Vergangenheit oder in der Täter-Opfer-Umkehr zeigen.[169]

Im Kontext der Proteste, die sich vorgeblich gegen die Coronaschutzmaßnahmen richteten, spielte diese Form des *Antisemitismus* wiederholt eine Rolle. So wurden beispielsweise sogenannte »Judensterne« getragen mit der Aufschrift »Ungeimpft«.[170]

Antisemitismus kann sich auch als israelbezogener *Antisemitismus* äußern. Kritik an Israel, die mit der an anderen Ländern vergleichbar ist, wird aber nicht als antisemitisch betrachtet. Von israelbezogenem *Antisemitismus* spricht man, wenn Israel beispielsweise stellvertretend für ein erdachtes jüdisches Kollektiv steht.[171]

Die Erfahrungen, die Betroffene von *Antisemitismus* machen, sind dabei aber oft nicht Teil der gesellschaftlichen Debatte und werden ignoriert oder bagatellisiert. »Aus der ständigen erzwungenen Auseinandersetzung mit den spezifischen antisemitischen Wirkmechanismen resultieren auch erfahrungsbasierte Wahrnehmungen von *Antisemitismus*, die für die nichtjüdische Bevölkerung meist völlig unbekannt bleiben«, schreibt dazu die Recherche- und Informationsstelle *Antisemitismus* in ihrem Lagebericht zu jüdischen Perspektiven auf *Antisemitismus*.[172]

Pia Lamberty
Psychologin und Co-Geschäftsführerin

Medientipps → 173, 174, 175, 176, 177, 178, 179, 180, 181, 182

Antislawismus

Substantiv, maskulin | Anti|sla|wis|mus | im Duden seit 2023 (Duden online)

D Abneigung oder Feindschaft gegenüber Angehörigen slawischer Völker und deren Kulturen

Osteuropäer*innen erfahren *antislawischen* bzw. *antiosteuropäischen Rassismus* nicht weil, sondern obwohl sie weiß sind. Nicht alle Osteuropäer*innen sprechen slawische Sprachen. Trotzdem werden Menschen aus dem ehemaligen »Ostblock« oder Osteuropa als Slaw*innen verallgemeinert und abgewertet. *Antislawismus* war im Mittelalter und besonders während des 19. Jahrhunderts verbreitet. Der »Osten« wurde als barbarisch betrachtet und Slaw*innen als eine »Rasse« konstruiert, deren »Weißsein« zwar nicht infrage stand, die aber in zahlreichen Texten als minderwertig bezeichnet wurden. Schon damals war in kolonialistischen Diskursen der deutschen Nationalbewegung von einer Ausdehnung des »deutschen Ostens« bis zum Schwarzen Meer die Rede. Russland wurde einerseits als kulturell und zivilisatorisch rückständig, andererseits als bedrohlicher Koloss und Führungsmacht der »slawischen Welt« wahrgenommen. Die ostmitteleuropäischen Länder zwischen den zwei Imperien spielten dabei kaum eine Rolle.[183] [184]

Während der Nazizeit radikalisierte sich der *antislawische Rassismus* in Deutschland. Der Überfall auf Polen 1939 war u.a. kolonialrassistisch begründet. Der durch die *Operation Barbarossa* eingeleitete Vernichtungskrieg gegen die Sowjetunion 1941 hatte die Umsetzung des kolonialistischen »Generalplans Ost« zum Ziel. Neben der Vernichtung von Millionen Jüdinnen*Juden in sowjetischen Staaten galt es, »Lebensraum im Osten« zu erobern, ansässige »slawische Untermenschen« zu vertreiben, zu versklaven und zu ermorden.

Beim deutschen Hungerplan gegen die Sowjetunion sollten gezielt »überflüssige Esser« ausgerottet werden. Etwa 7 Millionen Menschen starben. Zudem wurden Millionen Ostarbeiter*innen ins Deutsche Reich deportiert und mussten unter unmenschlichen Bedingungen Zwangsarbeit verrichten. Unter den mehr als fünf Millionen sowjetischen Soldat*innen in deutscher Kriegsgefangenschaft war die Todesrate extrem hoch: 3,3 Millionen starben. Insgesamt wurden über 30 Millionen Osteuropäer*innen während des Zweiten Weltkriegs ermordet, von denen über die Hälfte Zivilist*innen waren.[185][186][187]

Auch heute sind Menschen mit Migrationsgeschichte aus Osteuropa immer wieder mit Vorurteilen und Diskriminierungen im Alltag konfrontiert. Diese reichen von rassistischen Witzen über Ausbeutung als billige Arbeitskräfte, → *Diskriminierung* bei der Wohnungs- oder Jobsuche bis zu körperlicher Gewalt und Mord. Mindestens 14 Osteuropäer*innen wurden seit 1990 Opfer dokumentierter rechtsextremer Morde mit rassistischem Motiv.[188][189]

Besonders seit dem russischen Krieg gegen die Ukraine häufen sich rassistische Übergriffe gegenüber ukrainischen Geflüchteten. Ukrainerinnen sind zusätzlich von → *Sexismus* betroffen und werden wegen ihrer Herkunft fetischisiert. Sie erlitten vielfach sexuelle Belästigung an Grenzübergängen und Bahnhöfen, sind nun aufgrund ökonomischer Zwänge in der Prostitution oder fielen teilweise Menschenhändlern in die Hände. Die sich gezielt gegen Ukrainer*innen richtende Gewalt wird zudem durch russische Propaganda befeuert. Diese konstruiert »Russophobie«, um von eigenen Verbrechen abzulenken. Russ*innen in Deutschland erfahren Diskriminierung jedoch in Form von Antislawismus, von dem auch andere Osteuropäer*innen betroffen sind.[190][191]

Unter der Selbstbezeichnung »Post-Ost« organisieren sich diverse Menschen mit osteuropäischer Migrationsgeschichte gegen Unsichtbarkeit sowie → *Rassismus* innerhalb des deutschen Diskurses und »Westsplaining«. Damit meinen sie das Negieren der eigenen Handlungs- und Urteilsfähigkeit in Bezug auf den russischen Krieg gegen die Ukraine durch viele deutsche Intellektuelle.[192]

Anastasia Tikhomirova
Journalistin, Moderatorin und Kulturwissenschaftlerin

Medientipps → 193, 194, 195, 196, 197, 198, 199, 200, 201, 202

Ausländer*in

Substantiv, maskulin; Substantiv, feminin | Aus|län|der; Aus|län|de|rin | im Duden seit 1880 (D1, 1. Auflage)

D Angehörige/-r eines fremden Staates; ausländische/-r Staatsangehörige/-r oder Staatenlose/-r

Wer Jahrgang 1980 und älter ist, kennt den Begriff *Ausländer*in* als generisches Maskulinum sicher aus dem Alltag ebenso wie aus den Medien. Und noch weitere Ableitungen: wie etwa *Ausländerkriminalität* oder *Ausländerfeindlichkeit* bis zum *Ausländerhass.*[203] Alles unangenehm, vorwiegend populistisch eingesetzt, wobei als *Ausländer*innen* oft auch Deutsche mit Migrationshintergrund gemeint sind.

Doch nur in seltensten Fällen passt der Begriff wirklich, denn *Ausländer*innen* hört sich eher nach Menschen an, die ihren Lebensmittelpunkt gar nicht in Deutschland haben. Das macht ihn zu einem ausgrenzenden, eher → *diskriminierenden* Ausdruck.[204]

Heute wird der Begriff in Medien seltener verwendet, in der Umgangssprache aber nach wie vor (siehe → *Medienvielfalt*). Oftmals wird statt von *Ausländer*innen* mittlerweile formal zunehmend von *Menschen mit Migrationshintergrund* oder *Migrant*innen* gesprochen[205]. *Migrant* stammt vom lateinischen Wort *migrare* ab, was (aus)wandern bedeutet. Macht es das besser, weniger ausgrenzend?

Für die »ausländische Bevölkerung« gibt es eine offizielle Definition: »Dazu zählen alle Personen« (Amtsdeutsch für Menschen), »die nicht Deutsche im Sinne des Artikels 116 Absatz 1 des Grundgesetzes sind, das heißt, nicht die deutsche Staatsangehörigkeit besitzen. Zu ihnen gehören auch die Staatenlosen und die Personen mit ungeklärter Staatsangehörigkeit.«[206] Und davon gibt es viele Menschen in Deutschland: Der Anteil der ausländischen Bevölkerung betrug im Jahr 2020 genau 13,1 Prozent. Das sind rund 11,4 Millionen Menschen, die hier leben, aber nicht die deutsche Staatsangehörigkeit besitzen.[207]

Das Gegenteil von *Ausländer*innen* sind *Inländer*innen*. So wird niemand bezeichnet, nicht in der Umgangssprache und auch nicht in den Medien. Insofern ist es empfehlenswert, Menschen auch nicht als *Ausländer*innen* zu betiteln. Ein Beispiel dafür bin ich selbst: In Frankfurt am Main geboren, habe ich im Grundschulalter die deutsche Staatsangehörigkeit erhalten mit allen Rechten und Pflichten, zu denen später auch ein 20-monatiger Zivildienst gehörte. Dennoch wurde und werde ich als *Ausländer* bezeichnet. Die Staatsangehörigkeit spielt hier anscheinend nicht die entscheidende Rolle, sondern der Phänotyp. Keine wirkliche Überraschung.

Und welche Bezeichnung wäre empfehlenswert? Die Frage ist: Wie sperrig möchten wir es haben? *Menschen mit Migrationshintergrund* oder *Migrant*innen* wurden bereits erwähnt. Das ist ein Ansatz, der inkludierender wirkt (siehe → *Inklusion*). Auch die Wurzeln mit einzubeziehen, macht es menschlicher und zusammenführender. Wie etwa bei mir: *Deutscher mit pakistanischen Wurzeln*. Meine Eltern waren mit meinen älteren Geschwistern eine eingewanderte Familie. Aber dieser Begriff wird in Deutschland so gut wie gar nicht verwendet, außer es ist die Rede von einem möglichen Einwanderungsgesetz.

Nach jahrelangen Diskussionen in der Politik haben Bundestag und Bundesrat das Fachkräfteeinwanderungsgesetz im Jahr 2019 beschlossen und im Jahr 2023 reformiert.[208] Insofern ist Deutschland auf dem Weg zu einem offiziellen Einwanderungsland.

Menschen aus eingewanderten Familien würde oft auch gut passen oder *Eingewanderte und ihre Nachkommen*. Besonders schön ist die Bezeichnung *Menschen mit internationaler Geschichte*. Das wertet Menschen auf, die zur Vielfalt beitragen. Eine genaue Definition ist bei der Vielfalt von mehr als 20 Millionen Menschen mit Migrationshintergrund in Deutschland ausgeschlossen, *Ausländer*innen* sollten sie aber nicht heißen.

Murtaza Akbar
Vortragsredner, Trainer und Geschäftsführer

Medientipps → 205, 209, 210, 211, 212, 213

Autismus

Substantiv, maskulin | Au|tis|mus | im Duden seit 1941 (D1, 12. Auflage)

D angeborene Entwicklungsstörung, die sich u. a. in ausgeprägten Schwierigkeiten im Umgang mit Mitmenschen, in der Kommunikation und in stereotypen Verhaltensweisen äußert; Gebrauch: Medizin, Psychologie

Der Begriff *Autismus* setzt sich aus den griechischen Wörtern *autos* (Selbst) und *ismos* (Zustand) zusammen. Geprägt wurde er Anfang des 20. Jahrhunderts vom Schweizer Psychiater Eugen Bleuler. Aufgegriffen wurde er durch den austroamerikanischen Psychiater Leo Kanner, der den »frühkindlichen Autismus« beschrieb, und durch den österreichischen Psychiater Hans Asperger, der die Grundlage für die Beschreibung des Asperger-Syndroms legte.

Mit dem Erscheinen des Diagnoseleitfadens DSM 5 im Jahr 2013 wurden drei *Autismus*-Varianten zur *Autismus*-Spektrum-Störung zusammengefasst. Dieser Neuordnung folgte das Klassifikationssystem der WHO ICD-11 2022.[214] Die Unterschiede zwischen den Varianten waren gering und wurden in der Diagnostik inkonsequent eingesetzt. Das Asperger-Syndrom galt als wenig stigmatisierte Variante und wurde in den USA als Diagnose oft an Kinder wirtschaftlich bessergestellter Familien vergeben, während → *People of Color* oft die stärker stigmatisierte Diagnose *Autismus* erhielten.[215]

Viele *Autist*innen* begrüßten die Neuordnung. Unter ihnen galt die vorherige Unterteilung als willkürlich und überflüssig und sie lehnten den Begriff *Asperger-Syndrom* nach Bekanntwerden der Beteiligung Aspergers an der »Aktion T4« der Nationalsozialisten ab.[216] *Autismus* ist eine häufig missverstandene und mit Vorurteilen belegte Diagnose. *Autismus* wurde vorwiegend durch Beobachtung des Verhaltens von außen beschrieben, ohne die Gründe für das Verhalten zu erkunden. So konnten sich Misskonzeptionen halten, wie die angebliche Emotionslosigkeit oder die, nach der *Autist*innen* kein Interesse an anderen Menschen hätten. Auch das angebliche Fehlen einer »Theory of Mind«, also der Fähigkeit, sich in andere Menschen hineindenken zu können, wurde verworfen.[217]

Eine neuere Theorie beschreibt das »Double Empathy Problem«.[218] Sie besagt, dass verbale und nonverbale Verständnisprobleme in erster Linie zwischen *autistischen* und *nicht autistischen* Menschen auftreten, nicht aber zwischen *Autist*innen* selbst. *Autist*innen* sprechen daher von einem »anderen Betriebssystem« oder beschreiben Kommunikationsprobleme als eine auf beiden Seiten fehlgeschlagene Übersetzung zwischen unterschiedlichen »Sprachen«. Übereinstimmend berichten *Autist*innen* über Abweichungen ihrer Wahrnehmung als Kernmerkmal wie einen schwachen Filter von wichtigen und unwichtigen Reizen. Sie beschreiben die Umwelt als lauten, hellen oder chaotischen und überfordernden Ort und ihre nicht autistischen Mitmenschen als schwer verständlich und unlogisch.

Eine verbreitete Darstellung von *Autismus* beschreibt das Spektrum linear von stark bis leicht. Korrekter wäre, das Spektrum als Kreis zu sehen – mit individuellen Ausprägungen von Symptomen und Schwierigkeiten. Häufig sind Überschneidungen mit ADHS oder Teilleistungsstörungen wie Legasthenie. *Autismus* wird daher auch als Teil des Spektrums → *Neurodiversität* gesehen: einer von der Norm abweichenden Neurobiologie. Diese Deutung wird von Kritiker*innen oft als Bagatellisierung dargestellt. *Autist*innen* vertreten zumeist den Standpunkt, dass die Definition einer Normvariante Einschränkungen der Teilhabe und daher dem Status als → *Behinderung* nicht widerspricht.

Autismus wird medial als negative Metapher genutzt, so z. B. als »Ideologie der Kälte und des Autismus«[219] oder der »politische Autismus« der demokratischen Parteien als vermeintliche Ursache für den Aufstieg der AfD.[220] Diese Metaphern finden Eingang in die öffentliche Meinung über *Autist*innen*. Meist wird *Autismus* mit einem Puzzlestück oder der Farbe Blau assoziiert. Diese Symbole etablierte die exkludierende Elternorganisation »Autism Speaks«. Eine respektvolle Visualisierung nutzt die Farbe Rot und ein regenbogenfarbenes Unendlichkeitssymbol.[221]

Mela Eckenfels
Autorin

Medientipps → 222, 223, 224, 225, 226, 227

Befriedungsverbrechen

Befriedung: Substantiv, feminin; Verbrechen: Substantiv, Neutrum | Be|frie|dungs|ver|bre|chen | Befriedung: im Duden seit 1929 (D1, 10. Auflage); Verbrechen: im Duden seit 1880 (D1, 1. Auflage)

D befrieden: beruhigen, ruhig und friedlich stimmen; mit Frieden, innerer Ruhe erfüllen; Verbrechen: 1. a) schwere Straftat b) verabscheuenswürdige Untat; verwerfliche, verantwortungslose Handlung; 2. Kriminalität

Mit dem Gewaltmonopol des Staates geht eine große Verantwortung einher. Zum Beispiel soll damit Ordnung sichergestellt werden. Schwächere Gruppen benötigen diesen Schutz. Doch es wird haarig, wenn gerade sie »befriedet« werden sollen. Dann steht meist nicht ihr Recht, sondern die Ordnung der anderen im Vordergrund. Es ist wichtig, dass Polizist*innen eine Waffe mit sich führen. Damit können sie im Zweifel Unheil und Unrecht verhindern. Sie garantieren eine Ordnung[672], in deren Rahmen das Recht auf freie Entfaltung der Persönlichkeit gilt (siehe → *Freiheit* und → *Demokratie*).

Doch was passiert, wenn der Staat etwas für jene Bürger*innen regeln muss, die als »aufwendig« gelten, etwa wohnungslose, → *chronisch erkrankte*, alte oder → *behinderte* Menschen? Da muss über jemanden entschieden werden, über Geldzuweisungen, Barrieren und Hilfe. Dann tut sich für die Gesetzesvertretung eine Pforte der Aufwandsreduzierung auf. Man kann es ja. Wir tun doch schon so viel. Und zur Not wird »befriedet«.

Der Vierfachmord im Potsdamer »Oberlinhaus«[673] im Jahr 2021 war die krasseste Form von »Befriedung«: Eine den öffentlichen Auftrag der Pflege versehende Kraft tötete heimtückisch. Den Begriff eines *Befriedungsverbrechens*[674] beschrieb der italienische Psychiater Franco Basaglia in den 1970er-Jahren in mehreren Schriften. Er gilt als Pionier der Menschenrechte für behinderte Menschen, weil er die schlimmen Zustände in den sogenannten »Irrenanstalten« Italiens ansprach und dafür sorgte, dass sie aufgelöst wurden.

Er schrieb: »Dem Perfektionismus der Fachleute und Spezialisten gelingt es, den Ausgeschlossenen dazu zu bringen, dass er seine soziale

Unterlegenheit akzeptiert.« Das Zitat von Basaglia hat Jahrzehnte später Eingang in eine Resolution gefunden, die die Bundesfachschaftstagung der Studierenden der Heil-, Sonder-, Behinderten- und Rehabilitationspädagogik im Jahr 2005 verabschiedete.[675] Die Studierenden monierten darin die Lebensbedingungen von behinderten Menschen in Deutschland (siehe → *Inklusion*). Viel getan hat sich seitdem nicht.

Alte Menschen in Heimen werden medikamentös ruhiggestellt[676], weil der Personalmangel eine würdige Begleitung verhindert. Psychisch Erkrankte werden rascher fixiert[677], wenn es den Betriebsalltag erleichtert, und die staatlich aufgetragene Fürsorge hat weniger echte Teilhabe im Sinn, sondern mehr die Verwaltung behinderten Lebens.

Das hat für behinderte Menschen Folgen: Das Anrecht auf angemessene Schulbildung wird verleugnet[678], wenn so viele Kinder wie bisher zu Förderschulen gedrängt werden, wo sie weitaus weniger Chancen auf einen qualifizierten Abschluss als in Regelschulen haben (siehe → *Chancengleichheit*). Ohne diesen werden sie oft in Werkstätten für behinderte Menschen (WfbM) geschleust, wo sie Unterforderung, Isolierung und schlechte Bezahlung erleben.[679] Aber eine Ordnung hats. Eine weitere Form von Bevormundung ist mangelnde Barrierefreiheit in Deutschland, die gemeinhin als Gnadenakt empfunden wird.

Noch immer wird die Gewalt, die der Staat ausübt, zu wenig hinterfragt, wenn es um sogenannte »Randgruppen« geht. Befriedung geht dabei nicht selten mit Ruhigstellung einher; nur ist diese wenig lösungsorientiert. Julius Cäsar schrieb in seinem Werk »Gallischer Krieg«, er hätte in Gallien »befriedet«, wobei schon Asterix-Leser*innen es besser wissen. Dort steht nämlich: »besetzt«. Und wenn Angelsachsen*Angelsächsinnen ihren Babys einen Schnuller geben, verabreichen sie ihnen einen »Pacifier«. Was all dies bedeutet: Menschen mit Behinderungen brauchen das Gegenteil, nämlich Unfrieden. Der durchbricht das Mehrheitskartell, das ihnen Rechte im Sinne ihrer Ordnung befriedend vorenthält.

Raúl Krauthausen

Kommunikationswirt, Autor, Moderator und Inklusionsaktivist

Medientipps → 680, 681, 682, 683, 684, 685, 686

Behinderung

Substantiv, feminin | Be|hin|de|rung | im Duden seit 1915 (D1, 9. Auflage)

D 1. das Behindern; das Behindertwerden; 2. etwas, was jemanden behindert

Etwa 9,4 % der Bevölkerung in Deutschland haben eine Schwerbehinderung, nur rund 3% davon sind angeboren oder treten im ersten Lebensjahr auf. [228] Obwohl *Behinderung* also potenziell jede*n betreffen kann, wird das Thema häufig übersehen, wenn über Vielfalt gesprochen wird. Das mag unter anderem daran liegen, dass *Behinderung* leider oft auch noch in fortschrittlichen, durch Heterogenität gekennzeichneten Gesellschaften als Abgrenzungskategorie zur Normalität gebraucht wird [229] und damit häufig eine immanent negative Wertung erhält. Dabei ist das – genau wie blumige Euphemismen – völlig unnötig. Behinderung ist eine weitere wertvolle, bunte und vielfältige Lebensweise, die – im Unterschied zur Krankheit – dauerhaft und nicht lediglich vorübergehend ist.

Über die Jahre wurden verschiedene Modelle zur Begriffsdefinition der *Behinderung* entwickelt. Das ursprüngliche medizinische Modell von *Behinderung* geht davon aus, dass eine *Behinderung* ausschließlich als Schädigung beziehungsweise Defizit eines einzelnen Menschen verstanden werden kann. *Behinderung* wird nach diesem Modell eindeutig negativ gewertet und als ein Problem gesehen, das es zu überwinden gilt. Die Verantwortung liegt hierbei immer bei dem behinderten Menschen allein, der es schaffen soll, »trotz« seiner Lernbehinderung, trotz seiner körperlichen, seelischen oder sensorischen Einschränkung eine gesellschaftliche Norm zu erreichen.[230]

Da das medizinische Modell die Beziehung zwischen Individuum und Gesellschaft außer Acht lässt, wird es der komplexen Lebensrealität behinderter Menschen bei Weitem nicht gerecht. Diesem Umstand versucht das soziale Modell von *Behinderung*, Rechnung zu tragen: Es wertet *Behinderung* als neutrale Eigenschaft eines Menschen, die erst in Wechselwirkung mit gesellschaftlichen Erwartungen und Standards zu verringerten

Möglichkeiten der Teilhabe führt. Dieses Modell sieht nicht länger den einzelnen *behinderten* Menschen, sondern uns als ganze Gesellschaft in der Verantwortung, Barrieren abzubauen und die Teilhabe von *behinderten* Menschen zu ermöglichen.[231]

Für beide Modelle ist die Abgrenzung von Normalität und Anderssein entscheidend. Das kulturelle Modell von *Behinderung* berücksichtigt diesen Aspekt. Es hinterfragt den Begriff der *Normalität* und kritisiert die angenommene Hierarchie zwischen *behinderten* und *nicht behinderten* Menschen. Denn vollständige Teilhabe – also → *Inklusion* – ist für behinderte Menschen erst dann erreichbar, wenn die Gesellschaft nicht mehr davon ausgeht, dass das Leben mit einer *Behinderung* pauschal ein Problem darstellt.[232]

Das menschenrechtliche Modell von *Behinderung* sieht ergänzend zu den Barrieren in der Umwelt ein Problem in der fehlenden Möglichkeit zur Wahrnehmung von Rechten durch *behinderte* Menschen. Grundlage dieses Modells ist das Übereinkommen über die Rechte von Menschen mit *Behinderungen* (kurz: »UN-Behindertenrechtskonvention«). Dieses legt fest, dass jede Person rechts- und handlungsfähig ist und nicht wegen ihrer *Behinderung* in ihren Rechten eingeschränkt werden darf. Außerdem wird dort festgehalten, dass *Behinderung* als eines der Vielfaltskriterien wertgeschätzt werden sollte. Die Aufgabe von Gesellschaft und Politik ist es demnach, die Bedingungen so zu verändern, dass alle ihre Rechte wahrnehmen können.[233]

Alexandra Koch
Bloggerin und Sensitivity-Readerin

Medientipps → 234, 235, 236, 237, 238

Bias

Substantiv, maskulin oder Neutrum | Bi|as | im Duden seit 2011 (Duden online)

D durch falsche Untersuchungsmethoden (z. B. Suggestivfragen) verursachte Verzerrung des Ergebnisses einer Repräsentativerhebung

Das englische Wort *Bias* wird besonders in der Meinungsforschung, aber auch im gesellschaftlichen Diskurs rund um das Thema Vielfalt zunehmend genutzt. Es bedeutet Vorurteil[239], Tendenz, Vorliebe, Zuneigung[240] und stammt vom französischen Wort *biais*, was »schief« bzw. »schräg« bedeutet. Bei der Verwendung des Wortes im Zusammenhang mit Diskriminierung meint das Wort *Bias* Denkmuster, die Verzerrungen oder Stereotype beinhalten.

Unser Gehirn baut *Bias* auf, um die vielen äußeren Reize zu sortieren und quasi in Schubladen zu stecken. Unsere Sinne nehmen Reize auf und das Gehirn filtert und gewichtet diese, damit wir mit der Masse an Eindrücken umgehen können. Durch diese Vereinfachungen entstehen bei jeder*jedem Verzerrungen, Tendenzen und Vorurteile.[241] Außerdem werden wir in eine Gesellschaft hineingeboren, in der schon bestimmte Kategorien und Machtstrukturen bestehen. Je nach Kultur können verschiedene *Bias* existieren.

Viele dieser Vorurteile und Tendenzen wirken unterbewusst[242] (*unconscious bias / implicit bias*) und führen zu Benachteiligungen oder Privilegien.[243] Sie können sich etwa auf → *Geschlechtsidentität*, Herkunft und Religion, körperliche und geistige Fähigkeiten, Alter, sexuelle Orientierung, Bildung, finanzielle Situation und vieles mehr beziehen.

Der *Gender-Bias*, also der geschlechtsbezogene Verzerrungseffekt, sorgt unter anderem dafür, dass weiblich und männlich gelesenen Menschen unterschiedliche Kompetenzen[244] zugeschrieben werden. Er kann auch dazu führen, dass Menschen je nach ihrem zugeschriebenen Geschlecht in einzelnen Bereichen kaum berücksichtigt werden.[245] Viele Menschen werden auch durch den *Racial Bias* (→ *Rassismus*) grundlegend eingeschränkt. Er verweist auf Vorurteile, die mit der vermuteten ethnischen Herkunft eines

Menschen zusammenhängen. Sie sorgen dafür, dass in Deutschland zum Beispiel Menschen, die als nicht deutsch oder nicht westeuropäisch wahrgenommen werden, bestimmte negative oder stereotype Eigenschaften zugeschrieben werden. Das führt zu Alltagsrassismus und rassistischen Strukturen.[246] Durch *Bias* werden Bedürfnisse einiger Gruppen oft nicht mitgedacht, etwa wenn es um Barrierefreiheit geht. Fehlt ein sensibler Umgang mit Verzerrungseffekten, werden *Bias* durch → *Medien* und in der politischen Diskussion weiter reproduziert.

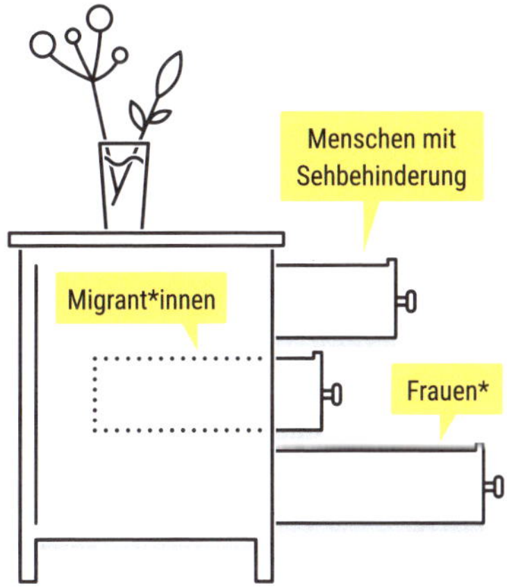

Die sogenannte Verzerrungsblindheit (*Blind-Spot-Bias*) kann zudem dafür sorgen, dass wir unsere eigenen unbewussten *Bias* nicht erkennen. Wir nehmen uns selbst demnach als objektiver wahr, als wir es eigentlich sind.[247] Das kann in Diskursen für Konflikte sorgen. Denn *Bias* und ihre Auswirkungen werden in unserer Gesellschaft zunehmend wahrgenommen und kritisiert. Diese und viele andere *Bias* wie → *Klassismus* führen zu Ungerechtigkeiten, Abwertung und schließen besonders Gruppen aus, deren Belange von der Mehrheitsgesellschaft und von Menschen in Machtpositionen nicht als wichtig wahrgenommen werden. In einer Gesellschaft, die ihre eigene Vielfalt anerkennen und sie positiv nutzen möchte, sollten *Bias* deshalb identifiziert, kritisch reflektiert, bearbeitet und reduziert werden.[248] Dabei kann etwa der Anti-*Bias*-Ansatz, der die Auseinandersetzung mit Macht und Diskriminierung fördert, helfen.[249]

Nora Frerichmann
Journalistin

Medientipps → 250, 247, 251, 252, 253, 254, 255

Biodeutsche*r

substantiviertes Adjektiv, maskulin oder feminin | Bio|deut|sche[r] | im Duden seit 2017 (D1, 27. Auflage)

D aus Deutschland stammende und da lebende männliche/weibliche Person; Gebrauch: meist ironisch abwertend

*Biodeutsche*r* beschreibt eine aus Deutschland stammende und dort lebende Person ohne sichtbaren Migrationshintergrund, ähnlich wie *Herkunftsdeutsche*r* oder *Standarddeutsche*r*. Laut aktuellem Mikrozensus trifft diese Beschreibung auf etwa 70 Prozent der bundesdeutschen Gesamtbevölkerung zu.[256]

Der Begriff war ursprünglich ironisch gemeint, wurde aber bald auch in gesellschaftlichen und politischen Debatten verwendet – und zwar im Ernst. Eine der Begründungen: Wer dauernd auf der Herkunft der einen herumreitet, sollte das auch konsequent bei den anderen tun. Nachweislich zum ersten Mal benutzt hat ihn der in der Türkei geborene deutsche Kabarettist Muhsin Omurca.[257]

In seiner Karikatur für die Berliner Tageszeitung *taz* von 1996 sind zwei Männer zu sehen, die sich aus benachbarten Fenstern lehnend unterhalten, einer mit bellendem Hund auf der Schulter, der andere schnurrbärtig und ein Teeglas haltend. In der Sprechblase folgender Text: »Der Unterschied zwischen dir und mir besteht darin, Hüsnü: Du bist ein getürkter Deutscher! Eine Fälschung! Und ich … Ich bin ein Original! Ein *Bio-Deutscher.*«[258]

Omurcas Karikaturen und Comics sind auch Teil seines Ethno-Comedy-Bühnenprogramms. Darin, so der Literatur- und Medienwissenschaftler Lars Koch, artikuliere er einen »laborierten Diskurs soziokultureller Emanzipation« gegen die restriktive deutsche Normalität, »die vollständige Assimilation als Grundprinzip von → *Integration* begreift«.[259]

Biodeutsch meint hier das Gegenteil von *Mensch mit Migrationshintergrund* und weist gleichzeitig auf das → *Privileg* hin, einfache*r Deutsche*r ohne Zusatz oder Etikett zu sein. Das traf und trifft gerade in der migrantischen Community einen Nerv: »Die meisten *Biodeutschen* mögen es gar nicht, wenn man sie als *biodeutsch* bezeichnet«, so die Schriftstellerin Hilal Sezgin. »Sie sind doch einfach nur ›ganz gewöhnliche‹ Deutsche. Ohne dass man etwas dazu sagen müsste!«[260] Populär machte den Begriff der türkeistämmige Grünen-Politiker Cem Özdemir, nachdem er Omurcas Programm gesehen hatte.[261] Özdemir verwendete *Biodeutsche* im Anschluss scherzhaft beschreibend für »Deutsche ohne Migrationshintergrund«.

Aber Achtung: Neben der Funktion, auf → *Diskriminierung* hinzuweisen, dient der Begriff auch zur Diskriminierung selbst. Die *Neue Rechte* benutzt ihn unironisch aufwertend (statt ironisch abwertend) und → *rassistisch* im Sinne von genetisch-biologischen, alteingesessenen oder »echten« Deutschen im Gegensatz zu sogenannten »Passdeutschen«, also hier geborenen deutschen Staatsbürger*innen mit nicht *biodeutschen* Eltern. Ein AfD-Politiker definierte *Biodeutsche*r* gar als Menschen »mit zwei deutschen Eltern und vier deutschen Großeltern« und befürchtete die Überfremdung »unserer Heimat« und den »großen Austausch«.[262] Mit einem unter Rechten verbreiteten Autoaufkleber mit der Aufschrift »100 % biodeutsch – ist man, wird man nicht!« wird die ironische Formel zum Kampfbegriff umgedeutet.[258]

Wegen Beispielen wie diesem und der Vermutung, *biodeutsch* sei ein moderneres, harmloseres Wort für *Arier*, landete der Begriff 2017 auf der Shortlist für das »Unwort des Jahres« der Gesellschaft für deutsche Sprache[263] und wird heute in den meisten Fällen wieder in seiner ursprünglich angedachten rassismuskritischen Bedeutung benutzt.

Muhsin Omurca – der Erfinder des Wortes – beobachtet das alles amüsiert und auch heute, bald 30 Jahre später, mit ein wenig Stolz: »Jedes Mal, wenn die Rechten dieses Wort in den Mund nehmen, müssen sie wissen, dass ein Türke ihnen diesen Begriff auf die Zunge gelegt hat.«[264]

Julia Menger
Moderatorin und Journalistin

Medientipps → 258, 260, 259, 262, 257

Biodiversität

Substantiv, feminin | Bio|di|ver|si|tät | im Duden seit 2020 (D1, 28. Auflage)

D biologische Vielfalt

Das Leben auf der Erde zeichnet sich durch eine große Vielfalt aus. Bakterien messen nur 0,001 Millimeter, während es Blauwale auf bis zu 30 Meter Länge bringen. Allein von den Vögeln gibt es rund 11.000 verschiedene Arten, die in den unterschiedlichsten Federkleidern leuchten. Bei den Pflanzen reicht die Vielfalt von kurzlebigen kleinen Wasserlinsen bis zu den Riesenmammutbäumen, die mehrere Tausend Jahre alt werden können. Eine Million verschiedene Insektenarten sind wissenschaftlich beschrieben.[265]

Biodiversität umfasst aber mehr als Artenvielfalt. Zwischen Tiefsee und Hochgebirge herrschen die unterschiedlichsten Bedingungen. Daraus entsteht eine große Vielfalt von Lebensräumen mit je typischen Lebensgemeinschaften. Heiße Quellen auf dem Meeresboden und Korallenriffe sind wichtige Habitate im Meer. An den Küsten erstrecken sich Mangrovenwälder, Lagunen, Wattgebiete. Zu den trockenen Habitaten gehören Savannen und Wüsten, zu den besonders nassen etwa Moore und Regenwälder. Treibende Kraft der → *Diversität* ist, dass sich die Erbinformationen der Lebewesen fortlaufend verändern. Dabei spielt Zufall eine Rolle, wenn Strahlung oder Viren die DNS von Lebewesen umbauen. Noch wichtiger ist die sexuelle Fortpflanzung, bei der männliche und weibliche Erbanlagen neu kombiniert werden.

Der Begriff *Biodiversität* wurde erst in den 1980ern geprägt.[266] Seitdem hat er sich zu einem Schlüsselwort der Umweltdebatte entwickelt. Seit 1992 gibt es eine UN-Konvention zum Schutz der *Biodiversität* und seit 2022 das sogenannte Montreal-Abkommen. Indigene Gemeinschaften sowie Wissenschaftler*innen versuchen seit Langem, die Vielfalt des Lebens zu verstehen und zu klassifizieren. Zu den Pionieren gehörten Carl von Linné (1707–1788) und Alexander von Humboldt (1769–1859).

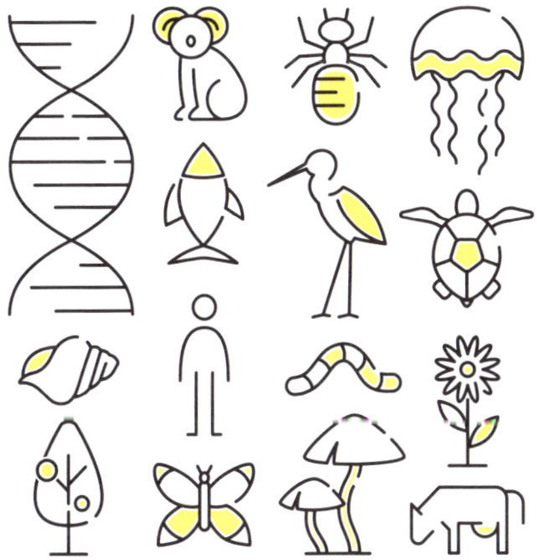

Von den heute geschätzt acht Millionen Arten ist erst ein kleiner Teil genau vermessen, benannt und in einem Museum hinterlegt. *Biodiversität* ist für unser Leben – und unser Wohlbefinden – enorm wichtig.[267] Vogelgesang ist gut für seelische Gesundheit. Die Landwirtschaft braucht immer neue Pflanzensorten, die zum Beispiel gegen Dürre oder Krankheitserreger resistent sind. Pharmaunternehmen suchen für neue Medikamente Vorbilder in der Natur. Für beides ist genetische Vielfalt unerlässlich. Artenreiche Lebensräume wie Sümpfe schützen Städte vor Hochwassern und speichern Kohlendioxid ein wie Moore und Seegraswiesen.

Aussterben ist zwar erdgeschichtlich der Normalfall. Über 99 Prozent aller Lebensformen, die es je gegeben hat, sind wieder verschwunden. Aber der Mensch hat das natürliche Aussterben 10- bis 100-fach beschleunigt, etwa durch übermäßigen Einsatz von Dünger und Pestiziden, Abholzung, die Einführung von Katzen und Ratten auf Inseln, Jagd, giftige Chemikalien sowie die Erderhitzung.[268] Schätzungen des Weltbiodiversitätsrats zufolge könnten in diesem Jahrhundert eine Million Arten aussterben und ganze Lebensräume wie die Korallenriffe könnten verloren gehen.[268] Das ist auch für uns Menschen existenzgefährdend. Der Erhalt der Biodiversität ist für die Zukunft der Menschheit so wichtig wie der Klimaschutz. Zu den Strategien dafür zählen Schutzgebiete, finanzielle Anreize, krisensichere Lagerstätten für DNS und Pflanzensamen, Bildung sowie ein kultureller Wandel.

Christian Schwägerl
Journalist, Buchautor und Speaker

Medientipps → 269, 270, 271, 272, 273, 274, 275, 276

Bisexualität

Substantiv, feminin | Bi|se|xu|a|li|tät | im Duden seit 1991 (D1, 20. Auflage)

D 1. Doppelgeschlechtigkeit; Gebrauch: Biologie; 2. sich sowohl auf das eigene als auch auf das andere Geschlecht richtendes sexuelles Empfinden und Verhalten; Nebeneinander von homo- und heterosexueller Neigung; Gebrauch: besonders Medizin, Psychologie

Den besten Witz über *Bisexualität* habe ich einmal bei einem Auftritt von Margaret Cho gehört: Mit »Ich bin das ›B‹ in LSBTIQ+« begann die Comedian ihr Set.[277] Dieses »B« müsse allerdings stumm sein, vermutete sie. Denn jedes Mal, wenn sie sich einer Person als *bi* vorstellen würde, könne ihr Gegenüber sie plötzlich nicht mehr hören und ordnete sie als Lesbe ein. Doch wie die amerikanische *Bi*-Aktivistin Robyn Ochs zusammenfasst, ist *Bisexualität* »das Potenzial, sich gefühlsmäßig und/oder sexuell zu Menschen nicht nur einer [→ *Geschlechtsidentität*] hingezogen zu fühlen, nicht unbedingt gleichzeitig, nicht unbedingt auf dieselbe Weise und nicht unbedingt in gleichem Maße«.[278]

Bisexualität ist also eine eigenständige sexuelle Orientierung, so wie → *schwul* oder lesbisch. Sie ist weder ein verirrter Zwischenstopp, bevor sich jemand ganz zur Homosexualität bekennt, noch ist sie ein kurzes Abkommen vom Weg der Heterosexualität oder gar ein neuer Trend. *Bisexuelle* sind *bi*, egal, mit wem sie verpartnert sind oder schon einmal was hatten. Natürlich ist es möglich, dass jemand sich erst als *bi* versteht und später feststellt, sich doch anders zu identifizieren. Sexualität ist im Fluss und damit auch die Selbstbezeichnungen, mit denen sich jemand wohlfühlt. Trotzdem bedeutet dies nicht, dass *Bisexualität* ausschließlich als Sprungbrett zu einer monosexuellen Identität, in der man sich nur zu Personen eines Geschlechts sexuell hingezogen fühlt, verstanden werden darf.[279]

Unser Denken ist binär geprägt (siehe → *nicht binär*) und erlaubt oft nur ein »Entweder-oder«, wo mindestens ein »und« stehen müsste. Das betrifft vor allem die Realität unserer Geschlechtervielfalt, die uns aufs Mann- oder Frausein reduziert. Auch sexuelle Orientierung wird meist nur in den Optionen eins (»hetero«) und zwei (»homo«) betrachtet. Dadurch werden alle Menschen, die mehr als ein Geschlecht begehren, unsichtbar gemacht. Dieses Problem heißt »*Bi* Erasure«.[280] Nicht monosexuelle Identitäten, wie zum Beispiel Bi- oder Pansexualität, die man auch unter dem Sammelbegriff »*Bi*+« bündelt, werden einfach wegradiert.[280] Ein Muster, das sich unter anderem zeigt, wenn Medien von der »Homo-Ehe« schreiben, obwohl sie ebenso »Ehe für alle« sagen könnten.

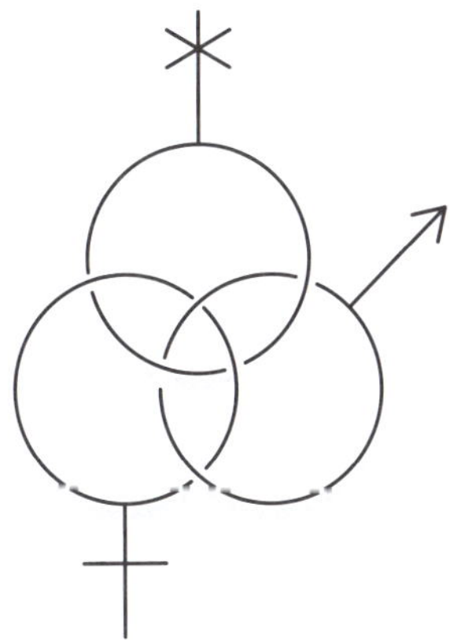

Ständig vergessen, falsch verstanden oder auch abgelehnt zu werden zehrt am Wohlbefinden. Im Vergleich zu homo- und heterosexuellen Menschen haben »*Bi*+«-Personen ein höheres Risiko, psychisch zu erkranken.[281] Dabei erschien bereits 1990 das »Bisexual Manifesto« und räumte wütend[282] mit *bi*-feindlichen Vorurteilen auf, wie unter anderem mit der Fehlannahme, Bisexuelle seien nur Tourist*innen in der → *queeren* Community statt fester Teil von ihr. So gilt zum Beispiel die bisexuelle, feministische Aktivistin Brenda Howard als »Mutter« der Pride-Paraden, die weltweit queeres Leben feiern und Rechte für LSBTIQ+ einfordern.[283]

Auch die Behauptung, das »*Bi*« im Namen würde die Mann-Frau-Binarität verfestigen, widerlegte das Manifest. Denn es steht für das Begehren des eigenen Geschlechts und anderer Geschlechter. Tatsächlich zeigt sich darin vielmehr die Stärke von »*Bi*+«-Identitäten. Sie besitzen nämlich nicht nur das Potenzial, vielfältig zu begehren, sondern auch das aufgezwungene binäre Denken unserer Gesellschaft weiter aufzubrechen.

Anne Wizorek
Publizistin

Medientipps → 284, 282, 278, 285, 286, 287, 288, 289, 290, 291

Blackfacing

Substantiv, Neutrum | Black|fa|cing | im Duden seit 2022 (Duden online)

D durch dunkle Schminke erzeugte Hautfarbe bei einer eigentlich hellhäutigen Person (in der Schauspielerei oder bei Maskeraden 1a)

Blackfacing – sich schwarz schminken – hat eine lange → *rassistische* Tradition. Doch viele weiße Menschen verbinden es mit harmloser Unterhaltung. Die US-amerikanischen Wurzeln des *Blackfacings* reichen zurück zu den Minstrel-Shows des 19. und 20. Jahrhunderts. Darin mimten Schauspieler*innen mit geschwärzten Gesichtern und übergroßen, rot geschminkten Mündern zur Belustigung des weißen Publikums klischeehafte → *Schwarze* Figuren.[292] Diese stark überzogenen Darstellungen prägten rassistische Stereotype, die noch heute verbreitet sind, z. B. das Klischee des naiven, fröhlichen, einfältigen Schwarzen, der in Filmen gern der komödiantische Sidekick der weißen Hauptfigur ist.

Blackfacing offenbart neben verletzender Stereotypisierung auch das Machtgefälle zwischen Schwarzen und weißen Menschen. Was für die einen eine spaßige Maskerade sein mag, ist für die anderen eine gewaltvolle, verletzende Geste. Denn während weiße Menschen die Schminke abwischen und ihre → *Privilegien* in der weißen Mehrheitsgesellschaft genießen, ist das Schwarzen Menschen unmöglich: Für sie besteht der Alltag zum großen Teil aus rassistischer Gewalt, Ausgrenzung und → *Diskriminierung*. Entsprechend protestieren in Deutschland seit vielen Jahren Betroffene gegen das *Blackfacing* sowie gegen die verletzende Darstellung anderer nicht weißer Menschen wie beim Yellow-, Brown- und Redfacing. Es ist u. a. der beharrlichen Öffentlichkeitsarbeit der Organisationen »Initiative Schwarze Menschen in Deutschland« [293] und des »Braunen Mob e. V.« [294] zu verdanken, dass der Begriff *Blackfacing* 2014 zum »Anglizismus des Jahres« gewählt und damit einer breiten Öffentlichkeit bekannt wurde.[295]

Dennoch findet *Blackfacing* immer wieder statt – im Theater, in Filmen und TV-Shows, im Karneval und bei den kirchlichen Sternsinger*innen. Letztere geben auf ihrer Webseite nach jahrelangen Gesprächen auch mit Schwarzen Menschen immerhin die Empfehlung, Kinder nicht mehr schwarz zu schminken.[296] Derweil diskutieren Nichtbetroffene in den Medien immer noch, ob *Blackfacing* überhaupt rassistisch ist. Zum Beispiel 2009, als ein bekannter Journalist versuchte, den Rassismus in unserer Gesellschaft auszuloten – ausgerechnet als Schwarz(geschminkt)er Mann.[297] Selbst der beste Wille schützt also nicht davor, rassistisch zu handeln.

2013 sprach sich der Moderator einer ARD-Büchersendung in *Blackface* für den Erhalt der rassistischen N-Wörter in Kinderbuchklassikern aus.[298] Im selben Jahr wurden in einer großen ZDF-Fernsehshow Bürger*innen dazu aufgerufen, u. a. als »Jim Knopf« verkleidet ins Studio zu kommen. Wie gefordert, kamen viele mit geschwärzten Gesichtern.[299] Senderleitung und verantwortliche Redaktion wiesen die berechtigte Kritik von sich und verneinten jede Art von Rassismus. Ebenso agierte der Bayerische Rundfunk, der 2021 eine Sendung ausstrahlte, in der ein Satiriker in *Blackface* einen »afrikanischen« Despoten mimte.[300]

Viele Verantwortliche in den Sendern und Produktionsfirmen wissen offensichtlich immer noch nicht, dass *Blackfacing* rassistisch und verletzend ist. Sie haben nicht verstanden, dass Schwarze Menschen Teil der Gesellschaft und damit auch ihrer Zielgruppe sind, und glauben, entscheiden zu können, was rassistisch ist.

Vorwürfe werden dann auch zu oft reflexartig zurückgewiesen. Ähnlich wie bei einem der bekanntesten deutschen TV-Moderatoren, der sich einmal als Jimi Hendrix verkleidete und daraufhin zu wissen glaubte, wie es sich anfühlt, Schwarz zu sein.[301]

Entsprechend fordern Schwarze Medienschaffende seit Langem mehr Vielfalt in den Medien – und das sowohl vor als auch hinter der Kamera und dem Mikrofon.

Patricia Eckermann
TV-, Film- und Romanautorin, Publizistin und Kuratorin

Medientipps → 292, 297, 298, 299, 300, 301

Bodyneutrality

Substantiv, feminin | Bo|dy|neu|tra|li|ty | im Duden seit 2023 (Duden online)

D [weitgehend] von wertfreier Nichtbeachtung und grundsätzlicher Akzeptanz bestimmtes Verhältnis zum eigenen körperlichen Aussehen sowie dem anderer Menschen; Gebrauch: besonders Psychologie, Soziologie

Mit zunehmender Präsenz von Gesichtern, Körpern und idealem Aussehen und deren Kommerzialisierung auf verschiedenen Social-Media-Kanälen hat sich zum Ende der 2010er-Jahre ein Gegenkonzept zur Bodypositivity von Normkörpern entwickelt: *Bodyneutrality*.[302] Das Positive am eigenen und an anderen Körpern zu sehen, hatte seinen Ursprung eigentlich in der *Fat-Acceptance-Bewegung* der 1960/70er-Jahre in den USA und war als Revolution gedacht. Es sollte auf das Verurteilen von dick*fetten[303] Körpern oder aufgrund von angeblichen Makeln aufmerksam gemacht werden.

Diese Einstellung nennt man Lookismus[304] – ein Begriff, der die → *diskriminierenden* Mechanismen bezeichnet, die die Abwertung von Körpern und Aussehen mit sich bringen. Individuelle Diskriminierung und strukturelle Benachteiligung wegen ihrer Körper waren für viele, die zu den Demonstrationen kamen, nicht nur lästig, sie zerstörten ihr Leben und gefährdeten ihre Gesundheit.

Aktives Bodyshaming, also das Beschämen von Körpern in Wort und Tat, ist bis heute Teil unserer Gesellschaft. Es geht nicht nur gegen Körper, die zu viel sind, sondern gegen alle, die außerhalb der Norm existieren, wie (neben vielen anderen) → *Schwarze* Menschen, sichtbar → *behinderte* Menschen oder stark behaarte Menschen. Die Normierung von Körpern und Aussehen bringt → *Privilegien* für die normierten Körper mit sich, nicht nur weil die Gesellschaft sie als ästhetisches Vorbild etabliert hat, sondern auch weil sie als Durchschnitt und Blaupause verwendet werden.

So passiert es, dass dick*fette Menschen manchmal nicht in Flugzeugsitze, Toiletten- oder Umkleidekabinen passen, weil sie für durchschnittsdünne Menschen entworfen wurden.[305] Gleichzeitig werden sie dafür wieder beschämt. Eine Folge dieser Diskriminierung ist sehr tief sitzende Fettfeindlichkeit. Eine ganze Industrie verdient damit ihr Geld, dass Menschen Angst davor haben, fett zu sein oder fett zu werden. Oder um eine Erkenntnis über Diätkultur von Melodie Michelberger zu teilen: »Körperfett ist der sichtbare Beweis für Willensschwäche.«[303]

Während Bodypositivity mit einem positiven Blick auf einen selbst sehr guttun kann und gleichzeitig die Repräsentation von nicht normierten Körpern in → *Medien* erhöht, versucht das Konzept der *Bodyneutrality*, dem Ganzen die Macht zu nehmen. Die beiden Kernaussagen »Du bist mehr als dein Körper« und »Dein Körper muss gar nichts, er darf einfach sein« können alle Gedanken darum, wie wir selbst oder andere aussehen, stoppen.[306]

Strukturen rund um normierte und normschöne Körper lösen sich im besten Fall dadurch vollständig auf. Es gibt dann keinen idealen Körper mehr. Auch die Wahrnehmung von Schönheit schwankt dadurch. Dies bringt mehr Vorteile mit sich, als auf den ersten Blick klar wird, denn die Überhöhung von normierter Schönheit ist so sehr Teil unserer Sozialisierung, dass wir sie schon gar nicht mehr erkennen.

Darüber hinaus kann sich aus dem neutralen Blick auf alles Körperliche eine neue Akzeptanz von Behinderungen und Erkrankungen aller Art ergeben: → *Depressive*, → *chronisch kranke* oder körperlich behinderte Menschen werden nicht mehr als mangelhaft wahrgenommen. Ganz praktisch lässt sich *Bodyneutrality* durch neutrale Sprache gegenüber dem eigenen und den anderen Körpern realisieren.[306] Wenn wir damit anfangen, können wir schon einiges bewegen.

Ich glaube, dass diese veränderte Denkweise uns auf lange Sicht als Individuen von viel Druck und Selbstzweifel befreien kann. Auf gesellschaftlicher Ebene kann sie eine strukturelle Wende bedeuten, die allen zugutekommt.

Anna Mendel

Autorin, Speakerin und Sensitivity-Readerin

Medientipps → 302, 303, 304, 305, 306, 307, 308, 309, 310

Care-Arbeit

Substantiv, feminin | Care-Ar|beit, Care|ar|beit | im Duden seit 2022 (Duden online)

D Bereich der (unbezahlten oder bezahlten) betreuenden (a), erziehenden (1a), pflegenden (1a) u. ä., dem Gemeinwohl dienenden Tätigkeiten

Care-Arbeit ist Arbeit. Sie besteht daraus, sich um andere, meist Mitglieder der eigenen Familie, zu kümmern. Sie ist unbezahlt, unaufschiebbar, beansprucht Aufmerksamkeit und einen vollen Körpereinsatz. Sie verlangt Empathie und Geduld und sie wird einer/einem selten gedankt. *Care-Arbeit* ist ein wesentlicher Bestandteil für das Gelingen von Gesellschaft und Wirtschaft, gleichzeitig erfährt die *Care-Arbeit* eine unzumutbare Geringschätzung.

Am Anfang und am Ende unseres Lebens sind wir auf die bedingungslose Fürsorge anderer angewiesen[311]. Vom Wickeln und Stillen – und der Kita-Suche mal abgesehen – steht in der gesamten Spanne des Erwachsenenlebens nahezu tägliche *Care-Arbeit* an. Zu Care-Aufgaben gehören Aufräumen, Kochen und Einkaufen, das Kind von der Schule abholen, das Kostüm für Fasching basteln, aber auch das Pflegen der sozialen Kontakte, Prüfen der Hausaufgaben oder in Ruhe zuzuhören. Es gibt Phasen, die intensivere *Care-Arbeit* verlangen, wie die Besuche beim pflegebedürftigen Vater oder den Gang zum Arzt für die Partnerin mit Endometriose bis hin zur Koordination mit dem Bestattungshaus.

In der Fülle unseres Lebens kümmern wir uns um unsere Mitmenschen und sind irgendwann – oder schon jetzt – auch auf das Kümmern anderer angewiesen. Doch die Verteilung der *Care-Arbeit* ist ungleich, denn in unserer Gesellschaft verwenden unverhältnismäßig viele Frauen Zeit auf *Care-Arbeit*. Diese Ungleichheit nennt sich Gender-Care-Gap[312]. Der Grad der → *Ungleichheit* nimmt immens zu, sobald ein Kind dazukommt. Die größten Unterschiede beim Gender Care Gap liegen mit 110 Prozent bei 34-Jährigen.[312] Die ungleiche Verteilung der *Care-Arbeit* hat weitreichende Folgen: Sie führt zu wirtschaftlichen Nachteilen bei Frauen, die aufgrund der *Care-Arbeit*, die sie verrichten, häufiger in Teilzeit arbeiten, weniger verdienen und weniger in ihre Alters- und Rentenversicherung einzahlen, weshalb es kein Wunder ist, dass das Phänomen der Altersarmut häufiger auf Frauen zutrifft.

Wie können wir diesem Teufelskreis entkommen? Wie kann gesellschaftliche Teilhabe zwischen den Geschlechtern gelingen? Welche Voraussetzungen braucht es, damit *Care-Arbeit* gleichberechtigt verteilt wird? Solange *Care-Arbeit* unsichtbar bleibt, als privat angesehen und nicht als Erwerbstätigkeit wahrgenommen wird,[313] befinden wir uns im gesellschaftlichen Missverhältnis. Es braucht also eine Sensibilisierung für die Komplexität von *Care-Arbeit*, verbunden mit einer Neujustierung der Definition von Arbeit. Hinzu kommt der »Mental Load«, also die Last der Verantwortung des unsichtbaren Organisierens von Aufgaben und ihrer Planung[314]. Oftmals ist es eine und dieselbe Person, die den »Mental Load« sowie die *Care-Arbeit* ausführt, was zu einer Doppelbelastung führt.

Eine Welt, die auf *Care-Arbeit* angewiesen ist, diese aber nicht genügend wertschätzt, braucht dringend strukturelle Veränderungen. Denn *Care-Arbeit* wird nicht etwa »nur aus Liebe« praktiziert, im Gegenteil ist sie unentbehrlich für das Wohlergehen unserer Gesellschaft. Initiativen wie »Equaly«[315] und »Equal Care Day« oder wissenschaftliche Studien zur Gleichstellungspolitik[316] zeigen, wie ein Verständnis von *Care-Arbeit* dazu beitragen kann, die gesellschaftlichen Herausforderungen unserer Zukunft auszuhandeln.

Yolanda Sylvana Rother
Geschäftsführerin, Mitgründerin, Moderatorin und Vorstandsmitglied

Medientipps → 315, 316, 317, 318, 319, 320, 321, 322, 323

Chancengleichheit

Substantiv, feminin | Chan|cen|gleich|heit | im Duden seit 1980 (D1, 18. Auflage)

D gleiche Ausbildungs- und Aufstiegsmöglichkeiten für alle ohne Rücksicht auf Herkunft und soziale Verhältnisse; Gebrauch: Pädagogik, Soziologie

Chancengleichheit ist so eine Sache, die auf dem Papier jede*r gut findet. Alle sollen unabhängig von sozialer Herkunft, Geschlecht, Religion, kulturellem Hintergrund und anderer persönlicher Merkmale dieselben Chancen haben. So verlangt es nicht zuletzt auch unser Grundgesetz. *Chancengleichheit* ist aber nicht gleich *Chancengleichheit*. Wenn es um die praktische Umsetzung geht, klaffen die Meinungen auseinander. Denn was genau unter *Chancengleichheit* verstanden wird, hängt maßgeblich von der jeweiligen Vorstellung von Gerechtigkeit ab.[324] Wenn plötzlich auch die Kinder von Erwerbslosen subventioniert mit auf die Abifahrt nach Spanien fahren, ist das ungerecht, würden manche argumentieren. Denn deren Eltern haben ja nichts »geleistet«. Arbeit muss sich lohnen, sei die oberste Prämisse. Gerechtigkeit wird gleichgesetzt mit Leistungsgerechtigkeit.[325] Der Leistungsbegriff beschränkt sich auf Erwerbsarbeit und Schule. Dass Armut auszuhalten auch eine Leistung ist, dazu fehlt jeglicher Bezug.

Über die Chancen sollen nicht Nationalität, Hautfarbe, Religion, Geschlecht oder irgendein anderes Merkmal bestimmen – nein, nur die Fähigkeiten des Individuums zählen. Die Tatsache, dass ein Faktor wie Armut einen starken Einfluss auf Leistung oder Risikobereitschaft haben kann, wird ausgeblendet. Zu jedem Erfolg gehören auch immer → *Privilegien* und letztlich Glück: das Glück, zur richtigen Zeit am richtigen Ort zu sein. Das Glück, die richtigen Eltern zu haben. Das Glück, auf der richtigen Seite einer Grenze geboren zu sein. Denn die Realität sieht so aus, dass Deutschland trotz seines Reichtums ein Land mit einer geringen sozialen → *Mobilität* ist.[326] Der Zugang zu guten Schulen, guter Gesundheitsversorgung und Arbeitsmöglichkeiten hängt stark vom sozioökonomischen Hintergrund ab. Von 100 Grundschulkindern von Nicht-Akademiker*innen-Eltern beginnen nur 27 ein Studium, von Akademiker*innen-Eltern sind es 79 (siehe → *Klassis-*

mus).[327] Die Zahlen machen deutlich: Die vermeintliche Startchancengleichheit führt nicht zu Ergebnisgleichheit. Selbst wer nur auf das Leistungsprinzip setzt, muss einsehen: Ein Land wie Deutschland mit zunehmendem Fachkräftemangel[328] kann sich diese Ergebnisse schlicht nicht leisten.

Man kann die Sache mit der *Chancengleichheit* aber auch vom Ausgang her denken. Dann ist die Voraussetzung für die *Chancengleichheit* der jetzigen Generation die Ergebnisgleichheit der vorherigen Generation. Das erfordert, zwischen Gruppen zu unterscheiden und umzuverteilen. Dabei ist wichtig zu verstehen, dass eine ungleiche Verteilung gerecht und eine Gleichverteilung ungerecht sein kann (siehe → *Ungleichheit*). Die nach liberaler Logik entstandene Ungerechtigkeit, wenn Kinder aus ärmeren Familien mehr staatliche Hilfe bekommen als Kinder aus reicheren Familien, wird aufgewogen durch den Gewinn, den unsere Gesellschaft durch ihren späteren Erfolg erzielt.[329]

Was, wenn wir alle versuchten, die Gesellschaft zu schaffen, die wir uns wünschen würden, wenn wir nicht im Voraus wüssten, welchen Platz wir in ihr einnehmen werden?[330] In Deutschland ist oft von einer »Neiddebatte« die Rede.[331] Der Erfolg werde den sogenannten Leistungsträger*innen nicht gegönnt. Vielleicht stecken wir jedoch in einer Geizdebatte. Der Wohlstand, den man sich so hart ererbt hat, reicht nicht mehr zur Identitätsstiftung.

Julia Kloiber
Digitalexpertin und Geschäftsführerin

Medientipps → 332, 333, 334, 335, 336

christlich-jüdisches Abendland

Abendland: Substantiv, Neutrum | Abend|land | im Duden seit 1887 (D1, 3. Auflage)

D Abendland: durch Antike und Christentum geformte kulturelle Einheit der europäischen Völker; Europa; Alte Welt; Okzident. Erklärungszusatz: jüdisch-christliches/christlich-jüdisches Abendland: Europa als ein vorrangig durch Judentum und Christentum geprägter Kulturraum; der umstrittene Begriff konstruiert ein gemeinsames historisches Wirken der beiden Religionen und verdrängt sowohl die massive antijüdische Haltung des Christentums bis in die Neuzeit als auch die muslimischen Einflüsse in zahlreichen europäischen Kulturen

Die »Alternative für Deutschland« (AfD) hat 2016 ihr Grundsatzprogramm verabschiedet. Darin lesen wir, wie die vermeintliche Alternative etwas Jüdisch-Christliches unserer Kultur[337] gegen den Islam mobilisiert. Die »Patriotischen Europäer gegen die Islamisierung des Abendlandes« (PEGIDA) waren dem voraus und sprachen kurz nach ihrer Gründung im Jahr 2014 davon, dass sie die »Identität unserer christlich-jüdischen Abendlandkultur«[338] schützen wollen. Instrumentalisieren hier → *Rechtspopulist*innen* und Rechtsextreme einen Begriff der Toleranz oder steckt da vielleicht noch viel mehr hinter?

Spätestens seit 2014 konnte ein Wandel im öffentlichen Auftreten diverser rechter und rechtsextremer Gruppierungen und Parteien in Deutschland festgestellt werden. Immer häufiger war die Erzählung zu hören, nach der Jüdinnen*Juden (siehe → *Judentum*) zu einem Teil eines jüdisch-christlichen Erbes in Europa stilisiert werden. Es klingt nach »Friede, Freude, Eierkuchen«, nach Toleranz und Harmonie.

Gleichermaßen sind es Aussagen wie diese und die damit verbundene proisraelische Haltung, die zumeist auf Ablehnung bei diversen Neonazis trifft. Wieso es in Teilen der extremen Rechten zu einer vermeintlichen Umorientierung gekommen ist, erklärt die britisch-jüdische Rechtsextremismusforscherin Hannah Rose. Sie sieht diese Entwicklung mitunter in einer grundlegenden Neukonzeption des Jüdischseins, bei der die jüdische Bevölkerung durch Framings des Rechtsextremismus verstanden wird.

Eigentlich ist das Strategie, denn so sollen nur die alten → *Ideologien* legitimiert werden. Es entsteht ein »Gerücht über die Juden«, indem sie weitestgehend pauschal als europäisch, proisraelisch und → *antimuslimisch* inszeniert werden. So kann die extreme Rechte den Philosemitismus für die eigenen Positionen nutzbar machen.[339]

Die Formulierung der »christlich-jüdischen« Traditionslinie ist keineswegs wertneutral, sondern kann durchaus als politischer Kampfbegriff verstanden werden. Es ist die Mär, dass Europa als Abendland ein Ort des christlich-jüdischen Miteinanders war. Es ist der Versuch, eine unüberbrückbare Rivalität zwischen diesem Abendland und dem islamischen Morgenland zu schaffen. Dabei wird einerseits die spezifisch jüdische Erfahrung unkenntlich gemacht und andererseits die Gewaltgeschichte gegen Jüdinnen*Juden verschwiegen.

Das Abendland war über fast zweitausend Jahre ein Ort, an dem das Pogrom stets an der nächsten Ecke lauerte. Außerdem verdeckt der Begriff, dass alle drei monotheistischen Weltreligionen ihren Ursprung im Nahen Osten haben. Dass die drei Religionen dabei häufig nicht auf eine friedliche Traditionsgeschichte zurückblicken, wird durch diesen Begriff auch verschwiegen. Denn gerade die Mitglieder der jüdischen Gemeinden Europas wurden im Namen des Christentums verfolgt, ausgegrenzt und/oder ermordet.

Eine Geschichte, die sich bis in das heutige Deutschland zieht. So wird in Teilen der vehemente → *Antisemitismus* des Reformators Martin Luther ausgeblendet. Dieser schrieb im Jahr 1543 in seiner dritten »Judenschrift« »Von den Juden und ihren Lügen« beispielsweise davon, dass Jüdinnen*Juden »ein solch verzweifeltes, durchböstes, durchgiftetes Ding« seien und »sie 1.400 Jahre unsere Plage, Pestilenz und alles Unglück gewesen und noch sind«.[340] Auch die antisemitischen »Judasfeuer« finden vor allem in Bayern weiter statt[341] oder Kirchen bleiben mit »Judensäuen« geschmückt.

Ein *christlich-jüdisches Abendland* zu beschwören verdeckt, dass besonders die christlichen Kirchen über die vergangenen zwei Jahrtausende entscheidend die Verfolgung von Jüdinnen*Juden angeführt haben.

Ruben Gerczikow
Publizist und Autor

Medientipps → 342, 343, 341, 339, 344

chronisch krank

krank: Adjektiv | krank | im Duden seit 1880 (D1, 1. Auflage)

D 1. a) im körperlichen oder geistigen Wohlbefinden beeinträchtigt, gestört; physisch oder psychisch leidend, nicht gesund; 1. b) unsinnig, absurd, völlig verrückt (2); Gebrauch: salopp; 2. durch einen Schuss verwundet; Gebrauch: Jägersprache

Unter einer *chronischen Erkrankung* versteht man eine länger andauernde, schwer heilbare Krankheit. *Chronische Krankheiten* haben im Gegensatz zu akuten Erkrankungen oft keinen klar bestimmbaren Ausgangspunkt, sondern entwickeln sich langsam und schleichend. Oft lässt sich ihre Ursache nicht behandeln, nur die Symptome.[345] Selten ist das Phänomen nicht: Etwa 40 % der Menschen in Deutschland leben mit *chronischen Krankheiten*.[346]

Wie sehr eine *chronische Krankheit* Einfluss auf die Identität einer Person nimmt, hängt unter anderem von ihrer Schwere ab. Für manche ist *chronisch krank* oder *behindert* eine Selbstbezeichnung, mit der sie sich vorstellen. Ob *chronisch Kranke* sich selbst als *behindert* sehen oder nicht, unterscheidet sich von Person zu Person. Viele empfinden den Begriff *behindert* als befreiend, weil er es ihnen erleichtert, die Hilfsmittel in Anspruch zu nehmen, die sie brauchen.

Viele *chronisch Kranke* müssen ihre Identität neu definieren, weil sie sich oft über Beruf oder Hobbys definiert haben, die sie nicht mehr ausüben können. »Was bin ich wert, wenn ich nichts mache?« ist eine Frage, die sich viele stellen. Dadurch findet ein ganz neuer Diskurs über den Wert des Menschen außerhalb seiner Funktion und Produktivität statt.

Eine *chronische Krankheit* kann rechtlich als → *Behinderung* eingestuft werden. Wird sie es nicht, dann gilt sie im Berufsleben nicht als mögliche Ursache von → *Diskriminierung*. In diesem Fall haben *chronisch Kranke* keinen besonderen Schutz.[347] Viele *chronische Krankheiten* sind oft unsichtbar. Dadurch fällt es *chronisch kranken* Menschen manchmal schwer zu erklären, dass sie besondere Bedürfnisse haben. Dazu kann geringe Belastungsfähigkeit zählen, Unverträglichkeiten, Bedarf an Ruheräumen, Sitzgelegenheiten oder besonderen medizinischen Hilfen. Besonders für junge Menschen gilt es nicht als soziale Norm, krank zu sein oder besondere Anpassungen in ihrem Leben zu brauchen. Zudem entwickeln sich *chronische Krankheiten* oft in ihrer Schwere, sie schwanken oder verlaufen in Schüben.

Was man gestern konnte, kann man heute manchmal nicht mehr. Das ist für das Umfeld von Menschen manchmal schwer nachvollziehbar. *Chronisch kranke* Menschen fühlen oft einen Rechtfertigungsdruck. Wenn ein junger, gesund aussehender Mann zum Beispiel in einem Zug jemanden darum bittet aufzustehen, damit er sich selbst hinsetzen kann, dann wird das oft kritisch betrachtet.

Krankheiten können auch deshalb unsichtbar sein, weil Betroffene sich nur dann mit Freund*innen und Familie treffen, wenn es ihnen gut genug geht. In den schweren Phasen ziehen sie sich eher zurück. Daher entsteht ein verzerrtes Bild.

Chronisch Kranke nennen sich selbst auch Spoonies. Die »Spoon-Theory«[348] ist ein Gedankenexperiment, um die Lebensrealität von vielen Menschen mit Behinderungen oder *chronischen Krankheiten* zu veranschaulichen. Als ihre Freundin sie fragte, wie es sei, *chronisch krank* zu sein, nahm die Bloggerin Christine Miserandino einige Löffel zur Hand und erklärte: *Chronisch krank* zu sein bedeutet, ständig Entscheidungen zu treffen.

Als gesunde Person hat man unendlich viele Löffel, als kranke Person vielleicht nur zwölf Löffel. Aufstehen kostet einen Löffel. Duschen drei. Anziehen noch einen. Bis man auf der Arbeit angekommen ist, sind schon sechs Löffel weg. Danach muss man gut haushalten, um noch durch den Tag zu kommen. Es gibt einfach zu wenig Energie für ein vollwertiges Leben. Ein Leben ohne diese ständigen Entscheidungen zwischen grundlegenden Alltäglichkeiten ist ein → *Privileg*, das nur für gesunde Menschen selbstverständlich ist.

Marina Weisband
Psychologin, Autorin und Projektleiterin
Medientipps → 349, 350, 347, 351, 352

Coming-out

Substantiv, Neutrum | Co|ming-out, Co|ming|out | im Duden seit 1991 (D1, 20. Auflage)

D absichtliches, bewusstes Öffentlichmachen von etwas, insbesondere der eigenen Homosexualität

»Aus dem Schrank kommen« lautet die gebräuchliche Übersetzung der Metapher »coming out of the closet«. Sie lässt jene lächerlich aussehen, die sich noch nicht herausgetraut haben, also noch nicht offen zu ihrer geschlechtlichen oder sexuellen Identität stehen. Das war auch gemeint, als Demonstrant*innen die Parole während der Stonewall-Aufstände[353] 1969 in New York skandierten: Die mutigen → *Queeren*, die ihr Gesicht im Kampf gegen → *Diskriminierung* auf der Straße zeigten, forderten sichtbare Solidarität von jenen, die ihre Identität versteckten.

Der Ursprung des Begriffs ist nicht kämpferisch. Im 19. Jahrhundert bezeichnete *to come out*, dass eine Frau aus höheren Kreisen in die Gesellschaft eingeführt wird.[354] [355] Vergleichbar nutzten ihn → *Schwule* in den USA vor dem 1. Weltkrieg. Sie sprachen vom »coming out into the homosexual society«, wenn ein Debütant zu ihnen fand.[356]

Im Deutschen gab es bis Anfang der 1980er-Jahre keine Vokabel für *Coming-out*. Dann tauchte das Wortpaar erstmals in auflagenstarken → *deutschsprachigen* Veröffentlichungen[355] auf: Am 9. November 1989 hatte ein DDR-Spielfilm mit dem Titel »Coming out« Premiere in Berlin.[357] *Coming-out* beschreibt das Offenlegen der Identität vor einer oder mehreren Personen.

Fachleute verstehen es als Prozess in zwei Phasen. 1. Das innere *Coming-out*, in dem ein Mensch sich der eigenen sexuellen oder → *geschlechtlichen* Identität bewusst wird und etwa für sich feststellt: Ich bin schwul. 2. Das äußere *Coming-out*: die festgestellte eigene Identität einigen oder allen Menschen des persönlichen Umfelds oder auch darüber hinaus zu offenbaren.[358]

Selbst für die Offensten ist das *Coming-out* nie abgeschlossen: Mit jedem Umzug, jedem neuen Job, jedem Kennenlernen stellt sich ihnen aufs Neue die Frage, ob, wann und wie sie sich offenbaren. Solange es nicht jemand anders macht.

Ein fremdbestimmtes *Coming-out* ist *Outing*: die Homosexualität oder Trans-Identität eines Menschen gegen dessen Willen öffentlich machen. Bestimmendes Motiv war lange, Menschen zu schaden. In Zeiten des massenhaften Sterbens an Aids entwickelten vor allem schwule Aktivisten Ende der 1980er-Jahre die Idee des Outings für einen guten Zweck. Menschen aus dem Schrank zu zwingen, sahen sie als Notwehrreaktion auf untätige Politik angesichts des massenhaften Sterbens an Aids.[353]

Michelangelo Signorile, einer der stärksten Outing-Verfechter, schrieb: »Um Hass und Gewalt gegen Schwule zu stoppen, müssen wir Amerika zeigen, dass wir nicht die Serienkiller sind, als die uns Hollywood präsentiert, sondern in Wirklichkeit genau die Schauspieler und Schauspielerinnen, die in eben diesen Filmen spielen.«[359]

In Deutschland etablierte sich die Vokabel 1991 rasant, nachdem ein Filmemacher im Privatfernsehen zwei TV-Entertainer als schwul geoutet hatte.[360] Der Streit, ob und wann Outing gerechtfertigt ist, entzweite die → *queere* Gemeinschaft. Nie? Allenfalls, wenn Homosexuelle homophob handelten? Oder schon dann, wenn Prominente die queere Infrastruktur nutzen, für die andere ihr Gesicht hinhalten? Bereits ein Jahr später hatte *Outing* eine zweite Bedeutung bekommen: als Synonym für *Coming-out*.[355]

Menschen können sich selbst outen[361], und zwar nicht nur als homosexuell oder → *trans**, sondern als alles Mögliche. Sie werden unter Deutschsprechenden auch verstanden, wenn sie sich als Erdbeerfans *outen*. Auf Englisch steht Outing unverändert nur für Folgendes: das Enthüllen der sexuellen oder geschlechtlichen Identität gegen den Willen einer Person, den Einsatz eine*r Sportler*in in einem Wettbewerb und – einen Ausflug.[362]

Werner Hinzpeter
Journalist und stv. Chefredakteur

Medientipps → 356, 357, 363, 364, 365, 366, 367, 353, 359, 368

Deaf Gain

Substantiv, maskulin | Deaf Gain | im Duden seit 2023 (Duden online)

D aus Gehörlosigkeit resultierender Zugewinn an Fähigkeiten (ein Konzept der Neurodiversität)

»Gehörlose können alles – außer hören« ist ein geläufiger Spruch unter uns Gehörlosen. *Deaf Gain* geht noch einen Schritt weiter und bietet eine Perspektive des Umdenkens an: Das Nichthören ist demnach kein Mangel, nichts Negatives, sondern Teil der menschlichen Vielfalt (siehe → *Diversity* und → *Inklusion*). *Deaf Gain* öffnet die Tür zu einer einzigartigen Welt. Unter dem recht neuen Fachbegriff *Deaf Gain* wird der Gewinn für alle in der Gesellschaft durch die Gehörlosigkeit Einzelner verstanden – mit einem Fokus auf die positiven Aspekte.[369] Schauen wir nur alleine auf das reiche kulturelle Erbe der → *Gebärdensprachen*. Gehörlose Menschen entwickeln durch die künstlerische Ausdrucksform der Gebärdensprache auch oft eine verbesserte visuelle und räumliche Wahrnehmung und eine gewisse Detailverliebtheit sowie starke Fähigkeiten zur Problemlösung. Von diesen Fähigkeiten und diesem Wissen können direkt, manchmal indirekt auch Hörende profitieren. Selbst Aufzüge wären ohne Menschen mit → *Behinderung* nie so schnell entwickelt, vorangetrieben und verbreitet worden. Daraus ziehen im Alltag auch viele andere Menschen mit Kinderwagen, schweren Einkäufen, Fahrrädern usw. einen Vorteil.

Hollywoods glorreiche Stummfilm-Ära wäre kaum ohne Gehörlose denkbar gewesen, die dort vor und hinter der Kamera tätig waren. Das gilt auch für den Schauspieler und Komiker Charlie Chaplin (1889–1977). Seine Anziehungskraft auf mich als Kind, das ohne Gebärdensprache oralistisch[370] aufwuchs, war so groß, dass ich ihn beim Fasching imitierte. Erst viele Jahre später begriff ich die Magie Chaplins, denn seine Darstellungskunst war massiv durch die Gebärdensprache beeinflusst. Mit dem gehörlosen Landschaftsmaler und Stummfilmschauspieler Redmond Granville (1871–1935)[371] war Chaplin befreundet. Chaplin war von der Schönheit und natürlichen Ausdruckskraft der Gebärdensprache, die Granville vor der

Kamera zeigte, so fasziniert, dass Chaplin sogar die *American Sign Language* (die verbreiteteste Gebärdensprache in den USA) lernte. Außerdem verhalf Granville ihm dabei, Körpersprache und Mimik zu verbessern. Chaplin setzte diese von Granville erlernten Techniken in seinen Stummfilmen ein. Ohne den Einfluss des gehörlosen Künstlers hätten wir also sehr wahrscheinlich nie über Chaplin so gelacht und uns für seine oft auch tragischen Rollen begeistert.

Die Denkweise hinter *Deaf Gain* erlaubt nicht nur Gehörlosen, sondern allen eine neue Art des Lernens, denn optische Wahrnehmung und visuelles Lernen sind nicht nur für Gehörlose essenziell, sondern haben auch für Sehende Vorteile. Die berühmten Schulwandbilder[372] des »taubstummen Taubstummenlehrers« Carl Heinrich Wilke wurden 1837 für den Anschauungsunterricht gehörloser Schüler*innen entwickelt. Sie waren so erfolgreich, dass sie einige Jahre später auch den Weg in die Schulen für hörende Kinder fanden. Die Formulierung »taubstumme Taubstummenlehrer« war damals übrigens geläufig; heute heißen sie taube/gehörlose Lehrer*innen.

Das Zwei-Sinne-Prinzip funktioniert aber auch an öffentlichen und belebten Plätzen – oder im Nahverkehr. Wie oft teilten mir Hörende schon mit, dass die Lautsprecherdurchsagen in Zügen nicht verständlich und dafür die Laufschrift auf den Displays viel hilfreicher seien. Auch zum Mond wäre die Menschheit – zumindest in den Pionierjahren der bemannten Raumfahrt – ohne Gehörlose wohl nie gekommen. Denn die Auswirkungen der Schwerkraft auf den menschlichen Körper musste man zuerst auf der Erde erforschen. Durch die Gehörlosigkeit hatten die elf gehörlosen Teilnehmer des Forschungsprogramms der NASA[373] einen Schaden am Gleichgewichtssinn und waren damit immun gegen die Reisekrankheit. Ein klarer Vorteil gegenüber Nichtbehinderten: Ihnen wurde nicht übel.

Und genau so kann man den Perspektivwechsel bei *Deaf Gain* verstehen: Die gesamte Gesellschaft profitiert von der einzigartigen Kultur des Nichthörens – und wird das auch in der Zukunft tun.

Julia Probst
Aktivistin und Kommunalpolitikerin

Medientipps → 374, 375, 376, 369, 377

Demokratie

Substantiv, feminin | De|mo|kra|tie | im Duden seit 1880 (D1, 1. Auflage)

D 1. a) politisches Prinzip, nach dem das Volk durch freie Wahlen an der Machtausübung im Staat teilhat; 1. b) Regierungssystem, in dem die vom Volk gewählten Vertreter die Herrschaft ausüben; 2. Staat mit demokratischer Verfassung, demokratisch regiertes Staatswesen; 3. Prinzip der freien und gleichberechtigten Willensbildung und Mitbestimmung in gesellschaftlichen Gruppen

Unter einer *Demokratie* versteht man – im Gegensatz zu einer Diktatur oder Autokratie – eine Staatsform, in der die Macht und die Herrschaft vom Volk, also von den Bürger*innen ausgeht. In demokratischen Staaten werden viele wichtige Positionen im politischen Machtgefüge durch Wahlen bestimmt. Auf der Welt gibt es knapp 200 Staaten[378], 76 von ihnen werden als demokratisch eingestuft.[379] Dabei hat jeder dieser Staaten mehr oder weniger große demokratische Defizite. Eine »lupenreine« *Demokratie* gibt es also gar nicht. Aber es gibt Länder, in denen demokratische Prinzipien wie Gewaltenteilung, freie Wahlen und die Achtung der Menschenrechte besser umgesetzt werden als in anderen. Das bedeutet auch, dass selbst in einem Land wie Deutschland, das weithin als gut funktionierende[380] Demokratie gilt, nicht alle Menschen die gleiche Macht oder sogar dieselben Rechte haben.

Beispielsweise leben in Deutschland mehr als zehn Millionen Menschen, die keine deutsche Staatsangehörigkeit[381] besitzen, also gar nicht wählen oder gewählt werden dürfen. Das bedeutet, dass jede achte Person, die hier in Deutschland lebt, über die Ausgestaltung des Zusammenlebens in Deutschland nicht mitentscheiden darf, obwohl sie ihren Lebensmittelpunkt hier hat. Eine weitere große Gruppe, die nicht wählen darf, obwohl sie hier lebt, sind Kinder und Jugendliche unter 18 Jahren.[382]

Alle, die jünger als 18 sind, haben kein Recht darauf, an der Gestaltung ihrer eigenen Zukunft mitzuwirken. Man nennt es Repräsentationsdefizit, wenn in einem Staat nicht alle Teile der Bevölkerung gleich vertreten sind, und es hat weitreichende Auswirkungen auf die Wahrung der Interessen dieser Gruppen. So haben es Kinder oder Menschen ohne deutsche Staatsangehörigkeit schwerer, das, was sie für ein gutes Leben brauchen, auch zu bekommen.

Aber nicht nur Wahlen tragen zu einer guten Interessensvertretung in Politik und Gesellschaft und somit zu einer gerechten *Demokratie* bei, sondern auch das eigene Engagement in Parteien, Verbänden oder Vereinen sowie beispielsweise die Teilnahme an einer Demonstration. Menschen, die wenig Geld und wenig Zeit für Engagement haben, können daher ihre Interessen in der Politik auch schlechter vertreten. Oft sind das Menschen mit Migrationsgeschichte, Menschen mit → *Behinderung* oder Erwerbslose[383], aber auch Menschen, die viel unbezahlte Sorgearbeit leisten.[384] Das trifft häufiger auf Frauen und besonders Mütter zu (siehe → *Care-Arbeit* und → *Mobilität*).[385]

So kommt es, dass an der Entstehung von Gesetzen und anderen politischen Entscheidungen in der Regel häufiger Männer beteiligt sind, was wiederum dazu führt, dass die Interessen der Männer auch hier oft besser gesehen werden. Im Deutschen Bundestag zum Beispiel sitzen mehr als doppelt so viele Männer wie Frauen, aber auch andere Bevölkerungsgruppen sind stark unterrepräsentiert wie → *Schwarze* Menschen oder Personen ohne Hochschulabschluss.[386] Und dann gibt es noch Menschen, die aufgrund von körperlichen oder psychischen Beeinträchtigungen von vielen politischen Prozessen, sei es bei Wahlen oder in politischen Positionen und Ämtern, ausgeschlossen sind und so auch nicht für ihre Interessen eintreten können, z. B. wenn es um die Umsetzung von Barrierefreiheit oder die Abschaffung → *diskriminierender* Gesetze geht.

Wenn also im politischen Diskurs häufig die Rede davon ist, dass Minderheiten der Mehrheit, z. B. beim → *Gendern*, ihre Meinung aufzwingen wollen, und dazu den Begriff → *woke* in einer abwertenden Bedeutung verwenden, ist dies lediglich ein Aufbegehren der Mächtigen, die ihre Macht nicht teilen wollen.[387]

Michaela Mahler
Soziologin und Demokratieforscherin

Medientipps → 388, 384, 389, 390, 387

Depression

Substantiv, feminin | De|pres|si|on | im Duden seit 1880 (D1, 1. Auflage)

D 1.a) sich in tiefer Niedergeschlagenheit u. a. ausdrückende psychische Erkrankung; Gebrauch: Medizin, Psychologie; 1.b) Traurigkeit; Gebrauch: umgangssprachlich

Depression ist eine weit verbreitete, zum Teil (durch Suizid) tödlich verlaufende Erkrankung. Manche Betroffenen haben lediglich eine depressive Phase von wenigen Monaten, andere einen chronischen, lebenslangen Verlauf. Die Verlaufsformen reichen von relativ leicht bis sehr schwer. Es gilt, die *Depression* abzugrenzen von Trauer, Erschöpfungszuständen oder Niedergeschlagenheit. Eine Diagnose durch medizinisches Personal ist daher notwendig.

Viele Betroffene sind sehr gut darin, ihre Erkrankung nach außen hin zu verbergen. Die *Depression* ist nämlich für die meisten mit Scham besetzt.[391] Wer daran erkrankt, glaubt oft, selbst schuld zu sein – zu schwach, psychisch angeknackst, verrückt, ein*e Loser*in. Nicht ganz zu Unrecht haben die Betroffenen aufgrund der immer noch bestehenden Stigmatisierung Angst, dass soziale Bindungen zerbrechen oder ihre berufliche Laufbahn empfindlich darunter leidet, wenn ihre Erkrankung öffentlich wird. Nichtbetroffene glauben von Erkrankten, sie hätten sich nicht genug angestrengt, könnten sich nicht zusammenreißen, machten irgendwas falsch. Genau hier liegt ein fatales Missverständnis vor: Depressiv Erkrankte haben sich üblicherweise zu sehr angestrengt, zu sehr zusammengerissen und zu oft versucht, alles richtig zu machen. Leider lässt sich eine *Depression* nicht so gut erklären wie einen Beinbruch oder ein Magengeschwür.

Ein weiteres Missverständnis betrifft die Symptome der Erkrankung: Depressive sind nicht etwa traurig und weinen häufig, auch wenn eine *Depression* stark mit negativen Empfindungen einhergeht. Betroffene berichten vor allem von einem Gefühl der Leere, des Abgestumpftseins, der kompletten Überforderung, einer tiefen Erschöpfung. Häufig genutzte Bilder, die zum besseren Verständnis für Nichtbetroffene gefunden wurden, sind zum Beispiel der »schwarze Hund«[392] oder die »dunklen Wolken«. Mein eigenes

Bild ist das »Unterwassertretbootfahren«[393], das Gefühl, nicht von der Stelle zu kommen, während eine tonnenschwere Last auf mich drückt und ich den Rest der Welt nur ganz entfernt, gedämpft und verdunkelt wahrnehme. Deshalb sind in mittleren bis schweren depressiven Phasen die alltäglichsten Dinge nur unter größten Anstrengungen oder gar nicht mehr zu bewältigen. Wir reden hier von Wäsche waschen oder den Briefkasten öffnen oder aus dem Bett aufstehen. Wenig hilfreich sind allbekannte Motivationssprüche, mit denen genau die Dinge gefordert werden, die in diesen Zuständen nicht mehr möglich sind: an die Luft gehen, die Sonne genießen, Sport machen, unter Leute gehen, sich zusammenreißen.

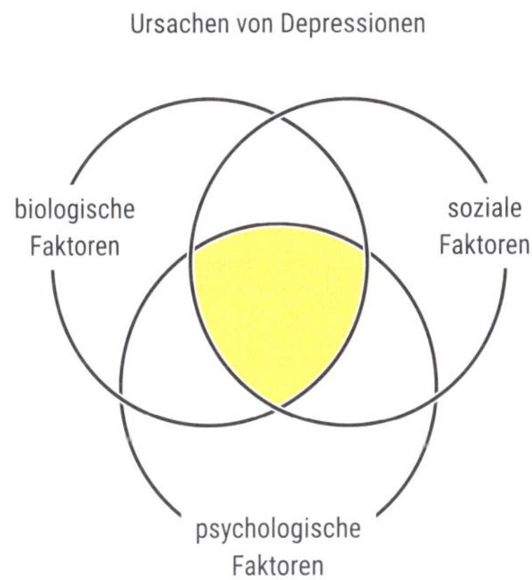

Für eine *Depression* gibt es unterschiedliche Ursachen, psychosoziale wie auch neurobiologische. Meist kommen mehrere Aspekte zusammen.[394] Auslöser können traumatische Ereignisse, Lebensumstände (→ *Diskriminierung*, Armut, familiäre oder berufliche Überbelastung), hormonelle Veränderungen und Stress sein.

Therapiemöglichkeiten gibt es in Form bestimmter Psychotherapien und/oder Antidepressiva. Während der COVID-19-Pandemie ist das Krankheitsbild der *Depression* stärker in den öffentlichen Fokus gerückt und es wurde sehr viel breiter diskutiert, was zu einem besseren Verständnis für Betroffene und zu einer Entstigmatisierung geführt haben dürfte.

Zoë Beck
Synchronregisseurin, Autorin, Übersetzerin und Verlegerin

Medientipps → 395, 396, 397, 398, 399, 400, 401, 402

Desinformation

Substantiv, feminin | Des|in|for|ma|ti|on | im Duden seit 1991 (D1, 20. Auflage)

D bewusst falsche Information zum Zwecke der Täuschung

Eine *Desinformation* ist eine Information, die absichtlich in die Irre führen oder die öffentliche Meinung manipulieren soll. Sie präsentiert sich als wahre Behauptung über reale Zustände, aber sie ist in irgendeiner Weise falsch. Entweder entsprechen die erwähnten Dinge ganz oder teilweise nicht den Tatsachen oder sie sind bewusst irreführend formuliert oder sie lassen relevanten Kontext weg. *Desinformation* ist zu unterscheiden von einer Fehlinformation, die zwar ebenfalls falsch ist, hinter der aber ein Fehler oder ein Missverständnis steht. Bei *Desinformation* handelt es sich um eine bewusste Täuschung.

Es gibt viele Begriffe, die anstelle von *Desinformation* verwendet werden: Das »Unwort des Jahres« 2016 war *postfaktisch*, das besagen soll, dass wir uns in einer Zeit befinden, in der »immer größere Bevölkerungsschichten [...] bereit [sind], Tatsachen zu ignorieren und sogar offensichtliche Lügen bereitwillig zu akzeptieren«.[403]

Auch sehr beliebt ist der Begriff *Fake News*. Im Herbst 2017 kürte das Collins Dictionary aus Glasgow das Wort *Fake News* zum »Wort des Jahres«.[404] Journalist*innen nutzten den Begriff, um das Bewusstsein für falsche und irreführende Informationen im Internet zu schärfen. Und natürlich benutzte der damalige US-Präsident Donald Trump den Begriff regelmäßig vom Podium aus, um fast alles zu diskreditieren, was ihm missfiel. Und natürlich ist er auch sehr berüchtigt dafür, selbst Fake News, Hass und Lügen zu nutzen (siehe → *Hasskriminalität*). Allein in seiner Amtszeit verbreitete er 30.573 *Desinformationen*.[405]

Desinformation beschreibt jedoch ein weiter gefasstes Verständnis von der gezielten Verbreitung falscher oder irreführender Informationen als nur Fake News oder die klassische Zeitungsente, die eine unbeabsichtigte Falschmeldung darstellt. Darunter fallen Dekontextualisierung oder bewusst falsche Interpretation, Manipulation eigentlich wahrer Bilder oder Meldungen oder völlig frei erfundene Inhalte.[406] Auch das gezielte, systematische *cherry picking* korrekter Informationen gehört dazu. Von *Desinformation* kann man daher auch sprechen, wenn einzelne Bilder oder Sätze faktisch richtig oder korrekt wiedergegeben sind, jedoch aus dem Kontext gerissen werden. Auch wenn man (bewusst) einen falschen Eindruck erweckt, ist das *Desinformation*.

Desinformation sollte nämlich nicht isoliert betrachtet werden, da der Zweck einzelner Claims vorrangig darin besteht, bestimmte politische Narrative zu bespielen und zu verstärken und letztlich Weltbilder zu propagieren, die oft menschen-, wissenschafts- und/oder verfassungsfeindlich sind.[407] *Desinformation* kann somit ein einzelner Beitrag sein, *Desinformation* kann auch die Summe von verschiedenen Beiträgen wie einzelner Fake News sein. *Desinformation* ist kein neues Phänomen und hat auch Parallelen zur Propaganda[408], funktioniert in Zeiten von Social Media jedoch viel stärker dezentralisiert. Rezipient*innen von *Desinformation* sollen außerdem dazu gebracht werden, *Desinformation* weiterzuverbreiten. Dazu benutzt *Desinformation* verschiedene Strategien, die nicht nur die vermeintliche Glaubwürdigkeit bedienen sollen, sondern auch so ausgestaltet sind, dass sie starke Emotionen bei den Empfänger*innen auslösen. Dadurch agieren diese verstärkt und ferner wird der Claim auch von den Algorithmen der Social-Media-Plattformen aufgegriffen.[409]

Thomas Laschyk
Blogger und Faktenchecker

Medientipps → 410, 411, 412, 413, 414, 415

deutsche Sprache

Sprache: Substantiv, feminin | Spra|che | im Duden seit 1880 (D1, 1. Auflage)

D 1. Fähigkeit des Menschen zu sprechen; das Sprechen als Anlage, als Möglichkeit des Menschen sich auszudrücken; 2. das Sprechen; Rede; 3. (...); 4. a) (historisch entstandenes und sich entwickelndes) System von Zeichen und Regeln, das einer Sprachgemeinschaft als Verständigungsmittel dient; Sprachsystem; 4. b) System von Zeichen (das der Kommunikation o. Ä. dient)

Die *deutsche Sprache* ist eine Sprache der Vielfalt. Als Amtssprache wird sie in Deutschland, Österreich, Liechtenstein, Belgien, Luxemburg, Italien und in der Schweiz verwendet. Gesprochen oder geschrieben gibt es in diesen Ländern und deren Regionen eine Vielzahl von Varianten wie die Dialekte des Hessischen oder Sächsischen. Auch soziale Gruppen können ihre eigene Sprache haben und tragen zur Vielfalt bei: Jugendliche sprechen anders als Senior*innen. Die Rechtswissenschaft, die Philosophie und die Medizin unterscheiden sich in ihren Fachsprachen, nicht nur im dort verwendeten Wortschatz, sondern auch im Gebrauch von grammatischen Strukturen und im Aufbau der unterschiedlichen Textsorten.

In der *deutschen Sprache* gibt es – wie in allen natürlichen Sprachen – verschiedene Möglichkeiten, Dinge zu benennen oder Sachverhalte zum Ausdruck zu bringen. Die Geburt eines Kindes kann auf verschiedene Weise wiedergegeben werden: als ein medizinischer Bericht, eine Zeitungsmeldung, ein Märchen oder ein Gedicht. In den entstehenden Texten wird die Vielfalt einer Sprache deutlich und die zeigt sich auch bereits im Wortschatz und eingeschränkt sogar in der Grammatik. So verzeichnet das Synonymwörterbuch allein 36 Synonyme zum Adjektiv *umwerfend*, mit dem Begeisterung ausgedrückt wird.[416] Wörter und Wortgruppen können in einem Satz an mehreren Positionen stehen.

Die Beschreibung dieser sprachlichen Vielfalt und der feinen Unterschiede im Gebrauch ist Gegenstand der Linguistik. Seit Jahrzehnten dokumentiert man die Vielfalt mithilfe von riesigen digitalen Bibliotheken, sogenannten Korpora, die man zusammengetragen und computergestützt analysiert hat. Die Korpora des Leibniz-Instituts für Deutsche Sprache sind die größten deutschsprachigen Korpora, die kostenlos und frei zugänglich sind.

Einer der Gründe, warum die Sprache so vielfältig ist, besteht in der Möglichkeit, neue Wörter zu bilden.[418] Beispielsweise können zwei Wortstämme zu einem neuen Wort zusammengefügt werden. Der letzte Teil legt die grammatischen Eigenschaften wie das Genus fest: [das Cannabis] + [der Verein] = der [Cannabis-Verein]. Dieses Verfahren ist ausgesprochen produktiv und wird jeden Tag aufs Neue genutzt. Dies belegt auch die »Wortwarte«[419], die sich der Aufgabe stellt, neue Wörter, die nicht im Digitalen Wörterbuch der Deutschen Sprache[417] aufgenommen wurden, zu melden.

Die *deutsche Sprache* unterliegt einem ständigen Wandel und wird durch Veränderung reicher und vielfältiger. Die Vielfalt der *deutschen Sprache* basiert auch auf Offenheit für andere Formen. Sprecher*innen verwenden Wörter aus anderen Sprachen.

Goethe beispielsweise nutzte ausgesprochen häufig das aus dem Italienischen entlehnte Wort *grandios*. Viele folgten Goethe in diesem Gebrauch und in der Gegenwart ist *grandios* ein häufiges Adjektiv der *deutschen Sprache*. Heutzutage kommen viele Wörter aus dem Englischen (z.B. → *woke*, *Chat* oder *twittern*), andere werden heute nicht mehr als Wörter mit Migrationsgeschichte erkannt, so z.B. der aus dem Schwedischen stammende *Ombudsmann*, das aus dem Französischen eingewanderte *kaputt* oder das aus dem Arabischen kommende *matt*.[420]

Die Sprache gehört zum Menschen und ist Teil seiner Identität. Über Sprache nachdenken heißt immer auch über sich selbst nachdenken. Das mag der Grund sein, warum in der Geschichte immer wieder vehement über Sprache gestritten wurde.

Gegenwärtig werden in den *deutschsprachigen* Ländern heftige Dispute über das → *Gendern* ausgetragen.[421] In der Amtssprache kann man einen konkreten Sprachgebrauch per Gesetz anordnen. In der Alltagssprache entscheiden die Sprecher*innen mit ihrem Gebrauch.

Maik Walter

Germanist, Fremdsprachsprachendidaktiker und Theaterpädagoge

Medientipps → 422, 423, 424, 425, 426, 427, 428

Digitalisierung

Substantiv, feminin | Di|gi|ta|li|sie|rung | im Duden seit 2009 (D1, 25. Auflage)

D 1. das Digitalisieren, Digitalisiertwerden; 2. umfassende Durchsetzung digitaltechnischer Verfahren im öffentlichen Leben, der Wirtschaft u. a. Bereichen

Etwa 7.000 Sprachen gibt es auf der Welt. In den digitalen Medien merkt man davon allerdings nicht allzu viel. »Egal ob Wikipedia, YouTube, Facebook oder Twitter: Sie alle haben Probleme damit, Sprachen zu unterstützen, die außerhalb Nordamerikas, Europas und teilweise Asiens gesprochen werden«, sagt Nakeema Stefflbauer[429], Expertin für → *künstliche Intelligenz*. Der Grund dafür ist, dass die großen Techunternehmen ihre Anwendungen nur für eine begrenzte Anzahl an Sprachen programmiert haben. Google etwa bietet rund 130, Wikipedia hält 315 Sprachversionen bereit. Das sind bei Google weniger als zwei, bei Wikipedia weniger als fünf Prozent aller Sprachen weltweit.

Ähnlich sieht es bei Sprachassistenten aus. Die beliebteste Anwendung – »Alexa« von Amazon – unterstützt gerade mal neun Sprachen. Darunter Englisch, Spanisch, → *Deutsch*, Mandarin und Hindi. »Siri« von Apple spricht immerhin rund 30 Sprachen. Von den derzeit gängigen Sprachassistenten profitieren etwa vier Milliarden Menschen. Die Hälfte der Weltbevölkerung – rund 4 Milliarden – bleibt dagegen ausgeschlossen, und das in einer Zeit, in der die gesprochene Sprache immer wichtiger wird, um an der *Digitalisierung* teilhaben zu können.[429]

Diese maue Bilanz fällt weit dahinter zurück, was die *Digitalisierung* eigentlich möglich machen könnte. Unter *Digitalisierung* versteht man »das Ersetzen analoger Prozesse (und Technik) durch digitale«.[430] Theoretisch und auch praktisch lässt sich im Digitalen unbegrenzte Vielfalt herstellen, denn es gibt keine Knappheit an Gütern. Hier kann man »prinzipiell jede Information in jede andere Information umwandeln, oder anders gesagt: jede denkbare menschliche Erfahrung beliebig modifizieren und rekonfigurieren und jedem zur Verfügung stellen«.[430]

Noch ist das ein Traum. Und das nicht nur, wenn es um die Abbildung sprachlicher Vielfalt geht. Auch bei Themen wie Geschlechtergerechtigkeit, Minderheiten oder Globaler Süden – gemeint sind Staaten, die politisch und wirtschaftlich benachteiligt sind – ist noch viel Luft nach oben. Frauen etwa sind im Internet überdurchschnittlich oft von → *Hasskriminalität* oder Diskriminierung durch KI betroffen. Gleiches trifft zum Beispiel auch auf Menschen mit körperlichen → *Behinderungen* oder nicht weißer Hautfarbe zu. Für die Länder des Globalen Südens ist der »digitale Kolonialismus« eine ernste Herausforderung. Denn die Techkonzerne aus dem Globalen Norden betreiben im Globalen Süden Wertschöpfung ganz ähnlich wie zu kolonialen Zeiten.[429]

Dass die *Digitalisierung* so und nicht anders verläuft, liegt in hohem Maße an der Dominanz der großen Internetfirmen und deren Interesse, profitabel zu arbeiten. Ein weiterer Grund ist, dass die öffentliche Hand zu wenig in eigene Anwendungen investiert, die diese Schieflage ausgleichen könnten.

Diese Entwicklung hat aber auch eine positive Kehrseite. Denn gleichzeitig hat die *Digitalisierung* dafür gesorgt, dass so viel wie nie zuvor in der Öffentlichkeit darüber gesprochen wird, wie wichtig es ist, der gesamten Menschheit und nicht nur → *privilegierten* Teilen eine Stimme zu geben. Dass wir den Mangel an sichtbarer Vielfalt heute so schmerzhaft empfinden, ist also auch ein gutes Zeichen. Der Soziologe Aladin El-Mafaalani nennt dies im Zusammenhang mit Migrant*innen das »Integrationsparadox«.[782]

Auf die Gesellschaft insgesamt bezogen, erklärt es Armin Nassehi, ebenfalls Soziologe, so: »Der evolutionäre, nachgerade unmerkliche, auch unmerklich erfolgreiche Integrationsprozess, der erst jene Sprecherpositionen geschaffen hat, fällt kaum auf.«[431] Dank der *Digitalisierung* sind Menschen vom Rand ins Zentrum der Wahrnehmung gerückt. Erst jetzt können alle sehen, wie viel noch zu tun ist.

Vera Linß
Journalistin und Moderatorin

Medientipps → 429, 432, 433, 434, 435

Disability-Mainstreaming

Substantiv, Neutrum | Dis|a|bi|li|ty-Main|strea|ming, Dis|a|bi|li|ty|main|strea|ming | im Duden seit 2023 (Duden online)

D Verwirklichung der Gleichstellung von Menschen mit Behinderung in allen gesellschaftlichen Bereichen

Das Konzept *Disability-Mainstreaming* bedeutet in seiner Zusammensetzung von *Disability* (engl. → *Behinderung*) und *Mainstreaming* (engl.: zur Hauptströmung machen), dass die Interessen und Belange behinderter Menschen bei allen Entscheidungen und Prozessen des politischen und gesellschaftlichen Lebens berücksichtigt werden. Es entwickelte sich aus dem *Gender-Mainstreaming* (Gender: engl. »soziales Geschlecht«), für das die Europäische Union 1995 die »Einbindung von → *Chancengleichheit* von Männern und Frauen in sämtliche politische Konzepte und Maßnahmen der Gemeinschaft« veranlasste.[436]

Eng verwandt ist auch das *Diversity-Mainstreaming* (→ *Diversity*: engl. Vielfalt), das Chancengleichheit für alle Menschen vorantreibt. Zu den Diversity-Dimensionen gehören u. a. Alter, Behinderung, ethnische Herkunft, Geschlecht, Religion/Weltanschauung, sexuelle Identität.[437]

Das Merkmal Behinderung ist demnach Teil der Diversity-Dimensionen, es geht jedoch im Diversity-Management oft zugunsten von anderen Merkmalen unter.[438] [439] In Deutschland finden behinderte Menschen oft keinen Platz im Mainstream, da sie meist andere Zugangschancen haben: Statt auf die Regelschule gehen die meisten behinderten Kinder und Jugendlichen auf Förderschulen. Statt auf dem allgemeinen Arbeitsmarkt wenigstens einen Mindestlohn zu verdienen, erhalten sie in Werkstätten für behinderte Menschen durchschnittlich 1,35 Euro/Stunde.[440]

Disability-Mainstreaming sieht vor, die Themen Behinderung und Barrierefreiheit als eine Querschnittsaufgabe zu verstehen. Der Slogan der Behindertenrechtsbewegung »Nichts über uns ohne uns« kann demnach zu »Nichts ohne uns« umgedeutet werden.[441] Behinderte Menschen werden nicht nur in solche Bereiche, die sie unmittelbar betreffen (z. B. Medizin, Sozialressort), sondern in alle Entscheidungen auf gesellschaftspolitischen Handlungsebenen miteinbezogen. Im Kulturbereich bedeutet *Disability-Mainstreaming*, dass das Merkmal Behinderung auf der Ebene des Personals, des Programms und des Publikums berücksichtigt wird.[442]

Auf die Unternehmenswelt übertragen, sind es z. B. die Ebenen des Personals, der Produkte und der Dienstleistungen: Es werden gezielt Menschen mit Behinderung eingeladen und mit Arbeitsassistenz unterstützt. Das Team wird im respektvollen Umgang miteinander geschult. Produkte werden barrierefrei zur Verfügung gestellt (z. B. von blinden Menschen bedienbare Apps) und Dienstleistungen werden zugänglich gemacht (z. B. über barrierefreie Veranstaltungen).

Besondere Herausforderungen für *Disability-Mainstreaming* können sein, dass behinderte Menschen Empowerment benötigen, um Teil des Mainstreams werden zu können. Auch ist die Kategorie Behinderung sehr vielfältig (u. a. körperliche, seelische, kognitive oder Sinnesbeeinträchtigungen; unsichtbare oder sichtbare). Außerdem sind Aspekte von → *Intersektionalität*, wie der Unterschied einer Identität als Frau mit Behinderung oder Mann mit Behinderung, zu berücksichtigen.

Disability-Mainstreaming kann eine Haltung sein, um ein Unternehmen, Ressort oder Verwaltungsgebiet zukunftsfähiger und attraktiver zu gestalten hinsichtlich seiner Glaubwürdigkeit und der Erschließung neuer Kund*innengruppen. Es gibt jedoch auch eine gesetzliche Grundlage: *Disability-Mainstreaming* erschien in der englischsprachigen Fassung des *Übereinkommens über die Rechte von Menschen mit Behinderungen* und ist in Deutschland im Nationalen Aktionsplan zur Umsetzung der UN-Behindertenrechtskonvention verankert.[443] Hinsichtlich des demografischen Wandels und der Tatsache, dass 97 % der Behinderungen erworben sind, ist die Unterstützung von Vielfalt und Barrierefreiheit etwas, was allen zugutekommt.

Lilian Masuhr
Projektleiterin, Moderatorin und Ukulelelehrerin

Medientipps → 437, 438, 439, 440, 441, 442, 443

Diskriminierung

Substantiv, feminin | Dis|kri|mi|nie|rung | im Duden seit 1934 (D1, 11. Auflage)

D 1. das Diskriminieren; Gebrauch: bildungssprachlich; 2. diskriminierende Äußerung, Handlung; Gebrauch: bildungssprachlich; 3. Unterscheidung; Gebrauch: Fachsprache

Diskriminierung ist ein diffuser Begriff. Nicht alles, was sich ungerecht anfühlt, ist auch eine *Diskriminierung* im rechtlichen Sinn. Bei *Diskriminierung* geht es darum, dass ein Mensch pauschal einer bestimmten Gruppe zugeschrieben und benachteiligt wird, ohne dass es hierfür einen sachlichen Grund gibt. Wenn ich einer Frau für den gleichen Job weniger Gehalt zahle als einem Mann, ist das *Diskriminierung*. Wenn ich einer Familie eine Wohnung nicht vermiete, weil sie einen arabischen Nachnamen hat, weil ich lieber Müllers und Schmidts in der Wohnung haben möchte, ebenso.[444] Dabei geht es nie darum, ob die *Diskriminierung* beabsichtigt ist. Auch wer aufgrund unbewusster Vorurteile handelt, kann diskriminieren. Maßnahmen, die dem etwas entgegensetzen, nennt man Antidiskriminierung.

Das Antidiskriminierungsrecht ist für mich wie eine Straßenverkehrsordnung für das gesellschaftliche Miteinander: So, wie ein Lkw Rücksicht nehmen muss auf Fahrräder und Fußgänger*innen, gilt auch im Alltag nicht das Recht der Stärkeren. Das Antidiskriminierungsrecht gibt klare Regeln vor, wie wir miteinander umgehen sollen und was passiert, wenn es trotzdem Unfälle *(Diskriminierungen)* gibt.

Festgeschrieben sind diese Regeln im Allgemeinen Gleichbehandlungsgesetz (AGG)[445], das 2006 aufgrund europäischer Richtlinien eingeführt wurde. Das AGG schützt vor *Diskriminierungen* im Zivilrecht, konkret: im Arbeitsleben und bei Vertragsabschlüssen. Demnach darf niemand diskriminiert werden wegen des Alters, einer → *Behinderung*, aus → *rassistischen* Gründen, wegen des Geschlechts, der Religion und Weltanschauung sowie der sexuellen Identität. Alle Merkmale gelten dabei als gleich wichtig.

Antidiskriminierung ist für alle da und kein »Minderheitenthema«. Jeder Mensch kann *Diskriminierung* erleben. Unsere Gesellschaft wird immer älter und vielfältiger – und wie überall auf der Welt werden auch bei uns Menschen schlechter behandelt, einfach nur, weil sie einer Gruppe zugeordnet werden. Das kommt überall vor: am Arbeitsmarkt, in der Schule, bei der Wohnungssuche, auf dem Amt, im Krankenhaus, bei der Suche im → *Internet*.[446] Aber gut ist: Immer mehr Menschen sprechen *Diskriminierung* an und wehren sich dagegen.

Menschen werden oft wegen mehrerer Gründe diskriminiert, zum Beispiel eine muslimische Frau mit Kopftuch (siehe → *Intersektionalität*). Das kann die Folgen der *Diskriminierung* verstärken. Aber es gibt auch Gründe, wegen denen Menschen *Diskriminierung* erfahren, die nicht im Allgemeinen Gleichbehandlungsgesetz stehen: zum Beispiel weil sie arm sind oder weil sie Kinder haben. In anderen Ländern der Europäischen Union sind mehr Gründe per Gesetz geschützt als bei uns. Ein Gesetz ist nicht in Stein gemeißelt und ich denke, Verbesserungen müssen immer wieder erkämpft werden.

Diskriminierung findet nicht nur durch Einzelne statt. Sie findet sich in Strukturen und Institutionen, zum Beispiel wenn Polizeibeamt*innen systematisch → *Schwarze* Menschen kontrollieren. Oder wenn Kinder aus Förderschulen grundsätzlich in Werkstätten für Menschen mit Behinderung versetzt werden.

Antidiskriminierung heißt auch: mit möglichst vielen Menschen darüber zu reden, was *Diskriminierung* ist, welche Rechte es gibt und wer helfen kann. Und es heißt, sich als Unternehmen, Schule, Universität, Polizei, Arbeitsagentur, Justiz, Sportcinrichtung und so weiter damit zu befassen, wie *Diskriminierung* vorgebeugt wird.

Institutionen sollten klare Linien festlegen, was zu tun ist, wenn eine Ungleichbehandlung passiert, und auch der Staat sollte sich dafür klare Regeln setzen. Antidiskriminierung stärkt die → *Demokratie*.

Ferda Ataman
Unabhängige Bundesbeauftragte für Antidiskriminierung

Medientipps → 444, 445, 446, 447

Diversity

Substantiv, feminin | Di|ver|si|ty | im Duden seit 2023 (Duden online)

D (als positiv wahrgenommene) Vielfältigkeit, Individualität innerhalb einer Gruppe (2) oder der Gesellschaft (z. B. hinsichtlich Alter, Herkunft, Geschlecht[sidentität], Sexualität, Weltanschauung, körperlicher und geistiger Fähigkeit)

Die eine Definition von *Diversity* gibt es nicht. Manchmal ist das Wort gleichbedeutend mit Verschiedenheit, Gemeinsamkeit, Ungleichheit, Individualität oder zig weiteren Begriffen – mit der deutschen Übersetzung in *Diversität* ist es jedenfalls nicht getan. Es gibt diversitätsorientierte Pädagogik oder Ethnologie, *Diversity* ist ein Wirtschaftsthema und Gegenstand in der Sozial-, Politik- und Rechtswissenschaft, in der Gesundheitsforschung, in Verwaltungen, bei NGOs oder an Universitäten.[448] Manche reden von *Diversity*, wenn sie nicht über Antidiskriminierung sprechen wollen, viele benutzen den Begriff als modisches Synonym für Vielfalt und für andere ist *Diversity* ein banales Etikett zur Imagepflege.

Nur die Geschichte von *Diversity* ist ganz klar politisch. Nach jahrzehntelangen Kämpfen der Bürger*innenrechtsbewegung in den USA sorgen seit den 1960er-Jahren positive Maßnahmen (engl. *affirmative action*) dafür, dass in der Arbeitswelt wenigstens auf dem Papier gleiche Rechte für alle gelten.

Es wurden zum Beispiel Einstellungsquoten für → *Schwarze* US-Bürger*innen festgelegt oder anonymisierte Bewerbungsverfahren eingeführt. In diesem Zusammenhang tauchte *Diversity* in den 1980er-Jahren auf, um divers zusammengesetzte Belegschaften und die nötigen Veränderungen in Organisationen zu beschreiben.[449]

Mit der Globalisierung kam *Diversity* zehn Jahre später als betriebswirtschaftliche Idee in Europa an. Die Strategie zum Umgang mit gesellschaftlicher Vielfalt in Organisationen nannte sich *Diversity-Management* und wurde damals ziemlich einseitig betrieben. Wegen Fachkräftemangel und demografischem Wandel wurden viele Jahre lang vor allem Frauen gefördert, erst später waren auch → *People of Color* (siehe → *Person of Color*) gesucht und manchmal noch ältere Arbeitnehmer*innen. An Frauen mit

Rollstuhl und Armutserfahrung oder → *nicht binäre* Migrant*innen dachte kaum jemand. Menschenrechte waren zweitrangig. Heute wächst das Bewusstsein dafür, dass *Diversity* ohne Antidiskriminierung nicht zu haben ist. Es braucht Veränderungen in der Organisationskultur, bei den Machtverhältnissen und Arbeitsweisen. Um das deutlich zu machen, sprechen viele auch von »Diversity, Equity, and Inclusion«, also Diversität, Gleichstellung und → *Inklusion*, abgekürzt DEI.

Das erste Erklärmodell für *Diversity* aus den 1990er-Jahren [450] wird bis heute benutzt und ordnet Menschen in *Diversity*-Dimensionen ein, einfacher gesagt in Merkmale. Im Kern sind das: Geschlecht / → *Geschlechtsidentität*, → *Behinderung*, race – in Deutschland »ethnische Herkunft/Nationalität« genannt –, sexuelle Orientierung/Identität, Alter, Religion, Weltanschauung und soziale Herkunft.

In diesen Merkmalen soll das Potenzial liegen, das Unternehmen ausschöpfen können. Eine Person mit Behinderung wäre also nützlich dafür, einen Betrieb barrierefreier zu machen. Dass die Leute gar nicht alle zu Barrierefreiheit arbeiten wollen, kommt in dem Modell zu kurz.

Die Wissenschaft ist längst weiter, forscht über die Verhältnisse von Gruppen zueinander und ihre Gemeinsamkeiten oder räumt die großen Missverständnisse über *Diversity* aus. So wie Prof. Dr. Andrea D. Bührmann, Direktorin des Instituts für Diversitätsforschung an der Universität Göttingen, die [für dieses Buch] erklärt: »*Diversität* wird oft als Gegensatz zu Normalität gedacht. Darum reden wir nur über die markierten Gruppen, also nicht über Männer, sondern über Frauen und nicht über → *Privilegien*, sondern über → *Diskriminierung*. Aber Diversität meint alle. Auch diejenigen, die früher als ›normal‹ galten. Denn Diversität bedeutet schlicht, dass alle anders sind.«

Konstantina Vassiliou-Enz
Beraterin, Journalistin, Gründerin, Speakerin und Trainerin

Medientipps → 451, 452, 453, 448, 454, 455

Downsyndrom

Substantiv, Neutrum | Down|syn|drom, Down-Syn|drom |
im Duden seit 1996 (D1, 21. Auflage)

D durch das dreifache Vorhandensein des 21. Chromosoms verursachte Behinderung mit sehr individuellen körperlichen und kognitiven Entwicklungen eines Menschen

Menschen mit *Downsyndrom* gab es schon immer. Die wissenschaftliche Erstbeschreibung dieser Personengruppe durch Dr. John Langdon Down erfolgte 1866.[456] Die Bezeichnung *Downsyndrom* ist zusammengesetzt aus dem Namen des Erstbeschreibers und dem griechischen Begriff »Syndrom« für »zusammenkommen« oder »zusammentreffen«. Syndrom beschreibt hier, dass Personen mit *Downsyndrom* in der Regel eine Kombination von Auffälligkeiten, die einzeln bei allen Menschen vorkommen können, aufweisen.

Sie leben mit einigen Besonderheiten, die das Aussehen, das Denken und die Gesundheit betreffen, beispielsweise einen Herzfehler in Kombination mit geringerer Körpergröße, Sehschwäche, Diabetes und Lernschwierigkeiten. Christina Groß, eine Frau mit *Downsyndrom,* erklärt: »Seit meiner Kindheit habe ich eine Narbe nach Herzoperationen, deshalb bin ich gesund. Mein Herz fühlt sich wunderschön an und schlägt in mir.« Robert Petkewitz findet wichtig: »Das *Downsyndrom* ist keine Krankheit. Mich macht wütend, die Menschen denken, ich habe *Downsyndrom* und bin krank. Ich bin aber gesund!! Und auch nicht dumm. Die Menschen sind dumm, die nicht den Unterschied zwischen Krankheit und Behinderung kennen. Kranksein bedeutet Schmerzen haben oder Husten. Und dann bekommt man Medizin und geht zum Arzt.«

Was ist die biologische Ursache des *Downsyndroms*? Die meisten Menschen haben in ihren Zellen einen doppelten Chromosomensatz. Personen mit dem *Downsyndrom* haben jedoch meistens 47 Chromosomen. Bei ihnen ist das 21. Chromosom gleich dreifach vorhanden, weshalb man auch von Trisomie 21 spricht. Sie entsteht bereits bei der Zeugung und ist während der Schwangerschaft feststellbar. Die Entstehung ist ein zufälliges Phänomen und in den meisten Fällen nicht erblich.[457] Johanna von Schönfeld sagt: »Ich bin keine 46-Chromosomen-Tante. Ich habe 47 Chromosomen.« Menschen mit *Downsyndrom* haben oft ein besonderes Aussehen. Svenja Giesler berichtet: »Ich wurde in der Schule oftmals geärgert von den anderen Mitschülern. Wegen meines Aussehens und darunter leide ich sehr. Ich habe *Downsyndrom*. Aber ich stehe dazu und ich bin kein Alien, denn ich bin, wie ich bin, und jeder soll es verstehen und mich respektieren.« Michael Häger diktiert: »Können manchmal nicht gut reden, sind meistens langsam, sehen sich oft ähnlich.« Markus Hamm sagt: «Ich würde es gar nicht merken, wenn nicht andere davon sprechen würden.«

Wie möchten Leute mit *Downsyndrom* genannt werden? Marley Thelen erklärt: »Ich finde ›Down-Mensch‹ und ›Downie‹ total doof. Ich finde es total und unheimlich doof, mich so zu nennen. Ich möchte es auch nicht. Ich finde das auch eine Verniedlichung.« Nora Fiedler betont: »›Mongo‹ wäre das heftigste Schimpfwort, das ich gehört habe. ›Mongo‹ ist auf jeden Fall genauso schlimm wie Schlampe oder Miststück. Zu Menschen mit *Downsyndrom* kann man ganz normal hingehen und sie fragen: ›Was ist denn das – *Downsyndrom* zu sein?‹ Ich sag dann: ›Für dich heiße ich Nora.‹«

Fast alle Menschen mit *Downsyndrom* können lesen und schreiben lernen. Sie möchten von zu Hause ausziehen und selbstbestimmt leben, wenn sie erwachsen sind (siehe → *Inklusion*). Sie sind wahlberechtigt. Viele von ihnen wollen eine Beziehung führen. Sie wollen ausgebildet werden, eine interessante Arbeit haben und Geld verdienen (siehe → *Chancengleichheit*). In einigen Bereichen brauchen sie Assistenz. Anna Maria Schomburg schreibt: »Ich brauche etwas mehr Unterstützung als andere.« Michaela Koenig findet: »Für die Bildung ist es für das ganze Leben wichtig, dass man schreiben kann, ja, das ist sehr wichtig, dass man schreiben kann. Weil dann hast du das Gefühl, dass du wirklich eine Persönlichkeit bist.«

(Alle Zitate stammen aus dem Textarchiv des »Ohrenkuss«-Magazins mit Interviews, Beiträgen und Korrespondenzen der vergangenen 25 Jahre von und mit Menschen mit Downsyndrom.)

Katja de Bragança
Humangenetikerin und Chefredakteurin

Medientipps → 458, 459, 460, 456, 461, 781

Dualismus

Substantiv, maskulin | Du|a|lis|mus | im Duden seit 1880 (D1, 1. Auflage)

D 1. Zweiheit; Gegensätzlichkeit, Polarität; Gebrauch: bildungssprachlich;
2. philosophisch-religiöse Lehre von der Existenz zweier Grundprinzipien des Seins, die sich ergänzen oder sich feindlich gegenüberstehen (z. B. Gott – Welt; Leib – Seele);
3. Nebeneinander, Rivalität zweier Machtfaktoren in einem politischen System; Gebrauch: Politik

Wenn wir im → *Deutschen* hasserfüllte Haltungen wie → *Antisemitismus*, → *Rassismus* oder → *Queer*feindlichkeit ansprechen wollen, benutzen wir meist den soziologischen Begriff → *gruppenbezogene Menschenfeindlichkeit*. Doch Baron Rabbi Jonathan Sacks (1948-2020) trug 2015 die These vor, dass **jede** Form des religiösen und politischen Extremismus als eine Variante des Freund-Feind-*Dualismus* zu verstehen sei.

Demnach sei es eine psychologische Eigenart des Menschen, angesichts von Überforderungen auf ein einfaches Freund-Feind-Schema zurückzugreifen, nach dem »Wir«, unsere Eigengruppe, »die Guten« wären, der eine Gruppe von »Denen«, vermeintlich absolut »Bösen«, gegenüberstünden. Dualist*innen würden ihren Hass etwa auf Zugewanderte, Frauen oder → *trans** Personen, → *demokratische* Politiker*innen, Wissenschaftler*innen, Journalist*innen und Jüdinnen*Juden dann auch bald mittels Verschwörungsvorwürfen auf jeweils andere Gruppen ausweiten. Der menschliche Hang zum *Dualismus* gerade auch in Krisenzeiten wäre also dem Anliegen der *Vielfalt* direkt entgegengesetzt.

Für mich als Person und als Wissenschaftler wurde die Entdeckung der *Dualismus*-These zu einer entscheidenden Weichenstellung in meinem weiteren Leben. Denn sie ersetzte das bis dahin auch in der Politikwissenschaft herrschende »Hufeisen«, nach dem wir Extremismus nur an den rechten und linken Rändern des politischen Spektrums erwarten dürften.

Als der Bundesrepublik sehr dankbarer Sohn eines früheren Stasi-Inhaftierten hatte auch ich das »Hufeisen« internalisiert und reagierte verstört auf populistische (heute weiß ich: *dualistische*) Ausfälle auch in liberalen (heute: rechtslibertären) Vereinigungen, in denen ich mitwirkte. Doch gerade auch etwa für den Antisemitismus gilt: Er war immer schon in »der Mitte der Gesellschaft« zu finden. Seit der Covid-19-Pandemie und der »Querdenker«-Bewegung in den deutschsprachigen Ländern, der sich neben Rechtsextremen auch viele im Selbstverständnis freiheitliche Selbstständige, linke Esoteriker*innen und einstmals berühmte Professor*innen anschlossen, wird zu Recht auch über »libertären Autoritarismus« und »libertären Antisemitismus« gesprochen. Ich begann also, auch sehr viel kritischer auf mein eigenes, das bürgerlich-konservative Milieu zu schauen.

Die *Dualismus*-These ermöglicht es zudem, historische Befunde neu und besser zu verstehen. So wird die Verbindung des Hasses gegen Jüdinnen*Juden mit Verschwörungsmythen erklärbar, indem wir ernst nehmen, dass das → *Judentum* die erste Religion der Alphabetisierung und Bildung (nach 1. Mose 1,27) war. Während der *Dualismus* also alle anderen angegriffenen Menschengruppen abwertet (siehe → *Gruppenbezogene Menschenfeindlichkeit*), geht er gegenüber dem Judentum von dominierenden Superverschwörer*innen aus. Auch Kombinationen werden so erklärbar: Im frühneuzeitlichen »Hexenwahn« wurden die Verschwörungsmythen gegen Frauen und Jüdinnen*Juden zum »Hexensabbat« verknüpft und es wurde zudem behauptet, aus entführten Kindern würde »Hexensalbe« hergestellt. In der »QAnon«-Bewegung sowie in »Querdenker«-Foren kursierten entsprechend wieder gleichlautende Verschwörungsmythen über angeblich Demokrat*innen verjüngendes »Adrenochrom«.

Die *Dualismus*-These macht aber nicht nur das Übel des Verschwörungsglaubens bzw. von → *Ideologien* greifbar, sondern auch Vielfalt als bestes Gegenmittel: Je öfter und früher Menschen gute Erfahrungen mit vielfältigen Menschen machen können, desto besser können sie der *dualistischen* Psychologie widerstehen. Fragte ein Journalist ein Stadtkind: »Gibt es in deinem Kindergarten eigentlich viele Ausländer?« Antwortete der ehrlich verdutzte Knirps: »Nein, bei uns gibt es nur Kinder.«

Michael Blume
Religions- und Politikwissenschaftler, Beauftragter gegen Antisemitismus der Landesregierung Baden-Württemberg

Medientipps → 462, 463, 464, 465, 466, 467

Ethnomarketing

Substantiv, Neutrum | Eth|no|mar|ke|ting | im Duden seit 2023 (Duden online)

D auf eine bestimmte ethnische Minderheit zielende Maßnahmen zur Absatzförderung

Der Ausdruck *Ethnomarketing* beschreibt Werbe- und Marketingmaßnahmen, die sich an eine ethnisch homogene Zielgruppe innerhalb eines Staates wenden, dessen Bevölkerung mehrheitlich mindestens einer anderen Ethnie angehört. Als Ursprungsland des *Ethnomarketings* gelten die USA, wo der Begriff *ethnic marketing* verwendet wird. Die Historikerin und Expertin für *Ethnomarketing* Prof. Marylin Halter von der Boston University nennt 1917 als Geburtsjahr des *ethnic marketings*.[468]

Im Laufe ihrer Geschichte haben die Vereinigten Staaten immer wieder massive Einwanderungsphasen aus verschiedenen Regionen der Welt erlebt. Dadurch haben sich ganze Gemeinschaften mit einer gemeinsamen Sprache an einem Ort niedergelassen. Unternehmen, die ihre Waren und Dienstleistungen überregional anboten, mussten sich den lokalen Gegebenheiten anpassen. Dazu gehörten ins Spanische, → *Deutsche* oder Chinesische übersetzte Werbeanzeigen oder die Berücksichtigung bestimmter Feiertage.

Breite Investitionen ins *Ethnomarketing* in den USA sieht Professor Halter erst gegen Ende des 20. Jahrhunderts aufkommen. Dabei geht es um sprachlich wie kulturell angepasste Werbespots, mehrsprachiges Verkaufs- und Beratungspersonal oder speziell zusammengestellte Angebote.

Um die Jahrtausendwende begannen große europäische Werbeagenturen, über *Ethnomarketing* in Europa nachzudenken. In Deutschland sind türkeistämmige Menschen besonders häufig Ziel von *Ethnomarketing*. Als bekanntestes Beispiel gilt eine türkischsprachige Mobilfunkmarke, die ein ehemaliger deutscher Mobilfunkanbieter im Jahre 2005 ins Leben gerufen hat.[469] Beworben wurde die Marke mit einer türkischsprachigen Kampagne, kreiert von einer Istanbuler Werbeagentur. Heute wirbt die Marke mit speziellen Tarifen und Optionen wie »Datenvolumen innerhalb und auf der Autofahrt in die Türkei«. Auch mehrere deutsche Automobilkonzerne investieren in *Ethnomarketing*, etwa mit türkischsprachigem Marketingmaterial und türkisch- oder russischsprachigem Verkaufspersonal.[470]

Auf den ersten Blick wirkt *Ethnomarketing* respektvoll und inkludierend (siehe → *Inklusion*). Doch zeigen sich bei genauerer Betrachtung problematische Muster: Bereits die Verwendung des Begriffs *Ethnie* in Zusammenhang mit einer Zielgruppendefinition hält einer kritischen Hinterfragung kaum stand. Denn die Werbeagenturen und Unternehmen setzen sich keineswegs mit Ethnien im wissenschaftlichen Sinn auseinander.

Stattdessen konstruieren sie migrantische Zielgruppen, die ihren Vorstellungen von Ethnizität entsprechen. Türkeistämmige Deutsche, in Deutschland geborene Türk*innen, Deutsche mit einem türkischstämmigen Elternteil, erste, zweite oder dritte Generation – sie alle fallen unter das Label »Türken«.

Doch auch bei detaillierterer Zielgruppendefinition bleibt *Ethnomarketing* fragwürdig. Angaben wie soziodemografische Merkmale, Konsumverhalten oder Milieuzugehörigkeit ändern nichts daran, dass *Ethnomarketing* auf Abgrenzung beruht. Auf der einen Seite stehen »die Deutschen«. Auf der anderen Seite stehen »die Fremden«, die → *Ausländer*innen*, die als solche verstanden und angesprochen werden. Viele Unternehmen haben dies bereits erkannt und die Existenz kultureller wie ethnischer Vielfalt in Deutschland akzeptiert.

Merkmale dafür sind beispielsweise eine mehrsprachige deutsche Website, mehrsprachige Ansprechpersonen in Vertrieb, Verkauf und Support oder eine multikulturelle Kommunikation in deutschen → *Medien* und auf den deutschsprachigen Social-Media-Kanälen.

Maori Kunigo
Werbetexter und Künstler

Medientipps → 468, 471, 472, 473, 474

Euthanasie

Substantiv, feminin | Eu|tha|na|sie | im Duden seit 1929 (D1, 10. Auflage)

D 1. a) Erleichterung des Sterbens, Milderung des Todeskampfes, besonders durch Schmerzlinderung mit Narkotika (sogenannte passive Sterbehilfe); Gebrauch: Medizin veraltet; 1. b) absichtliche, gezielte Herbeiführung des Todes durch Handeln (z. B. Gabe von Medikamenten) aufgrund eines tatsächlichen oder mutmaßlichen Wunsches einer Person (sog. aktive Sterbehilfe; in den meisten Staaten strafbar); Gebrauch: Medizin veraltet
2. systematische Ermordung psychisch kranker und behinderter Menschen; Gebrauch: nationalsozialistisch verhüllend

Euthanasie bedeutet übersetzt »guter Tod« oder »leichter Tod«. Wegen der Grausamkeiten, die mit dem Ausdruck verbunden sind, sollte er zur Bezeichnung der »Sterbehilfe« nicht verwendet werden. Ohnehin sollte man die Geschichte bei gegenwärtigen ethischen Fragen mitdenken. Die Nationalsozialist*innen benutzten den beschönigenden Ausdruck *Euthanasie* für die Ermordung von Menschen mit → *Behinderung* und psychiatrischen Diagnosen wie »Schizophrenie« und »manisch-depressivem Irresein« (heute: »bipolare Störung«) bzw. Menschen, die als sozial abweichend wahrgenommen wurden. Sie wurden als »minderwertig« bzw. »lebensunwert« verstanden und als »Ballastexistenzen« gebrandmarkt.[475]

Zusammen mit den durch die Rassenhygiene begründeten Zwangssterilisationen, die unter anderem auch alkoholabhängige und arbeitslose Menschen trafen, beschreibt der Begriff eine brutale Form der Vernichtung von »Andersartigkeit« bzw. menschlichem Fühlen und Verhalten, das nicht der Norm entsprach. Die *Euthanasie*-Opfer sind unter anderem im Rahmen der »Aktion T4«[476] in Tötungsanstalten von Ärzt*innen vergast[477] bzw. nach 1941 bis Kriegsende von dem Pflegepersonal in Heil- und Pflegeanstalten mit überdosierten Medikamenten getötet worden, andere verhungerten dort.[478] Mir war lange nicht bewusst, dass ich als Psychiatrieerfahrene auch zur Opfergruppe gehört hätte und wahrscheinlich auch zwangssterilisiert, wenn nicht getötet worden wäre, hätte ich in der NS-Zeit gelebt. So richtig wurde mir das erst klar, als ich die inzwischen verstorbene Psychiatriekritikerin Dorothea Buck (1917–2019) getroffen habe. Sie setzte sich als Betroffene der Zwangssterilisationen nicht nur unermüdlich für die Anerkennung der Opfer ein, sie kämpfte auch für eine menschlichere Psychiatrie.[479]

Es dauerte bis in die 1980er-Jahre, bis die Verbrechen aufgearbeitet wurden – vor allem durch den Journalisten Ernst Klee.[480] 1987 gründete Dorothea Buck die *Arbeitsgemeinschaft Bund der »Euthanasie«-Geschädigten und Zwangssterilisierten* (AG BEZ) mit, die sich für die Anerkennung und Entschädigung der Opfer einsetzt. Ein schwerer Kampf, nicht zuletzt aufgrund personeller Kontinuitäten von Mediziner*innen und der Tatsache, dass unter denjenigen, die über Entschädigungen entscheiden sollten, ehemalige NS-Täter*innen saßen.[481] Bis heute beschäftigen sich unsere Gesellschaft und die Politik zu wenig mit diesen Verbrechen. »Der Staat müsste den Opfern ihre Würde wiedergeben und sie als verfolgt anerkennen, was bis heute nur halbherzig passiert ist«, sagt die Historikerin Margret Hamm, die zu dieser von Buck gegründeten Arbeitsgemeinschaft gehört, als ich sie zu dem Thema befrage. Sie verweist auch darauf, dass sich Kontinuitäten in der gegenwärtigen Form nicht nur in Diskussionen um die Sterbehilfe, sondern etwa auch in der sogenannten Humangenetik zeigen. Vor dem Hintergrund eines »Nie wieder« wäre es in meinen Augen wichtig, sich mit eben diesen Kontinuitäten zu befassen.

Zusätzlich bräuchte es eine Auseinandersetzung mit heutigen Formen der Stigmatisierung von *Verrückten* und Menschen mit Behinderung ebenso wie eine kritische, gesellschaftspolitische Auseinandersetzung mit der Psychiatrie. Viele Erfahrene kritisieren psychiatrischen Zwang, fordern mehr Selbstbestimmung oder äußern grundlegende Kritik an psychiatrischen Diagnosen. In der Öffentlichkeit hingegen gelten psychiatrische Maßnahmen und die Autorität von zumeist nicht betroffenen Psychiater*innen als Selbstverständlichkeit. Ich bin der Überzeugung, dass auch Menschen, die psychiatrische Gewalt erfahren haben, mit ihrer Kritik in unserer Gesellschaft mehr Gehör finden sollten – allein schon angesichts der deutschen Geschichte.

Lea De Gregorio
Journalistin und Autorin

Medientipps → 482, 483, 484, 485, 480, 486

Faschismus

Substantiv, maskulin | Fa|schis|mus | im Duden seit 1929 (D1, 10. Auflage)

D 1. von Mussolini errichtetes Herrschaftssystem in Italien (1922–1945); 2. a) nach dem Führerprinzip organisierte, nationalistische, antidemokratische, rechtsradikale Bewegung, Ideologie; Gebrauch: Politik; 2. b) auf dem Faschismus (2a) basierende totalitäre Herrschaftsform; Gebrauch: Politik

Das Bizarre an *Faschismus* ist, dass der Begriff meines Erachtens zugleich zu oft und zu selten angewandt wird. Er wird unpräzise für alles, was man auf irgendeine Weise ablehnt, angewandt. Gleichzeitig werden viele aktuelle Phänomene, die eine Renaissance des *Faschismus* einläuten, nicht als solche eingestuft. Es werden verharmlosende oder entschuldigende Bezeichnungen wie »populistisch« oder »kontrovers« gewählt.

Faschismus wird als Begriff sowohl als Eigenbezeichnung als auch als wissenschaftlicher Begriff sowie zunehmend als politischer Kampfbegriff verwendet. Die wissenschaftliche Faschismusforschung ist so alt wie das politische Phänomen selbst. Dabei gibt es – wie in den Geistes- und Sozialwissenschaften üblich – keine allgemeingültige Definition, sondern eine Bandbreite an theoretischen Ansätzen.

Roger Griffins »New Consenus« ist eine der am breitesten akzeptierten Definitionen. Der britische Professor für Zeitgeschichte an der Oxford Brookes University beschreibt *Faschismus* als palingenetischen Ultranationalismus.

Als Palingenese wird die Vorstellung von der Wiedergeburt des Volkes / der Nation / der Kultur bezeichnet.[487] Damit ist auch eine hinreichende Abgrenzung zum Konservatismus gegeben, wenngleich das Verhältnis prekär und verschwimmend ist. Ein weiterer wichtiger Aspekt ist jener der Gewalt. Gewalt ist im *Faschismus* ein Wert an sich und nicht bloßes Mittel zum Zweck, wie der italienische Schriftsteller Umberto Eco ausführt.[488] *Faschismus* ist also sowohl → *Ideologie* (mit der Palingenese als Kern) als auch Praxis (Gewalt).

Seinen Ursprung hat *Faschismus* in Italien in der Genese des italienischen *Faschismus*. Das war aber keine einzigartige Entwicklung. Vielmehr gab es in ganz Europa ähnliche politische Phänomene.[489] Etwa die »Weißen Garden« in Russland (der vielleicht allererste *Faschismus*) oder diverse lokale *Faschismen* von Spanien bis Rumänien. Dabei wird immer wieder die Frage gestellt, ob es sich dabei überhaupt um »echte« *Faschismen* handelt. Das ist in meinem Empfinden eine ermüdende Diskussion, denn es ist egal, ob es sich um Halb-, Dreiviertel- oder Vollfaschismen handelt. Die Gemeinsamkeiten sind evident.

Es wird auch in der historischen Forschung diskutiert, ob der Nationalsozialismus ein (Ultra-)*Faschismus* oder eine eigene Kategorie ist.[490] Ich sehe in der vergleichenden Perspektive mehr Gewinnbringendes als in der Abtrennung als Einzelphänomene. Gerade für den aktuellen Blick hilft es, *Faschismus* als Gegenhegemonieprojekt gegen eine plurale, ambivalente und offene Gesellschaft zu sehen.

Aktuelle Bestrebungen gehen dabei transnational und uniformiert vor. *Faschismus* wird als Herausforderer eines vermeintlich dekadenten Westens gesehen. Ihm wird eine traditionalistische, hierarchische und damit eindeutige Gesellschaft gegenübergestellt, die keine oder wenige Handlungsspielräume für den einzelnen Menschen zulässt.[491]

Dieser aktuelle kulturkämpferische *Faschismus* geht dabei aber pragmatisch vor und beruft sich nicht mehr auf Volk oder Nation, sondern auf Kultur und Tradition. Seine Arena sind dabei insbesondere die sozialen Medien.[492] Das ist nicht neu, schon der historische *Faschismus* kam dank seiner Affinität zur technischen Moderne und dem Nutzen der modernsten Medien an die Macht.[493] Aktuell zeigen sich auch neue Allianzen zu konservativen und libertären Kräften.

Es ist wichtig, die Bezeichnung *Faschismus* präzise, aber selbstbewusst zu verwenden, wo der Begriff passt. Nur so kann man ihn besiegen.

Natascha Strobl
Autorin und Politikwissenschaftlerin

Medientipps → 487, 488, 489, 490, 491, 492, 493

Femizid

Substantiv, maskulin oder Neutrum | Fe|mi|zid | im Duden seit 2020 (D1, 28. Auflage)

D tödliche Gewalt gegen Frauen oder eine Frau aufgrund des Geschlechts

Der Begriff *Femizid* bezeichnet die Tötung einer Frau, weil sie eine Frau ist. Er verdeutlicht, dass ein Großteil der Tötungen von Frauen durch Männer auf bestehende patriarchale Machtverhältnisse, → *Sexismus* und → *Misogynie* zurückzuführen ist, dass Tötungen von Frauen nicht zufällig sind, sondern strukturell bedingt und systemimmanent.

Die Philosophin Kate Manne beschreibt, dass Misogynie in soziale Verhältnisse eingeschrieben sei, genauso wie in Institutionen und bürokratische Mechanismen einer ganzen Gesellschaft. Diese verbergen sich hinter Tötungen durch (Ex-)Partner, Anschlägen auf Feminist*innen, Tötungen von Sexarbeiter*innen oder aber auch hinter Morden an LGBTQI*-Personen, die aufgrund ihrer sexuellen Orientierung und → *Geschlechtsidentität* nicht der → *Heteronormativität* entsprechen.

Die meisten *Femizide* finden im sozialen Nahbereich statt. Frauen werden in erster Linie von Partnern oder Ex-Partnern getötet. Fast jeden Tag versucht ein Partner oder Ex-Partner, eine Frau zu töten, beinahe jeden dritten Tag gelingt es ihm in Deutschland. Insbesondere die Trennung vonseiten der Frau gilt als Hochrisikofaktor für *Femizide*. Der gewalttätige Ex-Partner erlebt durch die Trennung einen Kontrollverlust, den er durch Gewalt kompensieren will. Hier offenbaren sich sehr eindrücklich Macht und Besitzansprüche.

Diese haben die Täter, weil ihnen die staatlichen Strukturen die Macht *verleihen*, denn *Femizide* passieren nicht in einem luftleeren Raum, sondern innerhalb von Strukturen mit klaren Machtverhältnissen. Eine misogyne, sexistische Gesellschaft und ein ausbeuterisches Wirtschaftssystem schaffen den Nährboden für *Femizide*. Häufig befinden sich Gewaltbetroffene in einem wirtschaftlichen Abhängigkeitsverhältnis, das die Trennung massiv erschwert. Der Gender-Pay-Gap, kostenlose und ungleich verteilte

→ *Care-Arbeit*, Altersarmut und Armut Alleinerziehender, fehlende Kitaplätze und fehlender bezahlbarer Wohnraum drängen Frauen in finanzielle Abhängigkeiten von ihren Partnern.

All diese strukturellen Trennungsgefahren bieten dem gewalttätigen Partner eine geeignete Drohkulisse, um die Trennung zu erschweren, Macht zu missbrauchen und weiter Gewalt auszuüben.

Während bei vielen Problemen wie Zugang zu Bildung oder zu Leistungen des Gesundheitssystems klar ist, dass ein ungerechtes System dahintersteckt, ist der Gedanke noch weit verbreitet, dass häusliche Gewalt ein »privates« Problem sei. Wenn es zur Tötung der Partnerin kommt, ist in den → *Medien* oft von einem »Familiendrama« oder einer »Beziehungstat aus Eifersucht« die Rede.

Gewalt gegen Frauen wird auf einer individuellen Ebene betrachtet und den Betroffenen wird damit eine Mitverantwortung zugewiesen. Auf diese Art und Weise werden die genannten strukturellen Ursachen, die *Femizide* begünstigen, ausgeblendet und die Täter werden zugleich aus der Verantwortung genommen.

Das gleiche Problem zeigt sich, wenn Lösungsansätze nur auf Schutzkonzepte beschränkt werden und man damit dem gefährlichen Irrglauben erliegt, *Femizide* ließen sich verhindern, wenn Frauen sich nur besser schützten. Nicht nur ist das faktisch falsch, dem immanent ist auch der Vorwurf, dass Frauen, die sich nicht ausreichend schützen, eine Mitschuld tragen.

Femizide werden nicht dadurch verhindert, dass Frauen sich anders verhalten oder vorsichtiger werden. Sie werden dadurch verhindert, dass Frauen ausreichend wirtschaftlich abgesichert sind, um sich jederzeit zu trennen, und dadurch, dass Gesellschaft und staatliche Institutionen von misogynen, → *diskriminierenden* und sexistischen Mythen befreit werden.

Vor allem werden *Femizide* aber verhindert, wenn Männer keine Täter mehr werden.

Asha Hedayati
Anwältin und Autorin

Medientipps → 494, 495, 496, 497, 498

FLINTA

Pluralwort | FLIN|TA | im Duden seit 2023 (Duden online) als FLINTA*

D zusammenfassende Bezeichnung für Personen, die keine männlichen Cisgender sind

FLINTA ist eine Sammelbezeichnung für Frauen, Lesben (auch: FrauenLesben), inter, → *nicht binäre*, → *trans** und ageschlechtliche (auch: agender) Menschen. Diese Gruppen werden in einem patriarchalen und endo-cis-sexistischen System, in dem geschlechtliche Normen sich in erster Linie an stereotyper Männlichkeit orientieren und inter und trans* Menschen als »Abweichung« gelten, benachteiligt. Als Symbol für alle, die geschlechtlich → *marginalisiert* werden, sich aber mit anderen als den genannten Begriffen beschreiben, wird manchmal ein Asterisk am Ende des Akronyms platziert (FLINTA*). Mein Verzicht auf diesen Zusatz ist kein inhaltliches Statement, sondern dient dem schriftlich-optischen Barrierenabbau für mich selbst.

Die Entstehung der Bezeichnung FLINTA begann mit Auseinandersetzungen innerhalb der Frauenbewegung der 1970er-Jahre: Obwohl Lesben Seite an Seite mit Heterofrauen kämpften, wurden sie als Teil der Bewegung oft verschwiegen und ihre spezifischen Lebens- und Unterdrückungserfahrungen unsichtbar gemacht.[499] [500]

Um dieser Unsichtbarkeit etwas entgegenzusetzen, etablierte sich der Begriff FrauenLesben. Durch ihn sollten die unterschiedlichen Lebenswirklichkeiten und Anliegen von Lesben und Heteras verdeutlicht sowie anerkannt werden, dass die Bezeichnung »Frau« durch gesellschaftliche Normen geprägt und dadurch unweigerlich mit Heterosexualität verknüpft ist. Die feministische Theoretikerin Monique Wittig schrieb dazu: »Es wäre falsch zu sagen, dass Lesben Beziehungen mit Frauen eingehen, Frauen lieben und mit Frauen leben, denn ›Frau‹ hat nur eine Bedeutung in heterosexuellen Systemen des Denkens und der Ökonomie. Lesben sind keine Frauen.«[501]

Das »L« in *FLINTA* bezieht sich also weniger auf eine sexuelle/romantische Orientierung als auf deren gesellschaftliche Verknüpfung mit ge-

schlechtlichen Normen und die daraus folgenden möglichen Auswirkungen auf lesbische Personen.
Ein stärkeres Bewusstsein dafür, dass nicht nur endo cis Frauen, sondern auch inter, nicht binäre, trans* und ageschlechtliche Menschen Schutzräume (siehe → *Safe[r] Spaces*) vor patriarchaler Gewalt brauchen, führte schließlich dazu, dass viele FrauenLesben-Räume sich über die Jahre zu *FLINTA*-Räumen entwickelten.

Diese Entwicklung blieb nicht ohne Kritik. Manche Menschen befürchten gar, die Bezeichnung *FLINTA* solle den Begriff »Frau« komplett verdrängen. Im Hinblick auf ihre oft falsche Verwendung ist dieser Eindruck vielleicht sogar nachvollziehbar: Der Versuch, sich geschlechtersensibel auszudrücken, endet nicht selten in Formulierungen, die sich auf *FLINTA* beziehen, obwohl eigentlich nur (manche) Frauen oder Menschen, die im angesprochenen Zusammenhang als Frauen wahrgenommen werden, gemeint sind.

Leider wird *FLINTA* auch zunehmend als Gegensatz zu »cis Männer« verwendet, dabei gehören inter cis Männer ebenfalls zur Gruppe *FLINTA*. Die fehlerhafte Definition wurde inzwischen so häufig verwendet, dass sie sogar im Duden gelandet ist (siehe links oben). Und während den meisten Menschen auffällt, dass es keinen Sinn ergäbe, einzelne Mitglieder der → *queeren* Community als »ein*e LGBTIQA« zu bezeichnen, weil eine Person zwar mehreren, aber nicht allen im Akronym genannten Gruppen angehören kann, tauchen Formulierungen wie »eine *FLINTA*« oder »zwei *FLINTAs*« immer häufiger auf.

Obwohl ein Sammelbegriff erst einmal praktisch erscheinen mag, lohnt sich Zurückhaltung beim Einsatz der Bezeichnung *FLINTA*. Nicht zuletzt, weil die Lebensrealitäten und Gewalterfahrungen der unterschiedlichen darin genannten Gruppen stark voneinander abweichen können und durch die Zugehörigkeit zu weiteren marginalisierten Gruppen beeinflusst werden (siehe → *Intersektionalität*).

Ash
Publizist*in und Content Creator
Medientipps → 502, 503, 501, 504, 505

Freiheit

Substantiv, feminin | Frei|heit | im Duden seit 1880 (D1, 1. Auflage)

D 1. Zustand, in dem jemand von bestimmten persönlichen oder gesellschaftlichen, als Zwang oder Last empfundenen Bindungen oder Verpflichtungen frei ist und sich in seinen Entscheidungen o. Ä. nicht [mehr] eingeschränkt fühlt; Unabhängigkeit, Ungebundenheit; 2. Möglichkeit, sich frei und ungehindert zu bewegen; das Nichtgefangensein; 3. Recht, etwas zu tun; bestimmtes [Vor]recht, das jemandem zusteht oder das er bzw. sie sich nimmt

In einer Dissertation zur Messbarkeit von *Freiheit* aus dem Jahr 2021 ist zu lesen, es falle auf, »dass eine abschließende Definition von *Freiheit* auch nach Jahrtausenden noch nicht gefunden werden konnte«[506]. Der Philosoph Isaiah Berlin formulierte in seiner Antrittsvorlesung »Two Concepts of Liberty« 1958[507]: »Wie Glück und Güte, wie Natur und Wirklichkeit ist die Bedeutung dieses Begriffs so durchlässig, dass er sich kaum einer Interpretation entziehen kann.« Berlin selbst sprach von »negativer« und »positiver« Freiheit.

Er unterschied – ähnlich wie auch schon der deutsche Philosoph Gottfried Wilhelm Leibniz – zwischen einer »*Freiheit* von« – von Zwang, Unterdrückung, staatlicher Gängelung – und einer »*Freiheit* zu« – Herr seines eigenen Schicksals zu sein. Tatsächlich mussten Philosophinnen sich noch vor nicht allzu langer Zeit nicht zuletzt mit der Frage befassen, ob ihnen als Frauen überhaupt die *Freiheit* zum Philosophieren gewährt würde.[508] Berlin schrieb: »Wenn meine *Freiheit* oder die meiner Klasse oder Nation auf dem Leiden anderer menschlicher Wesen basiert, dann ist das System, das diesen Umstand befördert, ungerecht und amoralisch.« Dieser Maßstab taugt auch heute noch. Der Ruf nach *Freiheit* ohne jede Verantwortung ist in Wahrheit Egoismus.

Die *Freiheit* von Menschen in Industrienationen, so viel CO_2 zu emittieren, wie es ihnen passt, schränkt längst die *Freiheit* von Menschen in den Ländern ein, in denen die Klimakrise bereits zuschlägt.[509] Der Freiheitsbegriff, der hinter der Ablehnung eines Tempolimits auf deutschen Autobahnen steht, ist inkompatibel mit einem, der auch die *Freiheit* anderer einschließt, ein von Extremwetterkatastrophen oder tödlichen Unfällen möglichst freies Leben zu führen. Wenn Libertäre und vermeintliche Liberale heute »*Freiheit*« fordern, meinen sie oft auch etwas anderes als etwa der britische Philosoph und Politökonom John-Stuart Mill, einer der Begründer der Idee des Liberalismus. Der schrieb schon 1859 in »On Liberty«: »Dieses Prinzip besteht darin, dass der einzige Grund, aus dem die Menschheit individuell oder gemeinschaftlich die Handlungsfreiheit eines ihrer Mitglieder einschränken darf, Selbstschutz ist.«[510]

Nun ist die Abmilderung der Klimakrise ebenso ein Akt des Selbstschutzes wie Maßnahmen zur Eindämmung einer Pandemie, doch beides deuten manche als unzumutbare Freiheitseinschränkung. Dabei würde ein ungebremster Anstieg der globalen Temperaturen überall *Freiheit* massiv einschränken, ebenso wie eine potenziell tödliche Infektionskrankheit, die sich unkontrolliert ausbreitet.

Eine freiheitliche Gesellschaft kommt ohne Regeln und Gesetze nicht aus, die die *Freiheit* des einen vor der Gewalt und Rücksichtslosigkeit des anderen schützen. *Freiheit* von → *Diskriminierung* und Unterdrückung ist nicht kompatibel mit einem Freiheitsbegriff, der Diskriminierung und Unterdrückung als Ausdruck individueller *Freiheit* wertet.

Freiheit muss in einer vielfältigen Gesellschaft, in der nicht eine einzelne gesellschaftliche Gruppe allen anderen vorschreibt, wie sie zu leben, lieben, auszusehen haben, auch als *Freiheit* von struktureller Ungerechtigkeit betrachtet werden. Und doch behalten sich viele, die derzeit besonders laut nach »*Freiheit*« rufen, vor, andere rücksichtslos abzuwerten. Wer den Begriff → *woke* in abwertender Weise benutzt, fordert oft genau das: die Freiheit, andere unfreier zu machen.

Freiheit ist aber nicht das Gleiche wie uneingeschränkt ausgelebter Egoismus, wie maximale Rücksichtslosigkeit. Ein Freiheitsbegriff, der ohne Bezug zum Gemeinwohl auskommt, wird immer hohl bleiben.

Christian Stöcker
Hochschulprofessor, Journalist und Autor

Medientipps → 511, 507, 508, 512, 513, 510, 514, 515

Gaslighting

Substantiv, Neutrum | Gas|ligh|ting | im Duden seit 2020 (D1, 28. Auflage)

D Ausübung von psychischer Gewalt, durch die das Opfer manipuliert, desorientiert und in seiner Realitäts- und Selbstwahrnehmung stark verunsichert wird

Der Satz »Das bildest du dir ein!« ist oft der Anfang einer missbrauchenden Machttaktik, die für Betroffene mit der Frage »Habe ich mir das eingebildet?« endet. *Gaslighting*, ein aus dem Englischen übernommener Begriff, beschreibt eine grausame Manipulationsstrategie, die oft mit → *misogynen* und → *ableistischen* (vor allem saneistischen) Beschuldigungen einhergeht. Hier wird gezielt die Realitätswahrnehmung einer Person infrage gestellt, um diese gefügig und beeinflussbar zu machen.[516]

Der Wortursprung ist auf das Theaterstück »Gas Light« von Patrick Hamilton (1904–1962) aus dem Jahr 1938 zurückzuführen, das später vor allem durch eine Verfilmung mit Ingrid Bergmann bekannt wurde. In »Das Haus der Lady Alquist« verunsichert Schauspieler Charles Boyer seine Filmpartnerin, um sich an ihrem Vermögen zu bereichern. Er behauptet unter anderem, dass sie sich die wechselnde Helligkeit einer Gaslaterne (engl. *gas light*) einbildet, die er selbst manipuliert. Die Ehefrau zweifelt so sehr an sich, dass sie befürchtet, tatsächlich psychisch krank sein, bevor zuletzt die Täuschungsstrategie aufgedeckt wird.[517]

Gaslighting kann in verschiedenen Bereichen stattfinden. Zum einen auf der politischen Ebene, hier insbesondere als Manipulationsstrategie der extremen Rechten und von → *Rechtspopulist*innen* wie Donald Trump, der immer wieder Lügen, von ihm als »alternative Fakten« bezeichnet, anbietet (siehe → *Desinformation*).[518] Zum anderen auf medizinischer Ebene, beispielsweise bei Endometriosediagnosen von Menschen mit Uterus.[519] Das ist eine Krankheit, die oft jahrzehntelang unentdeckt bleibt und wiederkehrend als Periodenschmerzen abgetan wird.

Eine neue Variante von *Gaslighting* wird heutzutage häufig auf Social Media (siehe → *Internet*) benutzt, meist um sich Kritik oder Konflikten zu entziehen, indem man Follower*innen unterstellt, sie hätten den*die Urheber*in eines Posts missverstanden.[520] *Gaslighting* ist also auch ein beliebtes Mittel im Kulturkampf. Doch die bekannteste Ebene ist wohl die persönlich-emotionale in zwischenmenschlichen Beziehungen als Unterform von häuslicher Gewalt.

Dabei ist nicht jeder Wahrnehmungsunterschied gleich ein *Gaslighting*. Wir alle betrachten die Welt aus verschiedenen Perspektiven – geprägt durch unsere Herkunft, unsere Bildung, unsere gesellschaftliche Stellung und viele andere Komponenten (siehe → *Ungleichheit*). Von *Gaslighting* spricht man vor allem, wenn diese Kommunikationsstrategie wiederholt und vorsätzlich angewandt wird, um ein Machtgefälle herzustellen.

Es gehört zur sogenannten *weißen Folter*[518], die unsichtbare Verletzungen bezeichnet. Mittels dieser Taktik werden Gefühle, Erinnerungen, Selbstwahrnehmung und Außenwahrnehmung manipuliert. Klassische Sätze sind dann zum Beispiel: »Das habe ich nicht gesagt. Das musst du missverstanden haben. Du bist so empfindlich. Andere haben das auch schon über dich gesagt. Das hast du so nie gesagt. Wenn du mich nicht hättest, wärst du aufgeschmissen. Die anderen haben dich angelogen.«

Oft starten Täter*innen mit trivialen, scheinbar banalen und kaum merklichen Unwahrheiten.[521] Wenn sie sich das Vertrauen ihrer Opfer erschlichen haben, werden ihre Lügen dreister und skrupelloser. *Gaslighting* wird oft mit Narzisst*innen in Verbindung gebracht.[518] Täter*innen trennen die Betroffenen sukzessive von Freund*innen und Familie, schaffen soziale Isolation.

Besonders anfällig sind demnach Menschen, die sich in einer Krisensituation befinden, unter Einsamkeit leiden oder körperlich so beeinträchtig sind, dass Kontakt zur Außenwelt aufwendig ist. Die Täter*innen spinnen dabei oft ein so enges Netz, dass Opfer meist erst Jahre später rückblickend anerkennen können, in welch grotesker Situation sie sich befanden.

Michèle Loetzner
Journalistin, Autorin, Textchefin und Podcasthost

Medientipps → 518, 522, 517, 516, 523, 524

Gastarbeiter*in

Substantiv, maskulin; Substantiv, feminin | Gast|ar|bei|ter; Gast|ar|bei|te|rin | im Duden seit 1967 (D1, 16. Auflage)

D Arbeiter/-in, der/die [für eine begrenzte Zeit] in einem für ihn/sie fremden Land arbeitet; ausländischer Arbeitnehmer / ausländische Arbeitnehmerin: Gebrauch: veraltend;
Die Bezeichnung *Gastarbeiter/-in* wird heute vorwiegend im historischen Kontext verwendet. Im öffentlichen Sprachgebrauch haben sich stattdessen *ausländischer Arbeitnehmer / ausländische Arbeitnehmerin* oder das ursprünglich fachsprachliche *Migrant/-in* durchgesetzt.

Im deutschen und österreichischen Niedriglohnsektor fehlten ab den 1950er-Jahren[525], verstärkt in den 1960ern und 1970ern vor allem Arbeitskräfte. Die Idee: Abkommen mit Ländern zu schließen, um dort Arbeitskräfte anzuwerben[526] und sie ins eigene Land zu holen. Die zahlenmäßig umfangreichsten waren jene mit der Türkei und dem ehemaligen Jugoslawien, zuvor gab es Abkommen zwischen Deutschland und Italien. Die befristete Einladung: *Komm arbeiten, verdiene Geld und gehe wieder!* Durch ein Rotationsprinzip sollten sie in Deutschland und Österreich nur kurz arbeiten, dann wieder nach Hause zurückkehren – und neue ausländische Arbeitskräfte sollten nachkommen. Doch die Unternehmen wollten nicht ständig neue Arbeitskräfte anlernen, sondern lieber jene behalten, die bereits Fähigkeiten erlangt und die Sprache gelernt hatten.

Beschäftigungsbewilligungen wurden ausgestellt, verlängert und aus »schnell etwas Geld verdienen« wurde eine längere Perspektive. Denn auch Arbeiter*innen wollten nicht nur schuften. Also gründeten sie Familien oder holten ihre Familien aus der Heimat in ein neues Land, in dem sie sich schon etwas aufgebaut hatten. Bekannt wurde Max Frischs Satz aus dem Jahr 1965: »Wir riefen Arbeitskräfte und es kamen Menschen.«[527] Das war für die Politik aber eine Überraschung! Faszinierend, dass nicht daran gedacht wurde, dass Menschen Freundschaften schließen, sich verlieben oder ihre Familie in der neuen Heimat vermissen. Man sah sie nur als Arbeitskräfte und reduzierte sie auf ebendiese Aufgabe. Etwas anderes sollten sie gar nicht machen. Ausbeutung[528], sehr harte Arbeitsbedingungen und menschenunwürdige Unterkünfte[529] führten damals wie heute zu → *diskriminierenden* und → *ras-*

sistischen Bildern: ›Kurzfristig und weil man sie braucht, sind sie als Übel halt auszuhalten. Bleiben »die Gäste« aber zu lange und prägen plötzlich das Land, stören sie. Die Straßen, Häuser und Brücken, die sie gebaut haben, dürfen gerne bleiben – die Leute lieber nicht.‹

Doch *Gastarbeiter*in* zu sein, sollte eigentlich bedeuten: überall Gast sein, überall arbeiten. Zu viele wurden als als fremd und unerwünscht markiert, für schwere Arbeit waren sie jedoch gut genug und gern gesehen. Aus → *rechtspopulistischen* Ecken werden die vermeintlich gesichtslosen *Gastarbeiter*innen* genauso wie Geflüchtete oder Migrant*innen für Ausgrenzung und Hass instrumentalisiert und seit jeher mit Naturkatastrophen (»Flüchtlingswelle«, »Migrantenstrom« usw.) verglichen, um Ängste zu schüren. Dabei haben alle diese Menschen komplexe Lebensgeschichten. Allein die Heimat zurückzulassen, um in ein fremdes Land zu ziehen, nicht genau wissend, was eine*n erwartet, ist ein riesiger Schritt. *Gastarbeiter*innen* sind Menschen, die mit einer Jeans, 20 Mark und einem Stückchen Hoffnung im Gepäck in eine unsichere Zukunft geschritten sind. Es sind Menschen, die sich für sich und ihre Nachkommen ein besseres Leben wünschen und dafür alles Bekannte zurücklassen. Wie ist es, ein Leben lang seine Eltern zu vermissen? Wie ist es, zuerst eingeladen und dann schlecht behandelt zu werden? Wie ist es, wirklich wieder in die alte Heimat zurückzukehren und zu merken, dass nichts so ist wie früher?

*Gastarbeiter*innen* haben sich nur wenige Träume erfüllen können. Die anderen bleiben für die nächste Generation. Kein Wunder, dass wir alle etwas zurückgeben wollen, wenn wir uns verinnerlichen, was unsere Eltern und Großeltern für uns geopfert haben. Wir Kinder und Enkelkinder von *Gastarbeiter*innen* leben in großer Dankbarkeit, aber auch in großer Schuld. Immer an die denkend, wegen derer wir keine Klos putzen oder bei 35 Grad auf der Baustelle stehen müssen. Das haben sie jahrzehntelang getan, damit wir unsere Rücken schonen und unsere Gehälter verhandeln können. Wie sagt man für so etwas Danke? Vielleicht mit einem Text wie diesem.

Jelena Pantić-Panić
Journalistin und Mentorin für Medienmenschen

Medientipps → 530, 531, 532, 533, 534, 535, 536, 537, 538, 539

Gebärdensprachen

Substantiv, feminin | Ge|bär|den|spra|che | im Duden seit 2000 (D1, 22. Auflage)

D aus Gebärden bestehende Sprache; Verständigung mittels Gebärden

Der Plural ist wichtig, denn es gibt viele verschiedene Gebärdensprachen und fast überall auf der Welt wurden sie unterdrückt; in Deutschland noch einmal speziell. Während 1770 in Frankreich der Mönch Charles-Michel de l'Epée bereits begriff, dass taube Kinder ihre Hände zur Kommunikation nutzen, versuchte man in Deutschland noch, ihnen das Sprechen mit ihren Stimmbändern beizubringen. Dass man ihnen das Hören nicht beibringen konnte und die Kommunikation einseitig war, war nebensächlich.[540]

Auf dem *Mailänder Kongress von 1880*, einem internationalen Kongress der »Taubstummenlehrer«[541], nahmen auch gehörlose Lehrer*innen teil, durften aber nicht über bzw. gegen die »deutsche Methode«, also die erzwungene Lautsprache, abstimmen. Spätestens hier begann die institutionalisierte Leidensgeschichte gehörloser Menschen. Das *Gesetz zur Verhütung erbkranken Nachwuchses* der Nazis betraf 1933 auch gehörlose Menschen. Sie wurden – sofern nach Wahrnehmung der Faschist*innen erblich veranlagt – oft gewaltsam sterilisiert; Zwangsabtreibungen wurden durchgeführt. Gehörlose Jüdinnen*Juden waren im »Deaf Holokaust« [sic!] besonders betroffen: Wer in den Vernichtungslagern gebärdend gesehen wurde, wurde sofort ermordet.[542] Wer sich lautsprechend präsentierte, hatte eine höhere Chance zu überleben.

Auch nach dem Zweiten Weltkrieg: Die »Schwarze Pädagogik« traf Gehörlose besonders. Sie wurden in der Schule mit dem Rohrstock auf die Handrücken geschlagen, wenn sie gebärdeten. Gebärdensprachen wurden zur Sprache des Schulhofs, zur Sprache der Unterdrückten, die sich den Trugschluss verinnerlichten, dass ihre Sprache keine echte sei. Selbst die Erkenntnisse des (hörenden) US-amerikanischen Linguisten William Stokoe, dass Gebärdensprachen vollwertige Sprachen[543] seien, stießen 1960 zunächst auf Unwillen selbst unter Gehörlosen: *Gebärdensprachen* *seien doch keine eigenständigen Sprachen mit eigenen linguistischen Strukturen!* Auch in Deutschland sträubte man sich, doch 2002 wurde die Deutsche Gebärdensprache (DGS) als Kommunikationshilfsmittel anerkannt. Seitdem ist viel geschehen: Dolmetschen wird in vielen wichtigen Bereichen (wie Medizin, Behörden) finanziert, die DGS gewinnt an den Schulen zunehmend Platz, teilweise sprechen sie sogar Lehrer*innen.

Seit 2023 werden die Forderungen lauter, die DGS als Minderheitensprache anzuerkennen.[544] Damit würde, so die Hoffnung des Deutschen Gehörlosen-Bundes[545], eine gezielte Förderung auf kultureller, politischer und sozialer Ebene einhergehen, die darüber hinausgeht, nur die aktuellen Kommunikationshürden zu überwinden. Der Einsatz von Dolmetscher*innen zwischen Laut- und Gebärdensprachen ist ein wichtiges Mittel der → *Inklusion*, wird aber auch kritisch hinterfragt (siehe → *Behinderung*).

Die »Verbindungen zwischen den Welten«, wie sie oft romantisierend genannt werden, helfen nämlich nur, solange sie vorhanden, bezahlbar und verfügbar sind. Manche Fachleute sprechen ziemlich drastisch von einem »Pflaster auf einer Schusswunde«[546] – sinnvoll, aber nicht nachhaltig hilfreich. Der Wechsel zu einem ganzheitlichen Ansatz würde helfen, Gehörlose nicht mehr nur als Gebärdensprachnutzer*innen zu begreifen, sondern als eine sprachlich-kulturelle Minderheit, die nicht oberflächlich in die Mehrheitskultur integriert und angepasst werden muss, sondern ihr eigenes Existenzrecht hat.

Wille Felix Zante
Journalist und Autor

Medientipps → 547, 548, 540, 549, 550, 551

gendern

schwaches Verb | gen|dern | im Duden seit 2009 (D1, 25. Auflage)

D 1.a) bestimmte sprachliche Mittel verwenden, um Menschen aller Geschlechtsidentitäten sprachlich sichtbar zu machen; 1.b) bestimmte sprachliche Mittel verwenden, um weibliche und männliche Personen sprachlich sichtbar zu machen; 2. einer Person ein (soziales) Geschlecht zuordnen, z. B. mittels Personalpronomen oder bestimmter Anredeformen; 3. etwas mit einem (sozialen) Geschlecht in Verbindung bringen; 4. Gender-Mainstreaming umsetzen

Unter *Gendern* versteht man die sprachliche Repräsentation von Geschlechtervielfalt: Menschen mit unterschiedlichen → *Geschlechtsidentitäten* sollen gleichberechtigt anerkannt, sichtbar gemacht und angesprochen werden (siehe → *nicht binär*). Begriffe wie geschlechtergerechter, -sensibler, -inklusiver, -bewusster und geschlechtsneutraler Sprachgebrauch signalisieren: Ziel ist es, ein möglichst inklusives und diskriminierungsfreies Sprachhandeln zu gestalten (siehe → *inklusive Sprache* und → *Diskriminierung*).

Sprache formt unsere Wahrnehmung der Welt. Schon die feministische Linguistik[552] der 1970er-Jahre hat gezeigt, dass in der → *deutschen Sprache* über männliche Bezeichnungen Männlichkeit als Norm gesetzt und → *privilegiert* wird.[553] Das sogenannte generische Maskulinum[554] ist für »Das Deutsche als Männersprache« besonders aufschlussreich. Es soll geschlechtsübergreifend sein, erweist sich jedoch häufig als geschlechtsspezifisch und ist rezeptionsseitig uneindeutig: Geht es um Männer oder werden Menschen anderer Geschlechtsidentitäten mitgedacht? Diese Übersetzungsleistung ist vielfach konventionalisiert, aber fehleranfällig. *Gendern* dagegen ist konkret und es hilft, Geschlechterstereotypen zu vermeiden (siehe → *Stereotyp*).[555] Psycholinguistische Studien[556] weisen vergleichend nach, dass bestimmte Formen geschlechtergerechten Schreibens und Sprechens mehr inkludierende Effekte haben, z. B. bei Berufsbezeichnungen.[557]

Sprachliche Mittel des *Genderns* sind Doppelformen (*Musikerinnen und Musiker*), die binär bleiben, Neutralisierung (*Geschäftsführung, Studierende*), orthografische bzw. typografische Zeichen und Sonderzeichen wie Asterisk (*Lehrer*in*), Doppelpunkt (*Lehrer:in*), Unterstrich (*Lehrer_in*)

und Binnen-I (*LehrerIn*) sowie ein sorgsamer, respektvoller Umgang mit Personalpronomen, v.a. in Bezug auf Selbstbezeichnungen (siehe → *Pronomen*).[558] Sich in der eigenen Sprachpraxis bewusst und kritisch mit Geschlechterordnungen auseinanderzusetzen heißt auch zu entgendern, z.B., indem man Tätigkeiten betont statt Identitäten (siehe → *Sprachenvielfalt*). Es gibt sprachwissenschaftliche Begründungen, warum *gendern* sinnvoll sein kann.[559] Eine Norm gibt es nicht. Dass der Rechtschreibrat derzeit noch Klärungsbedarf bei der Verwendung von Wortbinnenzeichen sieht, ist jedoch **keine** Empfehlung, gar nicht zu *gendern*! Wie man es tut, hängt ab von Verständlichkeit, kommunikativen Situationen und Zielen (u.a. Barrierefreiheit, siehe → *Inklusion*), institutionellen Kontexten (mit spezifischen Geltungsbereichen) und individuellen Präferenzen – unauffällige Formen vs. interventionistische Sichtbarkeit.

Gendern ist ins Zentrum eines Kulturkampfes gegen vermeintliche politische Korrektheit (»Wokeism« etc., siehe → *woke*) gerückt worden.[560] Dies zeigt sich z.B. in dramatisierenden Formulierungen wie »Vergewaltigung« der Sprache. Die Kritik generalisiert subjektives sprachästhetisches Empfinden, macht diskriminierungssensiblen Sprachgebrauch lächerlich – auch mit falschen Beispielen wie etwa »Gästin«, die schon *Grimms Wörterbuch* kennt –, oder ignoriert nachweisbare Zusammenhänge zwischen Genus und Sexus bei Personenbezeichnungen.[561] Behauptet wird, dass Befürworter*innen des *Genderns* Sprachwandel erzwingen und anderen Vorschriften machen wollten. Gleichzeitig werden Verbote zu *Gendern* gefordert und – wie beispielsweise schon an Schulen in Sachsen-Anhalt – umgesetzt.[562]

In den verhärteten Pro-Kontra-Debatten wird selten auf den linguistischen Forschungsstand Bezug genommen, ein Raum für den öffentlichen Austausch über die sprachkreative Seite des *Genderns* fehlt. Ein wichtiger Schritt zu einer besseren Debatte wäre → *Toleranz*: Wer *gendern* möchte, sollte dies dürfen, umgekehrt hat niemand ein Recht, geschlechtersensible Formulierungen weder hören noch lesen zu müssen.

Andrea Geier
Professorin für Neuere deutsche Literaturwissenschaft / Gender Studies

Medientipps → 563, 564, 565, 566, 567

Geschlechtsidentität

Substantiv, feminin | Ge|schlechts|iden|ti|tät | im Duden seit 2023 (Duden online)

D Identität (1b) eines Menschen hinsichtlich seines physiologischen und sozialen Geschlechts

Fast alle Menschen haben eines, einige keines, manche messen ihm große Bedeutung bei, andere kaum. Es wird als soziale Kategorie genutzt, zugleich limitierend und identitätsstiftend: Geschlecht ist ein Konglomerat aus lose zusammenhängenden Faktoren. Über sie besteht gesellschaftlicher Konsens, dass sie irgendwie mit Geschlecht zu tun hätten: soziale Rollen, Körperkonfigurationen, rechtliche Stellung, Selbstpräsentation, Verhaltensweisen – und eben die *Geschlechtsidentität* [568 569 570], also das Wissen über sich selbst, (k)ein Geschlecht zu haben. Ein Teil dessen, was uns zu uns macht. Auch der Name und das → *Pronomen* einer Person können Teil des Ausdrucks ihrer *Geschlechtsidentität* sein.

Wenn wir hier über Identität sprechen, geht es um einen psychologischen [571] und philosophischen [572] Identitätsbegriff: das, was eine Person über sich als ihr Selbst erlebt; als innere Einheit, als Wahrheit über sich – im Verhältnis zu den sozialen Gegebenheiten, in denen diese Person lebt. Begriffe für *Geschlechtsidentitäten* gibt es viele. Manche sind kulturspezifisch, zum Beispiel »Two Spirit« in einigen nordamerikanischen, indigenen Kulturen [573]. Diese Begriffe sollten von Personen, die nicht aus diesen Kulturen stammen, nicht genutzt werden (Stichwort: kulturelle Aneignung). Im weiß-christlich-europäischen und -nordamerikanischen Raum geprägte Begriffe sind zum Beispiel: männlich, weiblich, ageschlechtlich, → *nicht binär*, ilyagender (frz. »Il y a gender«, es gibt ein Geschlecht) oder genderqueer (also ein → *queeres* Geschlecht) [574]. Auch mit Sexualität verbundene Begriffe wie »Lesbe« können die *Geschlechtsidentität* reflektieren; darum steht das »L« in → *FLINTA*.

Bei Personen, die cis sind, wird ihre *Geschlechtsidentität* selten thematisiert. Ihr Geschlecht wird als selbstverständlich betrachtet, als natürliche Folge ihrer körperlichen Gegebenheiten. Eine *Geschlechtsidentität* haben immer nur die anderen (→ *Othering*): Menschen, die nicht binär oder → *trans** sind und denen man mit dem Begriff *Identität* zugesteht, ein anderes Selbstverständnis zu haben, aber eben kein anderes als das vermeintlich angeborene Geschlecht. Darum ist der Begriff mit Vorsicht zu genießen.

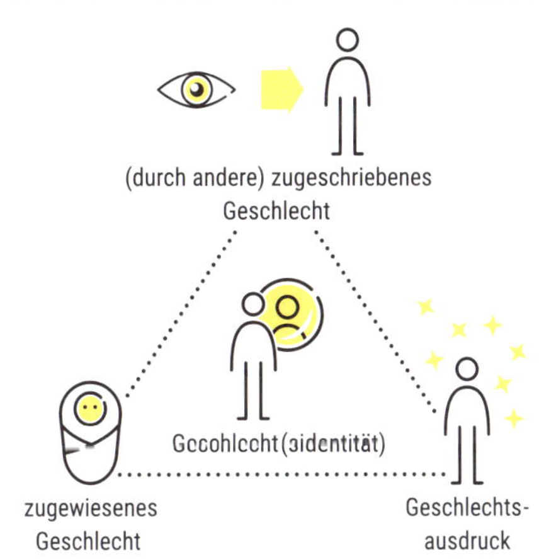

Für viele Menschen geht es beim Thema *Geschlecht* zu großen Teilen um Zugehörigkeit. Fühlen wir uns gut aufgehoben in einer Gruppe von Frauen / nicht binären Personen / Männern? Wenn wir mit *Frau*, *Herr* oder ohne Anrede angesprochen werden, passt das?

Geschlechtsidentität ist, über sich selbst mit Klarheit sagen zu können: »Ich bin weiblich/männlich/nichts davon/beides davon/etwas anderes/alles ein bisschen.« Es geht auch um die Person, die wir sind, wenn niemand zusieht, wenn keine*r darauf guckt, wie wir uns verhalten, welche sozialen Funktionen wir erfüllen, welche rechtliche Rolle wir als Elternteil oder eine*r von zwei Eheleuten haben – und das Geschlecht, welches wir dann noch haben.

Ich bin Ravna. Meine *Geschlechtsidentität* ist irgendwo jenseits von männlich und weiblich, definitiv lesbisch. Ich sage meistens, ich bin πnär, weil die Kreiszahl Pi in einem binären Zahlensystem ebenso wenig vorkommt wie mein Geschlecht in einem binären Geschlechtersystem. Ich bin ein weißes, → *behindertes*, nicht binäres Autorx aus Berlin und Elter von derzeit drei bis fünf Kindern.

Ravna Marin Siever
Autorx

Medientipps → 575, 576, 577, 578, 579, 580, 581, 582, 583, 584, 585

Gruppenbezogene Menschenfeindlichkeit

Menschenfeindlichkeit: Substantiv, feminin | Men|schen|feind|lich|keit | im Duden seit 2011 (Duden online)

D 1. a) inhumane, die Würde des Menschen nicht achtende Einstellung, Haltung; menschenfeindliches Wesen (2); Beispiel: gruppenbezogene Menschenfeindlichkeit (Sozialwissenschaften; ablehnende, abwertende und ausgrenzende Haltung gegenüber Menschen, die einer bestimmten sozialen Gruppe angehören oder zugewiesen werden); 1. b) menschenfeindliche (b) Handlung, Verhaltensweise; 2. Misanthropie

Das Konzept der *Gruppenbezogenen Menschenfeindlichkeit* (GMF) – mittlerweile als feststehender Begriff etabliert und daher meist großgeschrieben – existiert in der Wissenschaft seit dem Jahr 2002 und geht zurück auf den Soziologen und Erziehungswissenschaftler Wilhelm Heitmeyer. Unter *GMF* werden abwertende, ausgrenzende und diskriminierende Einstellungen gegenüber Menschen aufgrund ihrer faktischen, vermuteten oder zugeschriebenen Gruppenzugehörigkeit verstanden.[586] Wie der Name schon sagt, geht es nicht um individuelle Feindschaftsverhältnisse, sondern um Einstellungen gegenüber Gruppen, die sich entlang unterschiedlicher Merkmale wie Religion, Geschlecht oder sexueller Orientierung bilden können. *GMF* umfasst dabei feindliche Einstellungen gegenüber vielen unterschiedlichen Menschengruppen.

In aktuellen Studien wurden die Facetten → *Rassismus*, Fremdenfeindlichkeit, → *Antisemitismus*, Muslim*innenfeindlichkeit, Etabliertenvorrechte, → *Sexismus*, Abwertung von → *Rom*nja und Sinti*zzi*, von Asyl suchenden Menschen, von homosexuellen Menschen, von → *trans** Menschen, von wohnungslosen Menschen, von langzeitarbeitslosen Menschen und von Menschen mit → *Behinderung* untersucht.[587] Sie sind weder statisch noch vollständig. Beispielsweise können durch gesellschaftliche Veränderungen neue bzw. andere Gruppen von *GMF* betroffen sein oder in ihrer Betroffenheit wahrgenommen werden.

Zentral für das *GMF*-Konzept ist die Erkenntnis, dass die einzelnen Facetten empirisch zusammenhängen. Diejenigen, die langzeitarbeitslose

Menschen abwerten, neigen beispielsweise auch eher dazu, trans* Menschen abzuwerten. Erklärt werden kann dieser Zusammenhang durch eine → *Ideologie* der Ungleichwertigkeit, die den einzelnen Dimensionen zugrunde liegt und somit den Kern von *GMF* bildet. Aufgrund dieses gemeinsamen Kerns wird auch vom Syndrom *Gruppenbezogener Menschenfeindlichkeit* gesprochen.[586] Anders gesagt: Menschen, die eine Ideologie der Ungleichwertigkeit aufweisen, wenden diese Ungleichwertigkeitsvorstellungen in der Regel nicht nur auf eine einzelne Gruppe, sondern auf viele unterschiedliche Menschengruppen an.

Das *GMF*-Konzept bewegt sich auf der Ebene von Einstellungen, die in bevölkerungsbasierten Fragebogenstudien ermittelt werden können. Um Einstellungsmuster in der deutschen Gesellschaft zu analysieren, ist das *GMF*-Konzept also durchaus gut geeignet. So hat sich beispielsweise gezeigt, dass sich das Ausmaß der Feindlichkeit gegenüber bestimmten Gruppen im Zeitverlauf kaum verändert hat (z. B. gegenüber langzeitarbeitslosen Menschen). Sexistische Einstellungen sind dagegen seit 2002 zurückgegangen.[587] Auch geht aus den *GMF*-Studien hervor, dass das Ausmaß feindlicher Einstellungen in der Bevölkerung variiert: So sind z. B. ältere Menschen feindlicher eingestellt als jüngere und Männer sind feindlicher eingestellt als Frauen.[588] *GMF* findet sich zudem nicht nur in Deutschland, sondern auch in anderen europäischen Ländern, z. B. in Großbritannien, Portugal oder Ungarn.[589]

Ein Phänomen wie Rassismus als individuelle Einstellung ohne seine strukturelle Dimension zu verstehen, würde aber zu kurz greifen. Rassismus zieht sich als historisch verankertes Strukturmerkmal durch die gesamte Gesellschaft und drückt sich nicht nur in individuellen Einstellungen, sondern z. B. auch in institutioneller → *Diskriminierung* aus. Letztendlich hängen die individuelle und die strukturelle Ebene aber zusammen: *GMF* kann das Fundament für Diskriminierung bilden, weil die ihr zugrunde liegenden Ungleichwertigkeitsvorstellungen Machtverhältnisse legitimieren. Gleichzeitig können Diskriminierungspraxen bestehende feindliche Einstellungen weiter verfestigen und reproduzieren.

Isabell Diekmann
Soziologin und wissenschaftliche Mitarbeiterin

Medientipps → 590, 591, 592, 593, 588, 589

Hasskriminalität

Substantiv, feminin | Hass|kri|mi|na|li|tät | im Duden seit 2017 (D1, 27. Auflage)

D Gesamtheit politisch oder weltanschaulich motivierter Straftaten, bei denen das Opfer aufgrund seiner (tatsächlichen oder unterstellten) Zugehörigkeit zu einer dem Täter, der Täterin verhassten sozialen Gruppe gezielt ausgewählt wurde; Gebrauch: Rechtssprache

Auch in Gesellschaften mit Rechtssystemen, die sich dem Schutz von Würde und Rechten aller verpflichtet haben, werden Menschen aufgrund ihrer tatsächlichen oder zugeschriebenen Zugehörigkeit zu bestimmten sozialen Gruppen benachteiligt, unterdrückt, angegriffen und ermordet – teils unter staatlicher Beteiligung oder Duldung. Strafbare Handlungen, die sich gegen bestimmte soziale Identitätsgruppen richten, werden als *Hasskriminalität* oder *Vorurteilskriminalität* bezeichnet. Nicht immer, aber häufig ist *Hasskriminalität* auch rechte bzw. rechtsextreme Gewalt und in Extremform Rechtsterrorismus. Eine einheitliche Definition existiert nicht.

Manche Staaten tragen mit eigenen Gesetzen dem Befund Rechnung, dass *Hasskriminalität* schädlicher ist als Kriminalität ohne Vorurteilsbezug. Denn erstens fürchten beispielsweise Betroffene rassistischer Gewalt nach einer Tat, häufig erneut wegen → *Rassismus* viktimisiert zu werden. Zweitens wirken Taten kollektiv, das heißt, sie diskriminieren, verunsichern und schaden auch anderen, die der angegriffenen Identitätsgruppe zugerechnet werden könnten. Drittens ist *Hasskriminalität* ein Angriff auf das Verfassungsprinzip des Schutzes vor → *Diskriminierung* und auf das gesellschaftliche Zusammenleben. Studien zeigen, dass *Hasskriminalität* für Betroffene schwerwiegendere Folgen als »normale« Kriminalität hat.

In Deutschland existieren keine eigenständigen Gesetze gegen *Hasskriminalität*. Die Bundes- und Landeskriminalämter führen lediglich im Rahmen der »politisch motivierten Kriminalität« darüber Statistik, die auf der Zuordnung der Polizei basiert. Die Aussagekraft dieser Angaben für die tatsächliche Verbreitung ist gering, da viele Taten nicht zugeordnet oder erst gar nicht zur Anzeige gebracht werden. Außerdem besteht häufig das Missverständnis, dass Hasstaten immer ein klares politisches Motiv hätten. Zwar hat *Hasskriminalität* immer auch eine politische Dimension, aber oft liegen Hassaktivitäten anstatt einer politischen → *Ideologie* mehr oder weniger unbewusste Vorurteile zugrunde. Potenziell können alle zu Täter*innen werden. In Deutschland können Gerichte Täter*innen aufgrund »rassistische[r], fremdenfeindliche[r], → *antisemitische[r]* oder sonstige[r] menschenverachtende[r]« Beweggründe und Ziele härter bestrafen (§ 46 Abs. 2 StGB).

Welche Merkmale in der Praxis anerkannt werden, unterliegt politischen Entscheidungen und sozialen Kämpfen. International weitgehend unstrittig sind Merkmale wie ethnische Zugehörigkeit, Gender, Religion, → *Geschlechtsidentität*, sexuelle Orientierung oder → *Behinderung*. In offiziellen Statistiken in Deutschland wird u. a. auch »Männerfeindlichkeit« und »Deutschenfeindlichkeit« als *Hasskriminalität* erfasst[594], ohne dass sich diese Erfassung auf sozialwissenschaftliche Konzepte oder zivilgesellschaftliche Diskurse stützen könnte. Diese orientieren sich bei der Frage, welche Kategorien besonders geschützt werden müssten, meist an der historischen → *Marginalisierung*.

In diesem Sinn beschreibt *Hasskriminalität* Straftaten und Gewaltakte, die sich gegen gesellschaftlich stigmatisierte und marginalisierte Gruppen richten. Sie ist ein Machtinstrument, das Hierarchien bekräftigen soll.[595] Es wird versucht, damit die reale oder imaginäre Hegemonie der Täter*innengruppe und die Unterordnung der Identität der Opfergruppe wiederherzustellen.[596]

Matthias Quent

Soziologe, Rechtsextremismusforscher und Hochschullehrer

Medientipps → 597, 598, 599, 600, 596, 595

Heteronormativität

Substantiv, feminin | He|te|ro|nor|ma|ti|vi|tät | Heteronormativität: im Duden seit 2023 (Duden online); *heteronormativ*: im Duden seit 2021 (Duden online)

D Auffassung, dass Heterosexualität und ein damit verknüpftes binäres Geschlechtsverständnis als gesellschaftliche Norm zu gelten haben

In einer *heteronormativen* Gesellschaft wird davon ausgegangen, dass alle Menschen heterosexuell und heteroromantisch sind,[601] bis sie sich anders outen (siehe → *Coming-out*). Der Begriff ist eng verknüpft mit weiteren Normvorstellungen: Dazu gehören zum Beispiel *Cisnormativität*, also die Annahme, dass alle Menschen cisgeschlechtlich (nicht → *trans**) und entweder Mann oder Frau sind; ebenso wie bei der *Amatonormativität* die Vorstellung, dass alle Menschen den Wunsch haben, sexuelle und romantische Beziehungen einzugehen. In diesem Framing wird zudem Monogamie erwartet.[602]

In unserer Gesellschaft spiegeln sich diese Normen an allen Ecken und Enden wider: Die zwei Personen, die mit Kinderwagen durch den Stadtteil spazieren, werden als Paar wahrgenommen und angesprochen, wenn sie nach gesellschaftlicher Vorstellung wie Mann und Frau aussehen. Werden die beiden jedoch als gleichgeschlechtlich gelesen, gehen viele erst einmal von Freund*innenschaft aus.

Ein anderes Beispiel: Wenn Menschen an der Hand der neuen Kollegin einen Ring entdecken, wird oft nach dem Ehemann gefragt – und nach Kindern. Denn auch die gehören häufig zu diesem »Idealbild« einer Heterobeziehung. Sagt diese Kollegin nun, dass sie mit einer Frau verheiratet ist, sind viele erst einmal überrascht. Meist wird dann nicht mehr von Kindern ausgegangen und die Kollegin wird als »anders« abgespeichert. Ist die Partnerperson womöglich keine Frau, sondern → *nicht binär*, sind die Reaktion und das → *Othering* entsprechend noch verstärkt.

Wer nicht den Normen entspricht, wird als anders eingeordnet und im Alltag oftmals auch anders behandelt.[603] Das an sich ist bereits diskriminierend, wenn es bei der Andersbehandlung nicht darum geht, Benachteiligungen auszugleichen. Dieser Andersbehandlung begegnen Menschen, die (bestimmten) Normen nicht entsprechen, bei der Arbeit, bei Hobbys, auf Ämtern und in der Gesundheitsversorgung. Also überall dort, wo sie auf andere Menschen treffen, die diese Normvorstellungen verinnerlicht haben.

Welche Normen in einer Gesellschaft existieren und dass *Heteronormativität* eine davon ist, wird Kindern schon von klein auf unbewusst beigebracht. Prinz und Prinzessin gehören zusammen und heiraten am Ende, Familien bestehen aus Mama, Papa und Kind(ern), Paare aus Mann und Frau.

Diese verinnerlichten Normen können dafür sorgen, dass manche Menschen ihre → *Geschlechtsidentität* oder sexuelle/romantische Orientierung unterdrücken und sich in Normen hineinzupressen versuchen, was häufig auf Kosten ihrer Gesundheit geschieht.[604]

Andere entscheiden sich im Rahmen der Möglichkeiten zu verstecken, dass sie nicht den Normen entsprechen, um der Andersbehandlung bzw. der eventuellen → *Diskriminierung* zu entgehen. Im Falle der *Heteronormativität* bedeutet das, dass sich manche → *queeren* Menschen als heterosexuell und heteroromantisch ausgeben, obwohl sie z.B. homosexuell und/oder homoromantisch sind, aus dem Bi+- (bi-/pan-/omni-/polysexuell bzw. -romantisch) und/oder dem aromantischen/asexuellen Spektrum sind. Es wird verheimlicht, nicht normative Beziehungen zu haben oder dass man gar keine Beziehung haben möchte, dass man → *polyamor* lebt oder statt einer Beziehung eine Co-Elternschaft mit einem oder mehreren anderen Elternteilen hat.

Heteronormativität schränkt also wie alle Normen Vielfalt stark ein und verhindert sie an einigen Stellen sogar (siehe → *Diversity*). Um dem entgegenzuwirken, können wir alle versuchen, nicht von bestimmten Beziehungsmodellen, Orientierungen und Geschlechtern auszugehen, sondern uns tatsächlich offen und vorurteilsfrei zu verhalten.

Valo Christiansen
Autor*in, Spoken Word Artist, Lektor*in und Sensitivity-Reader*in

Medientipps → 601, 602, 603, 604, 605, 606

Identitätspolitik

Substantiv, feminin | Iden|ti|täts|po|li|tik | im Duden seit 2021 (Duden online)

D politisches Handeln, bei dem die (u. a. nationale, ethnische, soziale, kulturell-religiöse) Zugehörigkeit einer bestimmten Bevölkerungsgruppe auf ab- oder ausgrenzende Weise im Mittelpunkt steht

Die Karriere des Terminus *Identitätspolitik* ist beeindruckend: Einst ist er als Antwort auf → *diskriminierende* Strukturen entstanden, um damit die Erfahrungen → *marginalisierter* Gruppen anzuerkennen. Heute aber wird er oftmals abwertend verwendet: Wer »identitätspolitisch« handle, der schließe aus, der reduziere sich oder andere auf ihre Andersartigkeit, ihre Differenz, ja, sei essenzialisierend und überhaupt weltfern. Und diese Kritik kommt sowohl von rechts als auch von links, etwa aus Teilen des marxistischen Spektrums.

Dabei lohnt es sich, den Begriff einmal ganz nüchtern zu betrachten: Er ist enorm hilfreich dafür, Formen politischer Praxis zu verstehen, die Identitätsbilder artikulieren. Ob nun die unter Horst Seehofer erfolgte Erweiterung des Bundesinnenministeriums um den Themenkomplex »Heimat« in Namen und Abteilungen, die Arbeiter*innenbewegungen oder → *rechtspopulistische* »Border Politics«, wie sie sich etwa in den Diskursen rund um die sogenannte »Festung Europa« äußern: Es werden immer Identitätskonzepte artikuliert.

Wer bin ich, wer sind wir, wer gehört dazu und gegen was oder wen grenzen wir uns ab? Gleichermaßen kann das Konzept dabei helfen, die besonderen Herausforderungen in den Blick zu nehmen, mit denen sich marginalisierte Gruppen konfrontiert sehen.

Als Geburtsstunde von dem, was wir heute als *Identitätspolitik* verstehen, gilt das Jahr 1977. Das »Combahee River Collective« – eine Gruppe → *queerer* → *Schwarzer* Feministinnen um Autorinnen und Aktivistinnen wie Barbara Smith und Audre Lorde – veröffentlichte ihr »Statement«, in dem der Begriff der *identity politics* eingeführt wurde. *Identitätspolitik* ist darin ein Weg, sich mit der eigenen erlebten Unterdrückung auseinanderzusetzen und sich ihr zu widersetzen[607].

Dabei heben die Autorinnen allerdings auch die Relevanz von Solidarität und Koalitionen mit anderen gesellschaftlichen Gruppen heraus. Vorläufer dieser Ideen finden sich auch schon in den Arbeiten etwa von der frühen britischen Frauenrechtlerin und Philosophin Mary Wollstonecraft oder des afrokaribischen Philosophen, Psychiaters und postkolonialen Vordenkers Frantz Fanon[608]. *Identity politics* sind also alles andere als eine moderne Erfindung.

Nach Deutschland schwappte das Konzept – und seine Kritik – erstmals in den 1990er-Jahren. Und dann wieder im Zuge der Berichterstattung rund um gesellschaftliche Emanzipationsbewegungen wie »MeToo« oder »Black Lives Matter«[609]. Heute scheint es als diffuses argumentatives Phantom etwa die gleiche Position einzunehmen, die auch Ideen wie »Cancel Culture« oder → *Woke*ness innehaben.

Identitätspolitik als Kategorie des politischen und gesellschaftlichen Diskurses zu begreifen, hilft uns aber dabei, die Strukturen der Unterdrückung und gesellschaftliche Ausschlüsse sichtbar zu machen, die sich in einer universalistischen Sichtweise verstecken können. Denn was als »universell« oder »objektiv« wahrgenommen wird, bestimmt zumeist vor allem die Dominanzgesellschaft[610].

Andere Sichtweisen – vor allem die von marginalisierten Gruppen – finden dabei keinen Raum. Dabei scheint es vielen Kritiker*innen im öffentlichen Diskurs nicht aufzufallen, dass auch sie *identitätspolitisch* argumentieren und agieren; allerdings aus einer anderen, oftmals mächtigeren gesellschaftlichen Position heraus.

Nur dadurch, dass Marginalisierung jeder Form sichtbar wird, können wir darauf hinarbeiten, sie auch zu überwinden[611]. Die Kampagne gegen die *Identitätspolitik*, egal ob sie nun von rechter, konservativer oder orthodox linker Seite kommt, bleibt also vor allem nur eins: das Bestreben, den Status quo zu erhalten, einen Status quo der Ungerechtigkeit.

Aida Baghernejad
Journalistin, Podcasterin und Moderatorin

Medientipps → 607, 612, 613, 611, 614, 610

Ideologie

Substantiv, feminin | Ideo|lo|gie | im Duden seit 1929 (D1, 10. Auflage)

D a) an eine soziale Gruppe, eine Kultur o. Ä. gebundenes System von Weltanschauungen, Grundeinstellungen und Wertungen; b) politische Theorie, in der Ideen (2) der Erreichung politischer und wirtschaftlicher Ziele dienen (besonders in totalitären Systemen); c) weltfremde Theorie

Ideologie (Ideenlehre) oder im weitesten Sinne Weltanschauung ist zurzeit der Aufklärung durch den französischen Philosophen Antoine Louis Claude *Destutt* (1754–1836) als »Wissenschaft der Vorstellungen« begründet worden – und hat in seiner Bedeutung eine wechselhafte Geschichte.

Es gibt vielfältige Definitionen und theoretische Konzepte, was eine *Ideologie* ist, die sich noch mal von alltagssprachlicher Verwendung oder wissenschaftlichen Diskursen unterscheiden. Allgemein bedeutet *Ideologie* die Produktion von Vorstellungen, Bedeutungen und Werten in der Gesellschaft[615]. *Ideologie* kann neutral verwendet oder wertend gemeint sein, positiv oder negativ besetzt sein, kritisch, als Distanzierung oder als Diffamierung Verwendung finden.[616]

Ein kritisches Konzept von *Ideologie* als manipulative, unwissenschaftliche Ideenlehre geht noch auf Karl Marx (1818–1883) und Friedrich Engels (1820–1895) zurück, die darunter eine Verkehrung der Realität verstanden und kritisierten, dass damit vor allem die Herrschenden ihre Macht durch Verbreitung von Mythen und falschen Glaubenssätzen weiter stabilisierten.[617] Legitimiert über Strategien wie Naturalisierung gesellschaftlicher Verhältnisse, Diffamierung konkurrierender politischer Überzeugungen oder der Propagierung bestimmter Überzeugungen. Ideologien erklären demnach nicht nur die Welt, sondern sie nehmen Einfluss und sind eng mit der Machtfrage verbunden[618].

Ideologien können religiös, philosophisch, moralisch, kulturell oder politisch begründet werden. Politik ist immer mit *Ideologien* bzw. Wertesystemen verbunden, sonst wäre sie technokratisch und wirklichkeitsfremd. Es gibt beispielsweise Konservatismus, Sozialismus oder Liberalismus, die in Konkurrenz zueinanderstehen und sich in weitere Vorstellungen und

Unterkategorien ausdifferenzieren können, z. B. in *Rechts*konservatismus oder *Neo*liberalismus. Wie sich an gegenwärtig hitzig geführten Debatten um Nationalismus, Islamismus, → *Rechtspopulismus*, Neoliberalismus oder Feminismus ablesen lässt, gehört der Streit um politische Ordnungen keineswegs der Vergangenheit an.

Im Wettbewerb oder im Kampf um politische Ideen und konkurrierende Wertvorstellungen wird auf *Ideologien*, die den eigenen Vorstellungen und Auffassungen entgegenstehen, oftmals mit dem Vorwurf »ideologisch« – verstanden als wirklichkeitsfremd oder dogmatisch – reagiert. Ideologiekritik ist eine Frage des Standpunktes, denn *Ideologie* ist »wie Mundgeruch immer das, was die anderen haben«[619]. Allerdings sollten Weltanschauungen, die vorgeben, für alle gesellschaftlichen Probleme die richtige Lösung zu haben, mit Skepsis begegnet werden.

Denn Ideologiekritik ist nicht willkürlich, sondern eine Aufklärung über Legitimation und Verschleierung zwischen Herrschaft, Ausbeutung und Ausgrenzung. Vor allem dann, wenn sie als *Ideologie der Ungleichwertigkeit*[620] für die Abwertung gesellschaftlicher Gruppen genutzt wird (z. B. → *Rassismus*, → *Antisemitismus*, → *Sexismus*) und soziale → *Ungleichheit* zementiert. Dann stellt eine *Ideologie* eine gefährliche Legitimation für eine desintegrative Gesellschaftsordnung dar[621].

Der gemeinsame Nenner bei allen unterschiedlichen Definitionen von Ideologien und Wertvorstellungen bleibt laut dem deutschen Wirtschaftswissenschaftler Sebastian Herkommer die Erkenntnis, dass »mit totalitären Mitteln eine freie Gesellschaft niemals zu erreichen ist« und erfolgreiche Aufklärung an die »Garantie der gleichen → *Chancen* für alle [gebunden bleibt], ihre Verhältnisse selbstbewusst zu gestalten«[622].

Judith Rahner
Rechtsextremismusexpertin

Medientipps → 615, 620, 621, 623, 624, 625

Inklusion

Substantiv, feminin | In|klu|si|on | im Duden seit 1915 (D1, 9. Auflage)

D 1. (besonders in der Mengenlehre) die Beziehung des Enthaltenseins; Gebrauch: Mathematik; 2. Einschluss von Fremdsubstanzen in Kristallen; Gebrauch: Mineralogie; 3. das Mit-einbezogen-Sein; gleichberechtigte Teilhabe an etwas; Gegensatz Exklusion; Gebrauch: Soziologie; 4. gemeinsame Erziehung beeinträchtigter und nicht beeinträchtigter Kinder in Kindergärten und [Regel]schulen; Gebrauch: Pädagogik

Inklusion ist die bedingungslose Zugehörigkeit innerhalb einer Gesellschaft. Diese schafft Strukturen, um die gleichberechtigte Teilhabe aller zu ermöglichen. Anders als bei der → *Integration* ist für *Inklusion* entscheidend: Nicht der Mensch hat sich anzupassen (zu integrieren) oder muss einer bestimmten Norm entsprechen – sondern die Mehrheitsgesellschaft hat die Rahmenbedingungen so zu gestalten, dass alle dabei sein und mitmachen können. Und dies unabhängig von Fähigkeiten, Identität oder anderen Vielfaltsaspekten. *Inklusion* ist eine gute Idee für eine gerechtere Welt. Sie erfordert Wandel in allen Systemen. Und sie rüttelt an Machtstrukturen. Ein schwieriges Unterfangen, solange → *Privilegien* nicht benannt und infrage gestellt werden. Entscheidungsräume sind in der Regel noch nicht inklusiv besetzt und es fehlen verbindliche Regeln, um das zu ändern. Deshalb erleben → *marginalisierte* Menschen den Prozess als zäh und nicht zielführend.

Der Begriff wird inflationär für vieles benutzt, was mit → *Behinderung* zu tun hat, aber nicht unbedingt mit *Inklusion*: *Inklusions-Kind, Inklusions-Café, Inklusions-Spiele* (Special Olympics). Und für einige ist *Inklusion* ein Reizwort. Das hat mit der Umsetzung und mit knappen Ressourcen zu tun. Beispiel Schule: Hier spricht man oft von »gescheiterter Inklusion« anstatt von einem gescheiterten System. Kinder mit unterschiedlichen Voraussetzungen sollen nach wie vor in traditionelle Strukturen passen. Dabei müsste es um die Frage gehen: Wie soll Schule aussehen, damit alle Kinder gleichberechtigt zusammen lernen können? Das ist übrigens keine Gleichmacherei. *Inklusion* erkennt Kinder vielmehr in ihrer Unterschiedlichkeit an und berücksichtigt individuelle Bedarfe. Menschen sind nicht alle gleich, verdienen aber gleiche Chancen. Wir brauchen somit das gleiche Recht für alle – auf Bildung, Arbeit, Gesundheitsversorgung oder Wohnraum. *Inklusion* ist nicht nur eine soziale Notwendigkeit[626] – sie ist Menschenrecht.

Das schreibt auch das *Übereinkommen über die Rechte von Menschen mit Behinderungen* (kurz: »UN-Behindertenrechtskonvention«) fest, das Deutschland 2009 unterschrieben hat. Zentrale Forderung: ein Leben mitten in der Gemeinschaft, nicht in Sonderwohnformen.[627] In Deutschland leben und arbeiten aber immer noch viele behinderte Menschen in Einrichtungen der sogenannten Behindertenhilfe. Einige erleben dort vielschichtige Formen von Gewalt und Fremdbestimmung. Denn nicht behinderte Fachleute treffen die Entscheidungen. Nur sehr wenige behinderte Menschen schaffen den Absprung aus diesen Sonderstrukturen, die nicht vereinbar sind mit dem Ideal der *Inklusion*. Wir bräuchten mehr Zugang zu Informationen über alternative Lebensmodelle (z. B. mit Assistenz) und unabhängige Beratungsangebote. Sie ermöglichen Selbstbefähigung und Selbstbestimmung – ohne sie ist *Inklusion* nicht denkbar.

Ein Blick noch auf weitere dicke Brocken, die im Weg liegen: Barrieren grenzen behinderte Menschen nicht nur strukturell aus, sondern auch jeden Tag ganz konkret: im Supermarkt, bei der Kommunikation und Mediennutzung, im Krankenhaus oder beim Besuch im Restaurant mit einer Toilette im Keller. Ohne Gesetze für Teilhabe und flächendeckende Barrierefreiheit kann Inklusion keine Fahrt aufnehmen. Zugang für alle – das wäre schon mal ein erster Schritt.

Sandra Olbrich
Journalistin, Moderatorin und Expertin für Inklusion

Medientipps → 628, 629, 630, 631, 632, 626, 633, 627, 634

inklusive Sprache

Sprache: Substantiv, feminin | Spra|che | im Duden seit 1880 (D1, 1. Auflage)

D 1. Fähigkeit des Menschen zu sprechen; das Sprechen als Anlage, als Möglichkeit des Menschen sich auszudrücken; 2. das Sprechen; Rede; 3 a) Art des Sprechens; Stimme, Redeweise; 3 b) Ausdrucksweise, Stil; Beispiel: inklusive Sprache (Soziologie, Sprachwissenschaft: Formulierung oder Ausdrucksweise, die bewusst niemanden ausgrenzt und so den Anforderungen von Inklusion (3 a) gerecht wird); so seit 2023 auf Duden online

Inklusion und Sprache, das bedeutet: Wir können so präzise wie möglich sprechen und schreiben. Hinter *inklusiver Sprache* steckt eine Frage: Wie kann ich schreiben, sprechen, kommunizieren, ohne eine andere Person oder Personengruppe zu → *diskriminieren*? Eine Frage, die sich alle schreibenden, sprechenden und kommunizierenden Personen stellen sollten. Die kurze Antwort lautet: Offenheit. Wir sollten offen dafür sein, Gewohnheiten zu verändern, denn Sprache wandelt sich. Manchmal kann das im ersten Schritt verunsichernd sein, deshalb brauchen wir die Offenheit für die Veränderung. Und dafür, uns selbst und unsere Gewohnheiten zu hinterfragen.

Für eine *inklusive Sprach*e braucht es keinen besonderen Bildungsabschluss, kein Studium und keinen Doktortitel, sondern nur die Frage: »Wie ist es gut für dich?« Und dann die Offenheit, die Antwort wirklich hören zu wollen und dementsprechend zu kommunizieren. Gut ist: Viele Antworten gibt es bereits. Menschen, die von → *Rassismus* betroffen sind, Menschen, die von → *Behinderten*feindlichkeit betroffen sind, Menschen, die von → *Sexismus* betroffen sind. Sie sagen zum Beispiel »So wollen wir nicht bezeichnet werden« oder »Das ist verletzend« oder »Wir kommen in den Wörtern nicht vor, wir brauchen neue«. Dadurch verändert sich Sprache und wird offener und dabei immer präziser. Das ist eine große Chance für alle, die schreiben und sprechen. Wir können genau das sagen, was wir sagen wollen.

Diskriminierende Sprache erkennt man daran, dass sie eine bestimmte Personengruppe mit negativen Eigenschaften belegt. Wenn wir schreiben oder sprechen, sollten wir uns solcher Diskriminierungsmechanismen bewusst sein und sie nicht reproduzieren, weder in Bildern noch in der Sprache. Das ist ein Lernprozess. Helfen kann uns dabei, dass wir uns damit beschäftigten, was die Menschen, über die wir schreiben und sprechen, selbst vorgeben. Sie wissen selbst am besten, wie sie bezeichnet werden wollen. Ein Beispiel: Wenn wir etwas nicht wissen, wird das oft als »blinder Fleck« bezeichnet. Dabei bekommt Blindheit eine negative Bedeutung zugeschrieben. Wenn wir das vermeiden wollen (was wir sollten), können wir uns für einen anderen Begriff entscheiden, der nicht → *ableistisch* ist: »Leerstelle«. So sagen wir, was wir sagen wollen, werten eine Personengruppe (hier: sehbehinderte oder blinde Menschen) aber nicht unabsichtlich ab. Gleiches gilt für einige Schimpfwörter, die für viele Menschen zum Alltag gehören. Mit ihnen werden Menschen als *Idiot*in*, *verrückt* oder *geisteskrank* bezeichnet. Beides wertet Menschen mit psychischen Erkrankungen ab. Selbst wenn wir uns über andere Menschen aufregen, können wir das tun, ohne zu diskriminieren. Mein liebstes Schimpfwort: Hundesohn!

Es ist die Aufgabe von Sprechenden und Schreibenden, sich dieses Wissen anzueignen und Leerstellen zu füllen. Bücher und Informationsmaterialen zu diskriminierungssensibler Sprache gibt es mittlerweile zu vielen Themen. Und wenn doch noch Unsicherheit besteht, können Menschen engagiert werden für ein → *Sensitivity-Reading*. Dabei wird ein Text von Expert*innen darauf untersucht, nicht zu diskriminieren. Wenn wir sprechen und schreiben, kann noch ein weiterer Punkt wichtig sein für mehr → *Inklusion*: dass wir so einfach wie möglich kommunizieren. Warum mit Fremdwörtern um sich werfen, wenn es auch einfacher geht, und zwar so, dass uns viel mehr Menschen verstehen? Die Kunst ist nicht, so intellektuell wie möglich zu schreiben – die Kunst ist, von so vielen Menschen wie möglich verstanden zu werden.

Wir können und sollten alles sagen und schreiben, was die Würde anderer Menschen nicht verletzt – aber eben auch ausschließlich das. Und das ist ganz schön viel.

Mareice Kaiser
Journalistin und Autorin

Medientipps → 635, 636, 637, 638, 639

Integration

Substantiv, feminin | In|te|g|ra|ti|on | im Duden seit 1941 (D1, 12. Auflage)

D 1. Einbeziehung, Eingliederung in ein größeres Ganzes; 2. [Wieder]herstellung einer Einheit [aus Differenziertem]; Vervollständigung; Gebrauch: bildungssprachlich, Fachsprache; 3. Verbindung einer Vielheit von einzelnen Personen oder Gruppen zu einer gesellschaftlichen und kulturellen Einheit; Gebrauch: Soziologie; 4. Berechnung eines Integrals (2); Gebrauch: Mathematik; 5. mit wenigen Schnittstellen erfolgende Verknüpfung unterschiedlicher Anwendungen; Gebrauch: EDV

Der Begriff *Integration* kommt im deutschsprachigen Raum hauptsächlich beim Thema Migration zum Einsatz, wobei die soziologische Bedeutung, dass jemand in eine Gruppe einbezogen wird, oft von der politischen überlagert wird. *Integration* wird dann auch als eine Art Kampfbegriff verwendet. Suggeriert wird vor allem von → *rechtspopulistischer*, aber auch von konservativer Seite, dass es so etwas wie ein »Wir« und ein »Ihr«[640] gäbe: Auf der einen Seite einen einheitlich organisierten Raum von Einheimischen, der reibungsfrei funktioniert, und auf der anderen die anderen, die als Fremdkörper in diesen Raum gepflanzt werden. Und denen man unterstellt, das bis dahin so scheinbar harmonische Gefüge ins Wanken zu bringen. Verwendet wird der Begriff *Integration* dann häufig im Sinne von Assimilation[641], dass also die Zugewanderten sich einzufügen haben, um »so zu werden wie wir«. Der eigentliche Gedanke von Integration, aufeinander zuzugehen und sich gegenseitig zu respektieren, bleibt dabei auf der Strecke. Von → *Inklusion*, die die Unterschiedlichkeit und → *Ungleichheit* der Menschen als Chance sieht und auf alle verschiedenen Bedürfnisse eingeht, ist man damit ohnehin weit entfernt.

Während sich ein Bekenntnis zu → *Demokratie*, Aufklärung oder Menschenrechten durchaus argumentativ begründen lässt, wird die »deutsche / österreichische Leitkultur« aber auch politisch aufgeladen[642], etwa mit Misstrauen gegenüber der Religion, vor allem bei Muslim*innen (siehe → *antimuslimischer Rassismus*). Das Beherrschen der → *deutschen Sprache* wird als Grundvoraussetzung verlangt.[643] Das hat eine gewisse Berechtigung, denn volle Teilhabe ist nur möglich, wenn man sich verständigen kann. Doch was im Hintergrund mitschwingt, ist oft eine Abwertung der Herkunftssprache. Dass Zwei- oder Mehrsprachigkeit und → *Sprachenvielfalt* Vorteile sind, geht in der oberflächlichen politischen Debatte unter.

Englisch oder Französisch werden selbstverständlich an Schulen unterrichtet, bei Bosnisch-Kroatisch-Serbisch, Türkisch oder Arabisch schwingt im politischen Diskurs dagegen ein unterschwelliger Vorwurf mit: Verwendet man diese Sprachen im Alltag, lerne man schlechter Deutsch.[644] Sichtbar wird das unter anderem bei Diskussionen über eine Deutschpflicht im Schulhof. Das ist eine plakative Forderung, weil sie, wie Schuldirektor*innen anmerken, nicht umsetzbar ist. Aber auch weil sie Expert*innen zufolge gar nicht sinnvoll ist.[645] Ein weitverbreiteter Fehler in der Debatte ist, dass Integration als Einbahnstraße gesehen wird, die Integrationsleistung also ausschließlich vom Aufzunehmenden zu erbringen ist, während sich die Aufnahmegesellschaft an der Seitenlinie zurücklehnen, beobachten und gegebenenfalls kommentieren kann. Was darüber hinaus vergessen wird, ist, dass man auch positive Anreize setzen sowie Bereitschaft zeigen muss, jemanden integrieren zu wollen.[646]

Integration ist aber auch ein Prozess, der nicht immer linear verläuft und der auch Unschärfen und Doppeldeutigkeiten zulassen muss. Auch eine hybride Identität[647] muss möglich sein, sodass man sich etwa gleichzeitig als deutsch und türkisch oder auch als Muslim*in und Österreicher*in fühlen kann.

Erich Kocina
Journalist

Medientipps → 640, 641, 642, 643, 644, 645, 646, 647

Internet

Substantiv, Neutrum | In|ter|net | im Duden seit 1996 (D1, 21. Auflage)

D weltweiter Verbund von Computern und Computernetzwerken, in dem spezielle Dienstleistungen (wie E-Mail, World Wide Web, Telefonie) angeboten werden

Der Begriff *Internet* entstand als Kurzform der Bezeichnung *interconnected networks* und beschreibt einen weltweiten Verbund von Rechnersystemen. Wenn wir von *Internet* sprechen, meinen wir jedoch meistens den 1991 öffentlich zugänglich gemachten Hypertextdienst »World Wide Web« (WWW), über den Anwender*innen auf Websites zugreifen können. Die Begriffe Netz oder Web werden synonym verwendet.

Auch wenn es eine rein technische Verbindung beschreibt, verbindet das *Internet* eigentlich Menschen, die darüber Daten, persönliche Nachrichten oder Informationen austauschen. Dies drückte sich ab 2003 im Begriff *Web 2.0* aus, der unter anderem eine verstärkte Beteiligung aller Nutzer*innen beschreibt.[648] Viele Funktionalitäten des Web 2.0 finden sich heute auf Social-Media-Plattformen, die eine noch einfachere Möglichkeit bieten, im *Internet* zu veröffentlichen. Der Gedanke des → *demokratischen* Mediums, das jede*r ohne Gatekeeper nutzen und in dem alle ihre eigenen Interessen vertreten können, zieht sich so durch die Entwicklungsgeschichte des *Internets*.

Im Jahr 2022 waren 80 Prozent der deutschsprachigen Bevölkerung ab 14 Jahren in Deutschland täglich im *Internet*, 95 Prozent nutzten das *Internet* zumindest gelegentlich. Insbesondere bei Jüngeren ist die Nutzung des Netzes aus dem täglichen Leben nicht wegzudenken.[649] Es ist anzunehmen, dass → *marginalisierte* Gruppen das *Internet* in ähnlichem Umfang nutzen. So scheinen es Menschen mit Migrationshintergrund etwas stärker zu nutzen als die Mehrheitsgesellschaft[650], während Menschen mit → *Behinderung* aufgrund fehlender Geräte und bestehender Barrieren eine etwas geringere Internetnutzung aufweisen.[651]

Entscheidend ist jedoch nicht nur die Zahl der Rezipient*innen, sondern wie sich Menschen im *Internet* selbst äußern. Obwohl beim seit

2001 bestehenden Qualitätspreis für Onlinepublizistik »Grimme Online Award« immer aktiv nach Angeboten von Menschen mit Migrationshintergrund, mit Behinderung, von religiösen Minderheiten oder queeren Menschen gesucht wurde, fanden sich früher nur wenige davon im Wettbewerbskontingent. Erst ab Mitte der 2010er-Jahre tauchen sie verstärkt auf und werden nominiert oder bepreist. So erhielt im Jahr 2023 der TikTok-Kanal »DeinBruderStève«, auf dem der → *Schwarze* Creator Stève Hiobi über Afrika informiert, einen Preis[652] wie auch der gebärdensprachliche Instagram-Kanal »Hand drauf«[653]. In der Sichtungsarbeit zum »Grimme Online Award« konnte ich also beobachten, dass immer mehr Personen aller gesellschaftlichen Gruppen das *Internet* publizistisch nutzen (siehe → *Medienvielfalt*).

Dennoch fühlen sich viele Menschen im Netz unwohl. Insbesondere die sozialen Medien bieten einen Freiraum für Anfeindungen. 40 Prozent der Menschen haben bereits Hatespeech im Netz gesehen[650], acht Prozent selbst erlebt (siehe → *Hasskriminalität*). Die verbalen Angriffe richten sich gegen persönliche Merkmale wie Aussehen, Herkunft oder Religion, aber auch gegen politische Ansichten oder die sexuelle Orientierung. »Es zeigt sich dabei, dass besonders die Gruppen von Hasskommentaren betroffen sind, die historisch in der Gesellschaft unterdrückt waren bzw. es aktuell noch sind […]. Es zeigt auch: Hasssprache wendet sich häufig gegen Vielfalt.«[650] Und so reduziert Hatespeech auch den Meinungspluralismus im *Internet*.

Vermehrt gibt es inzwischen Initiativen gegen Hass im Netz oder zur Unterstützung von Betroffenen, die versuchen, die Debattenkultur zu stärken (siehe → *Digitalisierung*). Denn mit Beteiligung aller bietet das *Internet* die Möglichkeit, in Lebenswelten zu blicken, die uns normalerweise verborgen bleiben, und so die in der Gesellschaft vorhandene Vielfalt sichtbar zu machen.

Vera Lisakowski
Kulturjournalistin und Wettbewerbsleitung Grimme Online Award

Medientipps → 654, 650, 655, 656, 657, 658

Intersektionalität

Substantiv, feminin | In|ter|sek|ti|o|na|li|tät | im Duden seit 2020 (D1, 28. Auflage)

D Überschneidung und Wechselwirkung mehrerer Formen von Diskriminierung bei einer Person

Jeder Mensch hat verschiedene Merkmale: Wir sind vielleicht alt, muslimisch, akademisch, → *trans**, → *Schwarz*, ohne → *Behinderung*. Durch gesellschaftliche Machtstrukturen bekommt jedes Merkmal einen Wert und trägt dazu bei, dass wir diskriminiert oder → *privilegiert* behandelt werden. Wir werden einer sozialen Kategorie zugeordnet, die unseren Alltag prägt.

Eine eigene Form von Mehrfachdiskriminierung entsteht, wenn mehrere Merkmale zusammenwirken. Dazu ein Beispiel: → *Künstliche Intelligenz* erkennt die Gesichter weißer Männer häufig besser als die von Frauen oder Schwarzen Menschen. Bei einem Experiment funktionierte die Gesichtserkennungssoftware bei einer Schwarzen Studentin erst, als sie eine weiße Maske überzog, auf der Gesichtsmerkmale abgedruckt waren.[659] Diese Verschränkung von → *Diskriminierung* wird *Intersektionalität* genannt.[660] Sie führte in diesem Fall dazu, dass eine Schwarze Frau doppelt durch das Raster fällt.

Die Ursprünge von *Intersektionalität* (angelehnt an *intersection*, engl. Straßenkreuzung) liegen im Schwarzen Feminismus, auch wenn es im 19. Jahrhundert keine Bezeichnung dafür gab.[660] Dies änderte sich 1989 durch die Juraprofessorin Kimberlé Crenshaw. Bei ihren juristischen Fallanalysen begegnete sie einer Schwarzen Frau, die ihren Arbeitgeber gemeinsam mit anderen Frauen wegen → *sexistischer* und → *rassistischer* Benachteiligung anklagte.[661] [662] Sie hatten sich jahrelang erfolglos auf eine Anstellung beworben, da die Firma keine Schwarzen Frauen einstellte.

Das Gericht wies die Klage ab: Es arbeiteten Schwarze Menschen dort (nur Männer) und Frauen (nur weiße). Eine Klage aufgrund von Sexismus und Rassismus war rechtlich nicht möglich, weil »Schwarze Frau« keine gültige Diskriminierungsform war.[662] Die Frauen sollten sich entscheiden, welches Merkmal sie am stärksten repräsentiert, obwohl

»Schwarz« und »Frau« hier untrennbar verbunden sind. Stellen Sie sich vor, Sie sollen ein Datenformular ausfüllen und dürften nur eine einzige Angabe über sich machen: Könnten Sie sich entscheiden, welches Merkmal am wichtigsten ist?

Crenshaw verglich *Intersektionalität* mit einer Kreuzung, bei der jede Straße für eine Kategorie und jeder Unfall für eine Diskriminierung steht. Schwarze Frauen befinden sich auf der Kreuzung, wo das Risiko am größten ist. Kommt es zu einem Unfall, ist unklar, auf welcher der kreuzenden Straße er geschah. Eine eindeutige Schuldzuweisung ist nicht möglich. Die Diskriminierung bleibt unsichtbar.[660 663]

Eine Kritik an *Intersektionalität* ist das Risiko, Opferbilder zu konstruieren, da der Fokus oft auf die soziale → *Ungleichheit* gelegt wird.[664] Es gibt aber auch eine andere Perspektive: Diskriminierung intersektional zu denken, bedeutet, die Vielschichtigkeit von Lebensrealitäten zu berücksichtigen. Es ist eine Chance, die unsichtbare Benachteiligung von Menschen, die mehrfach → *marginalisiert* sind, sichtbar zu machen.

Wenn wir Vielfalt als ein Menschenrecht betrachten, das dafür sorgt, dass jede Person gleichberechtigt am gesellschaftlichen Leben teilnehmen soll, ist *Intersektionalität* ein Instrument für mehr Gerechtigkeit. Es bedeutet: alle Merkmale mitdenken.

Der erste Schritt hin zu einer *intersektionalen* Perspektive ist Selbstreflexion: Welche Merkmale auf dem persönlichen Datenformular schaffen Privilegien und welche Diskriminierung? Wie sähe unser Leben aus, wenn wir eines der Privilegien nicht hätten?

Erst mit dem Bewusstsein der eigenen Positionierung können wir im Alltag erkennen, wo Benachteiligungen zusammenfallen – und dadurch unsichtbar bleiben.

Rebecca Wienhold
Medienpädagogin, E-Learning-Entwicklerin und Diversity-Trainerin

Medientipps → 664, 665, 666, 667, 668, 669, 670, 671

Judentum

Substantiv, Neutrum | Ju|den|tum | im Duden seit 1880 (D1, 1. Auflage)

D 1. Gesamtheit der Jüdinnen und Juden in ihrer religions- und volksmäßigen Zusammengehörigkeit; jüdisches Volk; 2. Judaismus (1); 3.a Gesamtheit der durch Religion, Kultur, Geschichte geprägten jüdischen Eigenschaften, Eigenheiten; jüdisches Wesen; 3.b Zugehörigkeit, Gefühl der Zugehörigkeit zum jüdischen Volk, zur jüdischen Religion; das Judesein

Judentum bezieht sich auf eine ethnoreligiöse Gruppe. Das heißt, religiöse und ethnische Identitäten sind miteinander verknüpft. *Judentum* umfasst eine Vielzahl von Traditionen, Kulturen und Lebensentwürfen. Als gendergerechte Schreibweise (siehe → *gendern*) für Vertreter*innen dieser Gruppe wird *Jüdinnen*Juden* vorgeschlagen. Dieser Kompromiss zwischen Binnenzeichen (wie dem Asterisk) und Doppelnennung resultiert aus unterschiedlichen männlichen und weiblichen Wortstammformen.

Schon als religiöse Praxis ist *Judentum* ein Spektrum kollektiver und individueller Ansätze, die sich vor allem dadurch unterscheiden, wie unabänderlich und verbindlich sie das religiöse Gesetz erachten: orthodox (charedisch oder modern-orthodox), konservativ (»Masorti«), liberal bzw. progressiv (Reformjudentum). Die Bezeichnung »ultraorthodox« für charedisch wird als abwertend empfunden. Orthodoxe (seltener Konservative) charakterisieren sich zudem als »observant«.

Als ethnoreligiöse Gruppe umfasst *Judentum* auch nicht besonders religiöse Menschen, die sich manchmal als »traditionell« bezeichnen, und gänzlich säkulare, die dadurch aber nicht aufhören, jüdisch zu sein. Sich für Schabbat Zeitschalter einzurichten, um Knöpfe, die strengem Arbeitsverbot unterliegen,[691] nicht betätigen zu müssen, kann also ebenso Teil einer jüdischen Erfahrung sein, wie am Samstagmorgen mit dem Auto zur Synagoge vorzufahren – oder sich stattdessen ein ausgiebiges Frühstück mit Speck zuzubereiten. In keiner Ausprägung sollte *Judentum* als ein ›Christentum ohne Jesus‹ verstanden werden, ignoriert das doch zwei Jahrtausende unabhängiger Entwicklung.

Jüdische Herkunft kann diverse kulturelle Prägung bedeuten – je nach historischer geografischer Verankerung aschkenasisch (einstmals Mittel- und Osteuropa), sephardisch (ursprünglich Spanien), misrachisch (Naher

Osten), bucharisch (Zentralasien), Bergjüdinnen*Bergjuden (Kaukasus) oder äthiopisch. Externe Missionierung findet nicht statt, doch ist Beitritt möglich.[692] Es gibt Jews of Color, doch können viele Jüdinnen*Juden, sofern sie auf identifizierende Symbolik verzichten, weiß gelesen werden (siehe → *Person of Color*). Weitere Fixpunkte, entlang derer die Frage nach der Identität »Wer ist Jüdin*Jude?«[693] ausgehandelt wurde und wird, bilden das Selbstverständnis als Diaspora und der Bezug zum Land Israel (siehe → *Zionismus*).

Auch die familiären Hintergründe der heute in Deutschland lebenden Jüdinnen*Juden sind vielfältig.[694] Die meisten sind Nachkommen von Überlebenden der Shoah (dieses hebräische Wort wird gegenüber »Holocaust« bevorzugt), Menschen, deren Familien seit den 1990ern aus postsowjetischem Raum migriert sind (siehe → *postmigrantisch*), Zuwanderer*innen aus Israel oder den USA und Konvertierte ohne jüdische Familiensozialisation.

Auf dem Gebiet des heutigen Deutschlands lebten Jüdinnen*Juden bereits vor 1.700 Jahren[695] (siehe → *christlich-jüdisches Abendland*) und brachten seitdem ein umfassendes kulturelles Erbe hervor. Dass hieraus nur die Geschichten und Leistungen assimilierter Jüdinnen*Juden ab dem späten 18. Jahrhundert bekannt sind, leistet einem fortwährenden → *Othering* Vorschub.

Solches kann sich auch in »wohlgemeinten« Formulierungen wie »jüdische Mitbürger*innen« ausdrücken oder in der Erwartung, Jüdinnen*Juden wären unabhängig von ihrem fachlichen Hintergrund Expert*innen für → *Antisemitismus*, Shoah oder Israel (siehe → *Stereotyp*).

Dies darf andererseits nicht dazu führen, dass jüdische Stimmen ignoriert werden, wenn sie ihre Erfahrungen, Sorgen und Bedürfnisse kommunizieren. Natürlich kontextualisiert durch die Tatsache, dass sie immer spezifisch sind und im Einzelfall alles andere als repräsentativ sein können.

Alexander Rasumny
Öffentlichkeitsreferent und Pressesprecher

Medientipps → 691, 692, 693, 694, 695, 696, 697, 698, 699, 700

Klassismus

Substantiv, maskulin | Klas|sis|mus | im Duden seit 1941 (D1, 12. Auflage)

D Diskriminierung oder Vorurteile gegenüber einer Person oder Personen aufgrund einer [vermuteten] Zugehörigkeit zu oder Herkunft aus einer bestimmten [niedrigeren] sozialen Klasse (2); Gebrauch: Soziologie

Getreten wird immer nach unten, wo die »Unterschicht« wohnt, jene, die man in den 1930ern noch die »Untermenschen« nannte. In der entgegengesetzten Richtung leben die Menschen der »hohen sozialen Herkunft«, die »Hochbegabten«, die in die »Hochschule« gehen und ein »hohes Einkommen« erzielen. »Klassen werden entlang einer Vertikale verortet, wobei oben das Gute, Aktive, Geistige und die Individualität angesiedelt ist und unten das Schlechte, Passive, Materie und unförmige Masse«, sagt der Soziologe Andreas Kemper[701].

Deshalb ist die »Aufsteigergeschichte« so ein beliebtes Genre in Film, Doku, Reportage und Literatur. Allerdings nicht nur das. Diese Heldenerzählungen sind quasi Trojanische-Pferd-Storys, die in ihren Bäuchen eine weltanschauliche Botschaft mit systemerhaltender Nebenwirkung transportieren: Ein »Oben«, in das eine Person aufsteigen kann, die aus dem »Unten« stammt, wenn sie es nur wirklich will, sich nur richtig anstrengt, hart arbeitet, an sich glaubt, vielleicht noch anmutig singt und tanzt. Das kann doch nicht falsch sein! Daraus folgt: Wer die Klassengesellschaft, die sich als Leistungsgesellschaft verkleidet hat, infrage stellt, ist ein Neider, ein fauler Hund oder ein Linker – oder all das zusammen. Also: Selbst Schuld, wenn du arm bleibst! Was die möglicherweise größte Lüge unserer Zeit ist.

»In kaum einem anderen Industriestaat hängt der Erfolg so stark vom Elternhaus ab wie in Deutschland«, weiß die Forscherin Aylin Karabulut[702] und vermutet die Ursache dafür unter anderem im dreigliedrigen Schulsystem, das Schüler*innen »viel zu früh selektiert«. Oft trauten Lehrer*innen einem Kind die »Oberschule« nicht zu, weil es einen Migrationshintergrund habe oder die Eltern kein Abitur – oder beides. So vererben sich Gesellschaftsklassen und Bildungsstände.

Aber auch »Aufsteigerkinder«, die zum Gymnasium dürfen, erleben ein Bildungssystem, das Wohlstandseltern voraussetzt, etwa wenn es um Nachhilfeunterricht geht, um unbezahlte Praktika oder um Auslandsaufenthalte, die sich prima im Lebenslauf machen. Haben sie ihr Studium bewältigt, stehen die sogenannten Erstakademiker*innen dann ohne eine elterliche Vernetzung ziemlich verloren in der Arbeitswelt, wo sie schlechtere Jobs annehmen und zu wenig Gehalt für dieselbe Arbeit verlangen (*Class-Pay-Gap*), während die Oberschicht die guten Positionen in ihren Kreisen hält (siehe → *Chancengleichheit*).

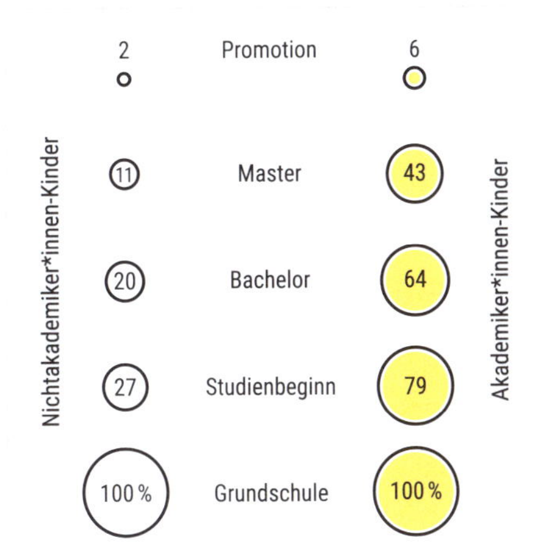

So tragen Menschen ihre Herkunft aus der »niederen« Klasse ihr ganzes Berufsleben als Handicap mit sich herum. Das anhaltende Gefühl, sich auf einer Position zu befinden, die einem »nicht zusteht«, kippt dann nicht selten ins »Hochstapler-Syndrom«: Die Betroffenen nehmen an, ihr bisheriger Erfolg sei nur auf glückliche Zufälle zurückzuführen.

»Ich wäre dafür, dass wir die soziale Stellung eines Menschen als Kategorie in das Allgemeine Gleichbehandlungsgesetz aufnehmen«, sagt Kulturanthropolog*in Francis Seeck[703]. Das Merkmal »soziale Herkunft« hat es inzwischen immerhin ins Berliner Antidiskriminierungsgesetz geschafft. Noch wichtiger als die Erwähnung in Gesetzestexten dürfte aber die Ankunft des unterschätzten Phänomens *Klassismus* im allgemeinen Bewusstsein sein.

Mario Sixtus
Filmemacher und Drehbuchautor

Medientipps → 704, 705, 706, 707, 708, 709

Klimagerechtigkeit

Substantiv, feminin | Kli|ma|ge|rech|tig|keit | im Duden seit 2023 (Duden online)

D gerechter Ausgleich der aus dem Klimawandel resultierenden globalen gesellschaftlichen Lasten zwischen den verschiedenen Staaten

Die Klimakrise wird oft noch immer als Umwelt- oder Technikproblem behandelt. Der Begriff *Klimagerechtigkeit* soll sichtbar machen, dass es auch und vor allem um politische, ethische und soziale Fragen geht.[710] Er zeigt erstens auf, dass die Klimakrise eine Gerechtigkeitskrise ist, global und lokal. Auch wenn die Erderhitzung von aktuell rund 1,2 Grad über dem vorindustriellen Level bereits Auswirkungen auf allen Kontinenten hat, leiden Länder im Globalen Süden schon heute viel stärker unter den Folgen. Doch auch innerhalb eines Landes gibt es Gruppen, die die Auswirkungen der Klimakrise bereits härter spüren, etwa weil sie sich schlechter schützen können.

Das betrifft vor allem bereits benachteiligte Gruppen (siehe → *Marginalisierung*) wie Indigene und BPoC (siehe → *Person of Color*), Frauen und Kinder, Menschen mit → *Behinderungen*, alte, kranke und ärmere Menschen.[711] Für sie ist es in Katastrophenfällen oft schwieriger zu fliehen und sie haben weniger Geld, um höhere Trinkwasser- und Lebensmittelpreise oder Schäden durch Starkregen, Stürme, Überflutungen oder extreme Hitze auszugleichen. Zweitens weist der Begriff *Klimagerechtigkeit* darauf hin, dass auch die Verantwortung für die Krise ungleich verteilt ist. Deutschland etwa ist historisch eins der größten Verschmutzerländer überhaupt.[712] 100 Unternehmen verursachen weltweit 71 Prozent der Emissionen.[713] Die reichsten zehn Prozent der Weltbevölkerung verantworten über die Hälfte der CO_2-Emissionen zwischen 1990 und 2015 und haben in der Zeit wesentlich zur Beschleunigung der Erderhitzung beigetragen.[714]

Ganz konkret: Vielflieger*innen, die nur ein Prozent der Weltbevölkerung ausmachen, waren 2018 verantwortlich für die Hälfte des CO_2-Ausstoßes im Flugsektor.[715] Würde dieses eine Prozent die Anzahl ihrer Flüge halbieren, würde das die Emissionen des Flugsektors um ein Viertel senken. Aber auch ein einfacher Hin- und Rückflug einer Person von Berlin nach New York erzeugt eine größere Klimawirkung als eine durchschnittliche Person in den 112 ärmsten Ländern dieser Erde in einem Jahr.[716]

Drittens verweist *Klimagerechtigkeit* darauf, dass die Lasten der Klimafolgen gerecht verteilt werden müssen. Seit Jahren sollen international Gelder gesammelt werden, um vulnerable Staaten – die oft am wenigsten zur Klimakrise beigetragen haben – zu unterstützen, mit Verlusten und Schäden umzugehen.[717] Aufgebracht wurden die nötigen Mittel bisher nicht. Viertens geht es um eine gerechte Aufteilung der Kosten für Klimaschutz. Dies ist wichtig, um Akzeptanz für Maßnahmen zu schaffen und deren Umsetzung zu ermöglichen. Eine unfaire Verteilung der Kosten dient immer wieder als Ausrede, warum Klimaschutz nicht möglich sei.[718] Die Kosten fair zu verteilen und so für die breite Bevölkerung tragbar zu machen – das wird oft jedoch gar nicht versucht.

Um Klimaschutz gerecht zu ermöglichen, müssen also vielfältige Faktoren und Bedingungen berücksichtigt werden. Gleichzeitig bedroht die Erderhitzung die Vielfalt massiv[719], vor allem wenn wir die Erhitzung nicht im Rahmen des Pariser Klimaabkommens stoppen auf einem Level, an das sich Menschen, Tiere und Umwelt noch einigermaßen anpassen können (siehe → *Biodiversität*). Technisch ist es möglich, unsere Lebensgrundlagen zu sichern. Politisch und gesellschaftlich wird es bisher nicht ausreichend versucht.

Sara Schurmann
Autorin und Journalismustrainerin

Medientipps → 720, 721, 722, 723, 724

kritisches Weißsein

kritisch: Adjektiv | kri|tisch | im Duden seit 1880 (D1, 1. Auflage)

D nach präzisen wissenschaftlichen, künstlerischen o. ä. Maßstäben gewissenhaft, streng prüfend und beurteilend; Beispiel: kritisches Weißsein ([selbst]kritische Haltung gegenüber der eigenen Privilegierung als weißer Mensch; Lehnübersetzung von englisch critical whiteness); so seit 2023 auf Duden online

»*Weiße* Vorherrschaft ist keine Frage von links oder rechts. Sie ist das eigentliche Fundament, die Struktur, das Dach und der Inhalt unserer Gesellschaft. Der Rassismus ist nicht so sehr in die Struktur der Gesellschaft eingebettet, sondern er ist die Struktur«,[725] so die libanesisch-syrische Journalistin und Schriftstellerin Ruby Hamad. *Kritisches Weißsein* ist die Erforschung der weißen Identität in der Vergangenheit und Gegenwart sowie ihres Einflusses auf die Gesellschaft. Es beschäftigt sich mit der Ursache von → *Rassismus*, der konstruierten weißen Identität als Vorherrschaft.

Die Wissensgenerierung über das Weißsein entstand als Überlebensstrategie → *Schwarzer* Menschen. »Es sicherte das nackte Überleben und gleichzeitig den Zusammenhalt Schwarzer Gemeinschaften während des Kolonialismus und der Sklaverei«, schreibt die deutsche Erziehungs- und Genderwissenschaftlerin Maureen Maisha Eggers – und bezieht sich dabei auf die Literaturwissenschaftlerin bell hooks (1952–2021) und die Psychologin Nancy Boyd-Franklin.[726] Weiße Personen, die Schwarze Menschen versklavt haben, mussten von Schwarzen Personen gelesen und eingeschätzt werden können, um entsprechend strategisch mit ihnen umgehen zu können. So wurde versucht, weniger Gewalt zu erfahren. Weiße Menschen in den → *deutschsprachigen* Ländern bezeichnen sich selbst selten als »Weiße«. Sie hinterfragen kaum ihre weiße Identität und warum sie eben jenen Platz in der Gesellschaft haben, den sie haben (siehe → *alter weißer Mann*). Sie empfinden sich offensichtlich als eine Art »Standard«, der sich nicht erklären und der nicht beschrieben werden muss – und das ist das Problem. Denn damit ist diese weiße Identität, die sich selbst zur Norm macht, an sich rassistisch.

Kritisches Weißsein setzt genau da an. Es ist Auseinandersetzung mit den weißen Rassismen und Vorurteilen (siehe → *Stereotype*), mit denen

Weiße – ja, auch unbeabsichtigt – Gewalt ausüben: »Man kann mit Indifferenz oder sogar ehrlicher Erschütterung auf rassistische Vorurteile jeder Art reagieren und zugleich daran mitwirken, eine Gesellschaft zu stärken, die objektiv rassistisch ist. Daran mitwirken heißt, durch seine Haltung, sein Handeln, seine Gedanken oder auch seine Untätigkeit zur *weißen* Vorherrschaft beizutragen«, beschreibt es der französische Autor und ehemalige Fußballspieler Lilian Thurman.[727] Wichtig ist auch die Erkenntnis zu weißen → *Privilegien*, die sich durch die konstruierten rassistischen Strukturen ergeben. Die britische Autorin Layla F. Saad schreibt dazu: »Das *weiße* Privileg beschreibt Vorteile, die du dir nicht erarbeiten musst, sondern die dir ganz einfach zufallen, weil du *weiß* bist oder als *weiß* durchgehst. Das *weiße* Privileg ist kein Naturgesetz: Ohne die → *Ideologie* der *weißen* Überlegenheit gäbe es auch kein *weißes* Privileg.«[728]

Privilegien weißer Menschen – z. B. leichterer Zugang zu Bildung und Karriere – sind qua Existenz die Nachteile von Schwarzen und People of Color (siehe → *Person of Color*) – schlechterer Zugang zu Bildung und Karriere – und müssen für eine gleichgestellte Gesellschaft aufgelöst werden (siehe → *Ungleichheit*). Diese beschriebenen rassistischen Machtstrukturen sollen mit dem *kritischen Weißsein* reflektiert und erkannt werden und das Wissen darüber soll in ein antirassistisches Handeln übersetzt werden. *Kritisches Weißsein* kann also nur dann Sinn ergeben, wenn es das Ziel ist, weiße Privilegien nicht nur zu erkennen, sondern auch, sie aufzugeben. Das bedeutet politisch, dass Ressourcen und Zugänge strukturell gerecht umverteilt werden müssen (siehe → *Chancengleichheit*). Für das weiße Individuum muss es fortwährende rassismuskritische Arbeit bedeuten. Weiße Menschen haben die rassistische Ideologie und ihre weiße Identität konstruiert. Moralphilosophisch gesprochen ist es deshalb auch die Pflicht von weißen Personen, sich um Aufklärung über ihre weiße Identität zu kümmern, um sie zu dekonstruieren.

Friederike Busch
Director, Strategin für Kommunikation und Veranstaltung

Medientipps → 729, 730, 731, 725, 732, 733, 734, 728, 735, 727

künstliche Intelligenz

Intelligenz: Substantiv, feminin | In|tel|li|genz | im Duden seit 1880 (D1, 1. Auflage)

D Fähigkeit [des Menschen], abstrakt und vernünftig zu denken und daraus zweckvolles Handeln abzuleiten; [in übertragener Bedeutung:] (EDV) künstliche Intelligenz (Fähigkeit bestimmter Computerprogramme, menschliche Intelligenz nachzuahmen); Abkürzung: KI

Seit Anfang der 2010er ermöglichen sogenannte *künstliche neuronale Netzwerke* – kurz KNN – große Sprünge in den Fähigkeiten von *künstlicher Intelligenz* (aus dem Englischen: *artificial intelligence*). Anders als in traditioneller Software werden in neuronalen Netzen nicht bewusst und nachvollziehbar bestimmte Regeln, Beziehungen und inhaltliche Abhängigkeiten durch die Entwickler*innen programmiert.

Heutige Systeme mit *künstlicher Intelligenz* – kurz *KI* oder *AI* – basieren viel mehr auf dem sogenannten »Training« mit Daten. Hierbei werden möglichst große Datenmengen, meistens eingesammelt im Internet, verwendet.

Die *KI* selbst ist ein Statistiksystem, das dann durch die vorliegende Datenbasis in Millionen von »Trainingsläufen« immer weiter verfeinert wird. Dazu nimmt man einen Teil der Trainingsdaten, testet das *KI*-System mit ihnen und passt das Statistiksystem so an, dass seine Ausgaben noch ein wenig besser die gewünschten Ergebnisse erzeugen. Am Ende der Trainingsläufe liegt ein fertiges *KI*-System vor, das die Muster aus den Trainingsdaten in seiner Konfiguration abbildet und diese anwenden kann.

Allerdings gibt es insbesondere im Hinblick auf die politische, gesellschaftliche und intellektuelle Vielfalt durch dieses Vorgehen einige Probleme. Diese entstehen maßgeblich durch die Trainingsdaten, die sich immer auf die Vergangenheit und insbesondere auf die nähere Vergangenheit beziehen: Daten aus vordigitalen Zeiten finden sich nur, falls diese durch jemanden digitalisiert und bereitgestellt wurden.

Doch ist bei vielen Daten bekannt, dass sie starke → *Bias* enthalten, d.h. keineswegs ein faires oder gar objektives Abbild einer Realität darstellen. Ein Bias drückt sich dabei nicht nur in den vorliegenden Daten und dem, was sie über bestimmte Personengruppen kodieren, aus, sondern auch darin, wessen Daten und damit auch wessen Perspektiven überhaupt als Daten zugänglich sind bzw. im Training verwendet werden.

Gruppen, die beispielsweise stark auf verbale und nicht schriftliche Kommunikation und Geschichtsschreibung setzen, finden in den Daten und damit dem Training nicht statt. Ihre Perspektiven sind damit der *KI* völlig unbekannt und werden von ihr auch nicht produziert, wenn die *KI* z. B. Bilder oder Texte generiert.

KI-Systeme wie beispielsweise »ChatGPT« werden manchmal als verlustbehaftete Kompression[736] beschrieben, d. h., sie lernen die dominanten Muster aus den Trainingsdaten und können diese auch mehr oder weniger verlässlich anwenden. Die Randphänomene, die weniger populären Muster, die Abweichung von Mainstreamnarrativen werden weniger, teils gar nicht Teil des *KI*-Systems.

Auch so wird Vielfalt bzw. → *Diversity* durch die Art, wie *KI*-Systeme arbeiten, unterdrückt. Schließlich sind die Trainingsdaten nicht nur bezogen auf die Vergangenheit, sondern auch auf die Gegenwart statisch, d. h., sie verändern sich nicht parallel zu laufenden gesellschaftlichen Veränderungen.[737]

So generieren auch heute viele Bildgeneratoren auf die Anfrage »ein küssendes Paar« einen weißen Cis-Mann und eine weiße Cis-Frau, schlicht, weil die Menge der Bilder in den Trainingsdaten, die genau diese Struktur haben, alles andere überstrahlt[738]. Und das Verhältnis ändert sich leider nur langsam.

Die moderne Art, *KI*-Systeme zu implementieren, wirkt stark auf die gesellschaftliche Vielfalt und ihre Repräsentation zurück – und das liegt nicht nur an der Verteilung der Trainingsdaten, sondern vor allem auch an den Verfahren selbst. Sie schleifen Vielfalt und Unterschied in ihren Ausgaben ab.

tante
Research Director und Autor

Medientipps → 736, 737, 739, 740, 741

Leichte Sprache

Sprache: Substantiv, feminin | Spra|che | im Duden seit 1880 (D1, 1. Auflage)

D 1. Fähigkeit des Menschen zu sprechen; das Sprechen als Anlage, als Möglichkeit des Menschen, sich auszudrücken; 2. das Sprechen; Rede; 3. a) Art des Sprechens; Stimme, Redeweise; 3. b) Ausdrucksweise, Stil; Beispiel: Leichte Sprache (sehr leicht verständliche Ausdrucksweise; besonders in informierenden Texten)

Auf vielen Websites liest man inzwischen den Hinweis: »Diesen Text gibt es auch in *Leichter Sprache.*« Aber was bedeutet das genau? Briefe vom Amt, Informationen zur Steuererklärung oder Medikamentenbeipackzettel – viele Texte im Alltag sind komplex und kompliziert. Es ist eine Hürde für etwa 13 Millionen Menschen in Deutschland, die diese Informationen nicht verstehen und aufnehmen können.[742] [743] Aus diesem Grund gibt es die *Leichte Sprache*: Kurze Sätze, nur eine Information pro Satz – und Fremdwörter und Fachbegriffe werden durch leichter verständliche Wörter ersetzt oder erklärt. *Leichte Sprache* wurde von *Menschen mit anderen Lernmöglichkeiten* entwickelt.[744] Die Idee war es, dieser Zielgruppe Zugang zu wichtigen Informationen zu schaffen, um die eigenen Rechte besser zu kennen, um sie wirkungsvoll vertreten zu können.[745] Aber die Zielgruppe, die heute *Leichte Sprache* nutzt, ist viel größer. Es gehören etwa auch Menschen mit Demenz, Menschen mit geringer Lesefähigkeit oder mit geringen Kenntnissen der → *deutschen Sprache* dazu.

Sind *Leichte Sprache* und »Einfache Sprache« dasselbe? Oft werden beide Begriffe synonym verwendet. Beide Konzepte vereinfachen sprachlich komplexe Inhalte. Die *Leichte Sprache* aber richtet sich vor allem an *Menschen mit anderen Lernmöglichkeiten*. Jeder Satz ist nur fünf bis acht Wörter lang, ein Hauptsatz reiht sich an den nächsten. Es gibt ein festes Regelwerk und die Verständlichkeit wird durch Prüfer*innen aus der Zielgruppe überprüft. Die Einfache Sprache hingegen richtet sich vor allem an Menschen mit geringen Deutschkenntnissen. Man geht davon aus, dass sie nur vorübergehend eine vereinfachte Sprachform brauchen und irgendwann Texte in der Standardsprache lesen können. In der *Einfachen Sprache* sind Nebensätze möglich, es gibt kein festes Regelwerk und eine Prüfung durch die Zielgruppe erfolgt nicht.[746]

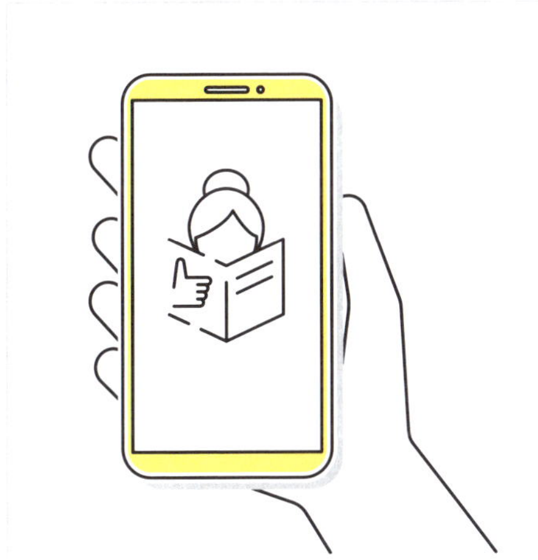

Für die *Leichte Sprache* ist die Zusammenarbeit mit Prüfer*innen aus der Zielgruppe hingegen unverzichtbar. Nur sie entscheiden: Ist ein übersetzter Text wirklich leicht lesbar und gut verständlich? *Leichte Sprache* bedeutet also immer Arbeit in → *inklusiven* Teams. Ein Problem dabei ist aber bisher, dass viele Prüfer*innen ihre Tätigkeit im Rahmen von Werkstattarbeitsverhältnissen ausüben, sodass sie mit einem Stundenlohn von nur 1,46 Euro weit unter Mindestlohn dafür bezahlt werden (siehe → *Behinderung* und → *Disability-Mainstreaming*).

Die meisten Texte in *Leichter Sprache* sind Gebrauchstexte. Literatur gibt es in *Leichter Sprache* bisher wenig. Immerhin inszenierten etwa die Münchner Kammerspiele 2023 zum ersten Mal ein Theaterstück in *Leichter Sprache*.[747] Nur folgerichtig, denn Ziel des *Übereinkommens über die Rechte von Menschen mit Behinderungen* (kurz: »UN-Behindertenrechtskonvention«) ist »die volle und wirksame Teilhabe an der Gesellschaft und Einbeziehung in die Gesellschaft«[748]. Trotz zunehmender Themenvielfalt bleibt das mediale Angebot bisher klein. Überregionale Nachrichten gibt es bisher nicht.[749]

Natalie Dedreux ist Aktivistin für die Rechte von Menschen mit → *Downsyndrom*. Sie fordert: »*Leichte Sprache* ist für mich wichtig. Es ist wichtig, dass ich alles verstehe. Wenn etwas passiert in der Politik, dann sprechen die sehr schnell und kompliziert. Es muss mehr Informationen in *Leichter Sprach*e geben!«[749]

Anne Leichtfuß
Dolmetscherin und Übersetzerin für Leichte Sprache

Medientipps → 749, 750, 751, 752, 753

Liebe

Substantiv, feminin | Lie|be | im Duden seit 1880 (D1, 1. Auflage)

D 1.a) starkes Gefühl des Hingezogenseins; starke, im Gefühl begründete Zuneigung zu einem [nahestehenden] Menschen; 1.b) auf starker körperlicher, geistiger, seelischer Anziehung beruhende Bindung an einen bestimmten Menschen, verbunden mit dem Wunsch nach Zusammensein, Hingabe o. Ä.; 1.c) sexueller Kontakt, Verkehr; 2. Gefühlsbetonte Beziehung zu einer Sache, Idee o. Ä.; 3. Gefälligkeit; freundschaftlicher Dienst; 4. geliebter Mensch

Nichts ist unergründlicher als sie, nichts reichhaltiger, nichts tiefgehender. Sie knallt oft plötzlich ins Leben rein und schleicht sich manchmal so leise wie schmerzhaft davon. Die *Liebe* ist schön und traurig (manchmal beides zugleich), verrückt und vertrackt, rührend und berührend. Sie ist heute so vielfältig wie nie. Das macht unser Leben um nahezu unendlich viele Facetten reicher, wenn auch nicht eben einfacher.

Liebe ist immer eine Entscheidung, sie lebt von Mut. Schon sich selbst zu lieben, einfach nur so, bleibt eine Herausforderung bis zum Tod. Dabei sind wir alle erst aus *Liebe* geboren, zumindest aus körperlicher. Ohne Nähe gäbe es uns Menschen nicht. Deshalb verzehren wir uns so sehr nach ihr, ein Leben lang. Wie finden Menschen zueinander und was wird dann daraus? Das ist immer wieder die spannendste Geschichte, die das Leben zu erzählen hat – auch weil jede Geschichte anders anfängt und ausgeht. Über das Verliebtsein, das andauernde *Lieben*, das Entlieben denkt die Welt am meisten nach, darüber reden wir am liebsten – ganz offen allerdings oft nur privat. Literatur, Kunst, das → *Internet*, auch die Wissenschaft, manchmal sogar die große Politik sind geprägt von Verwicklungen der Liebe. Die Geschichte der Menschheit lebt davon, ihr letztes Geheimnis zu erforschen, ihm Ausdruck zu verleihen.

Wer – zum Beispiel als Journalist*in – mit Fremden über ihre intimsten Wünsche und innerlichen Berührungen redet[754], merkt alsbald: In der *Liebe* gibt es wahrlich alles. Für sie wird alles gewagt, alles hinterfragt von gesellschaftlichen Regeln bis zu Geschlechterrollen und Lebensmodellen, für sie werden notfalls alle Grenzen eingerissen. Dabei darf nur eine nie überschritten werden: die persönliche Grenze der Person, die geliebt wird.

Nein heißt Nein. Und Ja heißt nicht immer Ja.

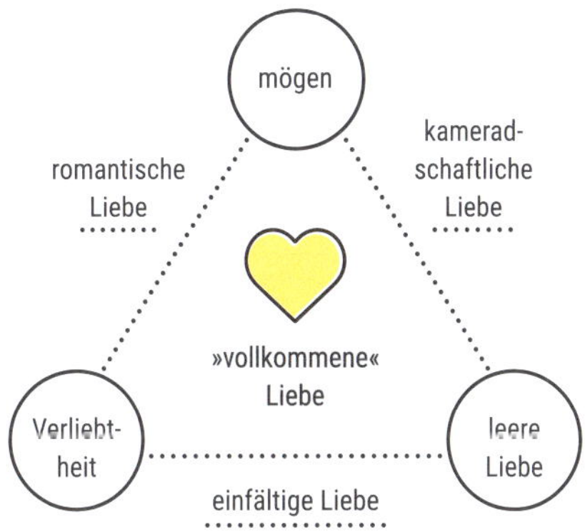

Die *Liebe* zu beschreiben, ist immer auch ein Porträt unserer Zeit, ihrer Wünsche und Ansprüche, ihrer Trends und Konstanten, ihrer Träume und Realitäten. In Beziehung zueinander suchen die Menschen nach sich selbst, finden so ihren inneren Kern. Zugrunde liegt der *Liebe* ein erster Moment des zufälligen Zaubers, aus dem jeder Mensch etwas anderes macht. Auf Grundlage dieser Mannigfaltigkeit macht *Liebe* alles Mögliche möglich.

Ein Spiegelbild unserer sich stetig schneller wandelnden, bis zur Vereinzelung individualisierten, bei aller verbindenden Kommunikation noch immer geteilten Welt ist die *Liebe*. Sie scheint jederzeit überall verfügbar und wirkt dennoch (oder gerade deshalb) flüchtiger. Sie scheint vielfältiger denn je und wird dennoch vielerorts (gerade deshalb) eingeschränkt. Sie scheint so öffentlich wie nie zu sein und bleibt dennoch (und gerade deshalb) unser privatestes Gefühl. Das eigene Spiegelbild offenbart sich in der *Liebe* – nicht nur in der erlebten und ausgelebten, auch in der unausgelebten und erträumten. In der Sehnsucht nach *Liebe* zeigt sich unsere Sehnsucht nach Sinn.

Kann *Liebe* die Welt retten? Dafür müssten wir wohl freigiebiger mit ihr sein. Ein Anfang ist es, mehr über sie zu reden, von ihr zu schwärmen, ihre Schönheit zu zeigen, ihr ausreichend Zeit und Hingabe zu widmen. Für die *Liebe* ist es zum Glück nie zu spät. Das könnte unsere Hoffnung sein.

Robert Ide
Autor und Journalist

Medientipps → 754, 755, 756, 757, 758

Marginalisierung

Substantiv, feminin | Mar|gi|na|li|sie|rung | im Duden seit 2004 (D1, 23. Auflage)

D 1. das Marginalisieren (1); 2. das Marginalisieren (2), Abschiebung ins Abseits

Marginalisierung ist ein häufig gebrauchtes Schlagwort in Debatten um soziale → *Ungleichheit*. Der Begriff beschreibt, wie ungleich verteilte Zugänge zu gesellschaftlichen Ressourcen verschiedene Gruppen an sozialer Teilhabe hindern (siehe → *Inklusion*). Zu diesen Ressourcen zählen unter anderem Vermögen, Bildung, soziale Netzwerke, Arbeitsplätze oder politische Teilhabe, zum Beispiel über das Recht zu wählen.

Die Zugänge zu diesen Ressourcen sind *marginalisierten* Gruppen auf komplexe Weise etwa strukturell, kulturell, politisch oder räumlich verwehrt (siehe → *Diversity*). Wahlrechte können beispielsweise legislativ, also durch Gesetzgebung, eingeschränkt werden. Gesamtgesellschaftliche Phänomene wie → *Klassismus*, → *Sexismus* oder → *Rassismus* beeinflussen unter anderem Chancen auf Bildungsaufstieg und auf dem Arbeitsmarkt (siehe → *Chancengleichheit*).

Damit einhergehende Formen interpersonaler → *Diskriminierung*, Stereotype und Vorurteile unterstützen strukturelle und institutionalisierte Ausgrenzungsprozesse. Der gesellschaftliche Ausschluss von Personen, die von Einkommensarmut betroffen sind, äußert sich beispielsweise strukturell in monetären Hürden zur Teilhabe an Freizeitaktivitäten (etwa hohe Preise in Cafés und Kinos) und interpersonal beispielsweise in herablassenden Kommentaren über günstige Kleidung und Produkte.

Verschiedene Forscher*innen rücken auch die empfundene *Marginalisierung* in den Fokus.[759] Gemeint ist damit das Empfinden, von gesellschaftlichem Miteinander ausgeschlossen und nicht geschätzt zu sein. Diese Annahme kann sich aus den eben aufgeführten Barrieren zu gesellschaftlichen Ressourcen ergeben. Neben verschiedensten Ausprägungen psychischer Belastungen vermerkt die Literatur hier auch das Phänomen von internalisierter *Marginalisierung*. Dabei führen verinnerlichte Ausgrenzungsprozesse zu sozialem Rückzug. Der Begriff der internalisierten *Marginalisierung* macht damit besonders auf die psychischen Aspekte von Marginalisierung aufmerksam. Ein ganzheitliches Verständnis berücksichtigt sowohl strukturelle, kulturelle als auch psychische Aspekte des Phänomens.

Marginalisierung impliziert die Idee eines sozialen Zentrums, also der Vorstellung eines »normalen« Lebensstandards in einer sozialen Gemeinschaft, von dem verschiedene Gruppen ausgeschlossen sind. Diese Gruppen sind *marginalisiert* und befinden sich folglich an den Rändern dieses Zentrums. Eine solche Aufteilung in Zentrum und Ränder ist jedoch nicht als natürlich und unumstritten zu verstehen.

Gesellschaftliche Hierarchien sind an soziale, kulturelle und politische Kontexte gebunden und historisch gewachsen. Durch *Marginalisierung* wird dabei die Machtposition der im Zentrum verorteten Gruppe gesichert. Um entsprechende Ausschlussmechanismen zu begreifen, sind auch die Bedingungen, die eben diese Machtpositionen erhalten, bedeutend.

Ich möchte zu einer kritischen Auseinandersetzung mit dem Begriff *Marginalisierung* einladen. In der Verwendung des Begriffs ist es wichtig, komplexe, heterogene Lebensrealitäten und soziale Perspektiven nicht zu homogenisieren. Verschiedene Individuen sollten also nicht als *marginalisierte* Gruppe über einen Kamm geschoren und in eine durch das Schicksal bestimmte Opferrolle gedrängt werden. Gelebte Realitäten sind komplex und von verschiedenen ineinandergreifenden Machtverhältnissen beeinflusst (siehe → *Intersektionalität*).

Der Begriff *Marginalisierung* kann diese Nuancen allein nicht darstellen und dient daher eher als übergeordnetes Konzept, um Verhältnisse von gesellschaftlichen Ausschlüssen allgemein zu beschreiben.

Ana-Nzinga Weiß
Kommunikationswissenschaftlerin

Medientipps → 759, 760, 761, 762, 763, 764

Medienvielfalt

Substantiv, feminin | Me|di|en|viel|falt | im Duden seit 2023 (Duden online)

D das Bestehen zahlreicher Massenmedien, deren unterschiedliche Angebote die gesellschaftliche Vielfältigkeit abbilden und eine individuelle Meinungsbildung ermöglichen

Diversität in Medienhäusern ist – gemessen an der realen Vielfalt der deutschen Bevölkerung – weder in der Spitze noch in der Breite des journalistischen Alltagsgeschäfts angemessen vertreten. Das Medienpublikum sieht, liest und hört es, Studien belegen es: Das Führungspersonal in öffentlich-rechtlichen wie privaten Medienorganisationen ist weiterhin vornehmlich homogen besetzt. Nämlich weiß [765], männlich [766], akademisch, cis und abled.

Auch die produzierten Medieninhalte bilden vornehmlich Themen und Personen dieser diskursdominierenden Gruppe ab. Das betrifft sowohl nicht fiktionale Angebote wie Nachrichten und Reportagen als auch fiktionale Angebote wie Filme und Serien. Auf diese Weise reproduzieren sowohl Medienstruktur als auch Medienproduktion eine vermeintlich homogene Norm stets aufs Neue, anstatt der pluralen Gesellschaft Rechnung zu tragen. So verbleibt → *Diversity* in Medien trotz Bemühungen und Versprechungen oftmals noch ein Rand- oder Nischenthema, beispielsweise mit Blick auf die Integration und vielfältige Darstellung ethnischer Herkunft, kultureller Zugehörigkeit, sozioökonomischer Stellung, Weltanschauung, Alter, Hautfarbe, → *Geschlechtsidentität*, sexueller Identität oder → *Behinderung*.

Einer der Gründe: Echte Vielfalt in Medien bedeutet zwangsläufig umfassende, tiefgreifende Veränderungen in der gesamten Medienunternehmensstruktur: Vielfalt in Redaktionskonferenzen, Vielfalt in Perspektiven vor und hinter der Kamera – und Vielfalt in der Auswahl von Moderator*innen, Expert*innen und Gästen. Denn Diversität erhalten Medien nur für den Preis von Gleichheit. Einer Gleichheit entlang aller Gewerke und im gesamten Organigramm – von Technik über Redaktion, Intendanz und Management bis hin zum Rundfunkrat [767].

Die gleichberechtigte Beteiligung von Menschen mit vielfältigen Biografien ist jedoch kein Selbstläufer. Vielfalt muss gegen bestehende Routinen und Widerstände durchgesetzt werden. Somit liegt es in der Verantwortung der Entscheider*innen in Medienhäusern, konkrete Diversitätszahlen in der Medienstruktur und -produktion zu erheben, daraus Missstände abzuleiten und transparent zu benennen und Gesamtstrategien zu formulieren, dafür wirksame Instrumente zu kreieren, angemessene Budgets und Entscheidungskompetenzen freizustellen und: all diese Maßnahmen mit einer zeitgemäßen Unternehmenskultur zu flankieren.

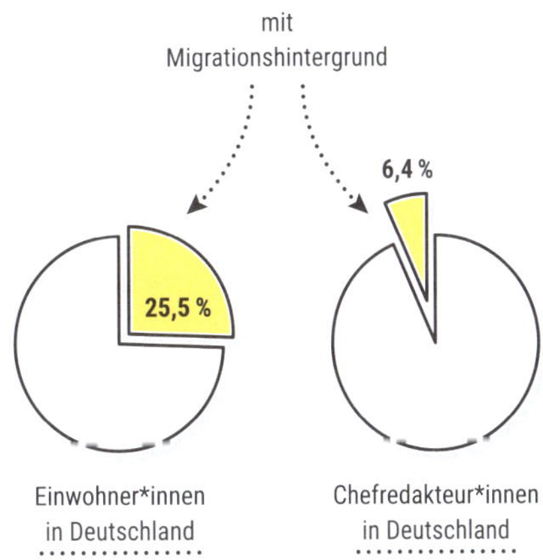

Diversität in Medien garantiert also nicht nur zentrale mediale Funktionen wie Perspektivenvielfalt, journalistische Qualität, Medienvertrauen aller Bevölkerungsgruppen, den gesellschaftlichen Zusammenhalt in Bund und Ländern[768] und zusammengenommen eine plurale → *Demokratie*, sie erfordert auch Mut zur aufrichtigen Reflexion aller Medienschaffenden.

Vielfältige Medien brillieren deshalb mit einer gelebten Kultur der Veränderung. Und sie überzeugen mit nachweisbarer pluraler Teilhabe – auf allen Ebenen, vorgelebt durch das Führungspersonal. Auf diesem Weg kann die ungleiche Verteilung von Macht und Wissen in der Gesellschaft wie in Massenmedien[769] verändert und durch eine egalitäre Berichterstattung egalitärer Medienhäuser bereichert werden, die alle Menschen als gleich an Rechten begreift, beteiligt und berichterstattet.

Nadia Zaboura
Wissenschaftlerin, Medienkritikerin, Beraterin und Fachmoderatorin

Medientipps → 770, 771, 772, 773, 774, 775, 776, 777, 778, 779, 780

Meinungsfreiheit

Substantiv, feminin | Mei|nungs|frei|heit | im Duden seit 1961 (D1, 15. Auflage)

D Recht der freien Meinungsäußerung

Die *Meinungsfreiheit* ist ein Grundrecht und steht im Grundgesetz (Artikel 5) gemeinsam mit weiteren Kommunikationsgrundrechten: *Meinungsfreiheit*, Informationsfreiheit, Pressefreiheit, Rundfunkfreiheit, Filmfreiheit, Wissenschaftsfreiheit und Kunstfreiheit. Diese Rechte garantieren den Menschen Freiheiten als Schutzrechte gegenüber dem Staat. Dieser soll nicht einschränken, was Menschen in der Öffentlichkeit äußern, wie sie sich informieren, was die Medien (siehe → *Medienvielfalt*) berichten dürfen oder wie Kunst und Wissenschaft die Welt beschreiben.[783] Diese Freiheitsrechte werden in Diktaturen und autoritären Staaten oft zuerst eingeschränkt, damit Regierungen ohne Widerspruch agieren können: Das war in Deutschland im 20. Jahrhundert etwa im Nationalsozialismus[784] der Fall und in der DDR[785], weltweit aktuell etwa im Iran[786] oder in Ungarn[787]. In → *Demokratien* gehört zur Meinungsbildung das Anhören verschiedener Meinungen, der Streit mit Argumenten und Belegen und das Abwägen verschiedener Interessen hin zu Kompromissen.

Aber wenn wir doch *Meinungsfreiheit* haben, warum dürfen Menschen in Deutschland dann nicht einfach Menschen → *rassistisch* beschimpfen oder zu Gewalt gegen sie aufzurufen? Es gibt Staaten, in denen dies erlaubt ist. In Deutschland hat der Nationalsozialismus gezeigt, wohin massenhafte hasserfüllte Meinungen führen können, wenn damit bestimmte Gruppen von Menschen entmenschlicht und markiert werden (siehe → *Marginalisierung* und → *Diskriminierung*). Der Holocaust war möglich, weil es verwurzelten → *Antisemitismus* in Deutschland und Europa gab. Aber erst die Nationalsozialist*innen stilisierten Jüdinnen*Juden – und die weiteren Opfergruppen – über Propaganda in Parlament und Medien zu einer derartigen angeblichen Bedrohung für »das Volk«, dass Millionen Menschen es als notwendig ansahen, sich an der Ermordung ihrer Nachbar*innen aktiv zu beteiligen und diese durchzuführen.[788] Aber auch nach 1945 gingen Genoziden Hasspropaganda gegen Gruppen voraus.[789]

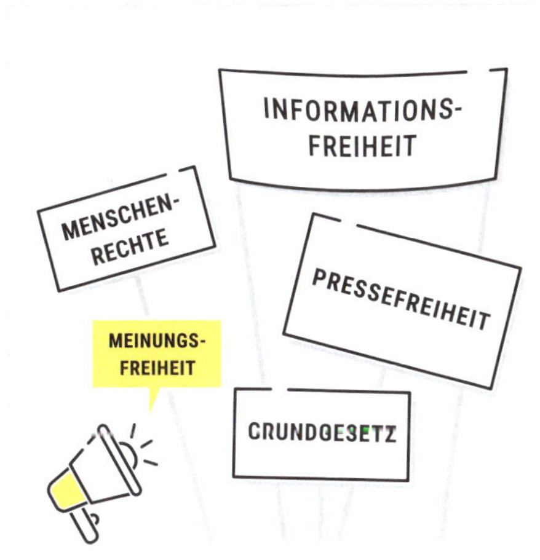

Deshalb ist in Deutschland die *Meinungsfreiheit* nicht absolut. Es ist nicht erlaubt, andere Menschen zu beleidigen oder mit Gewalt zu bedrohen, aber auch nicht, Volksverhetzung zu betreiben, also etwa Gruppen von Menschen rassistisch oder antisemitisch herabzusetzen (siehe → *Gruppenbezogene Menschenfeindlichkeit*). Es gibt weder ein Recht auf eine unwidersprochen geäußerte Meinung noch ein Recht, seine Meinung überall äußern zu dürfen. Und wer sich öffentlich äußert, muss mit Reaktionen rechnen – und die Konsequenzen tragen.[790]

Der Ruf nach *Meinungsfreiheit*, vorgetragen von Hater*innen im → *Internet*, ist ein Angriff auf die demokratische Kultur, die so zum formalistischen Prinzip ausgehöhlt werden soll (siehe → *Hasskriminalität*). → *Rechtspopulist*innen* selbst löschen Kommentare, die sie nicht mögen, und schließen die Presse von Veranstaltungen aus.[791] *Meinungsfreiheit*, die Rechtspopulist*innen meinen, soll nur für sie selbst gelten. Sie versuchen, Mechanismen demokratischer Meinungsbildung für eigene Zwecke zu nutzen, wollen damit aber nur die grundlegenden Prinzipien demokratischer Kultur selbst verletzen wie die Gleichwertigkeit (siehe → *Ungleichheit*) und → *Freiheits*rechte für alle, inklusive des Schutzes von Minderheiten. Wer diese abschaffen will, will Demokratie abschaffen – auch wenn er*sie sich dabei auf demokratische Prinzipien beruft.

Simone Rafael
Journalistin

Medientipps → 792, 793, 794, 795, 796

Mischling

Substantiv, maskulin | Misch|ling | im Duden seit 1915 (D1, 9. Auflage)

D 1. Hybride; Gebrauch: Biologie; 2. Person, deren Elternteile verschiedenen Bevölkerungsgruppen angehören; Gebrauch: veraltend, heute diskriminierend; Hinweis: Die Verwendung des Wortes Mischling als Personenbezeichnung gilt wegen der damit verbundenen Reduktion auf die biologische Herkunft als diskriminierend und wird daher vermieden.

Bei dem Begriff *Mischling* handelt es sich um eine → *diskriminierende* Fremdbezeichnung, die auf Menschen multikultureller Herkunft angewendet wird. Er kommt vor allem zum Tragen, wenn die Eltern stark unterschiedliche Hautfarben haben oder ein Elternteil afrikanischer Herkunft ist.[797] Speziell im Kontext des Nationalsozialismus wurden auch jüdische *Mischlinge*[798] verfolgt. Der rassistische Unterbau dieses Wortes ist dadurch offenbart, dass es kaum für Menschen benutzt wird, deren Eltern eine ähnliche Hautfarbe haben. Etwa werden Kinder mit zwei *weißen* Elternteilen aus verschiedenen europäischen Ländern oft nicht als *Mischlinge* angesehen[799], obwohl sie genauso in verschiedenen Kulturen aufwachsen.

Auch darüber hinaus ist es ein Wort mit schwierigen Dimensionen. Das zeigt sich bereits an der Endung *-ling*, die eine kleinmachende Wirkung hat. Ursprünglich kommt der Begriff aus der Biologie und als Bezeichnung für gemischtrassige Hunde ist er geläufig. Die sogenannte »Hybridzüchtung« ist gesteuert, während eher jene Tiere als *Mischlinge* gelten, die sich unkontrolliert vermehrt haben.

Diese Ideen – insbesondere von sexueller Kontrolllosigkeit und ungewolltem Nachwuchs – auf Menschen zu übertragen, ist herabwürdigend und falsch. Ein ähnliches Konzept steht hinter dem Wort *Mulatte*, das Menschen mit weißen und → *Schwarzen* Elternteilen fremdbezeichnet. Abgeleitet von *Muli/Maultier* – einem Hybrid aus Pferd und Esel, das sich nicht fortpflanzen kann – liegt hier zutiefst entmenschlichende Sprache vor.[800]

Wenn Menschen multikultureller Herkunft als *nicht weiß* gelesen werden und ihr uneindeutiges Aussehen Schwierigkeiten bereitet, werden sie manchmal von anderen *Farbige* genannt. Viele aktivistische Stimmen, darunter die Autorin Noah Sow, lehnen dies ab. Sie sieht darin »eine koloniale Bezeichnung, die Menschen *rassisch* einordnen möchte. ›Farbig‹ soll eine Abgrenzung zu ›weiß‹ und ›Schwarz‹ als politischen Begriffen herstellen und ist ein Konstrukt aus der weißen Rassenlehre.«[801] Diese Problematik besteht auch bei dem Wort *Mischling*. Es für Menschen zu benutzen, obwohl es nachweislich keine Menschenrassen gibt, die sich mischen könnten,[802] hält nationalsozialistische und eugenische Vorstellungen von »Reinrassigkeit« aufrecht. Daher sollte es nicht alltagssprachlich für andere verwendet werden. Gelegentlich wird *Mischling* als provokante Selbstbezeichnung genutzt, um das Wort für sich zu erobern[803] ähnlich, wie einige Schwarze Menschen das N-Wort für sich reclaimen.

Anders als in der → *deutschen Sprache* haben sich im Englischen alternative Bezeichnungen etabliert, die weitgehend akzeptiert sind. So sind *biracial* und *multiracial* eigene Kategorien in Volkszählungen der USA.[804] *Mixed*, abgeleitet von *mixed-race*, hat sich als ein Dachbegriff für verschiedene multikulturelle Identitäten[805] durchgesetzt.

Dabei darf man *race* nicht mit »Rasse« übersetzen. Letzteres ist – in Bezug auf Menschen – eine veraltete biologische Kategorie, während *race* im englischsprachigen Raum noch als soziales Konstrukt besprochen wird. Die ausdrückliche Benennung multikultureller Identitäten (siehe → *Multikulti*) ist hingegen nötig, um ihre komplexen Beziehungen zu bestehendem → *Rassismus* angehen zu können.

Es bleibt abzuwarten, welche Selbstbezeichnungen sich im deutschsprachigen Raum langfristig etablieren. Vielleicht werden Begriffe wie *mixed* aus dem Englischen entlehnt werden, wie es schon mit *People of Color* geschieht (siehe → *Person of Color*). Bis dahin empfiehlt es sich, Sprache zu nutzen, die eine kulturell vielfältige Identität benennt. Neben *multikulturell* eignen sich, sofern passend, z. B. *afrodeutsch* oder *afroösterreichisch* als neutrale Beschreibungen.

Nora Bendzko
Autorin und Lektorin

Medientipps → 799, 800, 803, 806, 807

Misogynie

Substantiv, feminin | Mi|so|gy|nie | im Duden seit 1991 (D1, 20. Auflage)

D 1. krankhafter Hass von Männern gegenüber Frauen; Gebrauch: Medizin, Psychologie; 2. Frauen entgegengebrachte Verachtung, Geringschätzung; Frauenfeindlichkeit; Gebrauch: bildungssprachlich

Wörtlich übersetzt bedeutet *Misogynie* Hass gegen Frauen (altgriechisch: *mĩsos* »Hass«, *gynḗ* »Frau«). Mit dieser Definition gibt es allerdings ein Problem: Sie greift zu kurz. Denn wer *Misogynie* zu einem individuellen, psychologischen Problem erklärt, ignoriert ihre gesellschaftliche Seite. *Misogynie* äußert sich nicht nur in offenem Hass gegen Frauen. Sie wird heute auch als ein strukturelles Phänomen verstanden: eine Gesellschaftsordnung, die Mädchen, Frauen und andere weiblich gelesene Personen sanktioniert, wenn diese sich entgegen der an sie gerichteten Erwartungen verhalten – oder auch stellvertretend in ihrer Rolle als Frau.[808] [809] Obwohl sich also vermutlich die wenigsten Menschen als Frauenhasser*innen bezeichnen würden, ist *Misogynie* seit Generationen tief in unserer Gesellschaft verankert.

Sie äußert sich daher auch auf ganz unterschiedliche Weise: von der Überzeugung, Frauen und weiblich gelesene Personen seien weniger lustig, interessant oder kompetent über unterschwellige Aggression und Beleidigung bis hin zu körperlicher Gewalt und → *Femizid*. Neben offenem Hass und direkter Ablehnung zählen zur *Misogynie* also auch subtilere, oft unbewusste Formen der Feindlichkeit gegen Frauen, weiblich gelesene Personen und als feminin gedeutete Verhaltensweisen.

Wir alle begegnen *Misogynie* an verschiedensten Stellen: vom Gender-Pay-Gap über die Geringschätzung von als weiblich klassifizierter → *Care-Arbeit* bis zu dem Umstand, dass in vielen Forschungsgebieten nach wie vor der cis Mann als Standard gilt.[810] [811] Und weil die meisten von uns in einer derart geprägten Gesellschaft sozialisiert wurden, verinnerlichen oft auch Frauen und → *nicht binäre* Personen *misogyne* Denkweisen und lehnen vermeintlich typisch weibliche Verhaltensweisen ab, um sich davon abzugrenzen. Unterschwellige *Misogynie* ist in unserer Gesellschaft schon lange und fest verankert. Daher bemerken wir oft nicht, wie »normal« wir die Herabsetzung, die sich in *misogyner* Sprache widerspiegelt, empfinden.

Auch Stereotype und vermeintlich positive Zuschreibungen – wie die Charakterisierung der Frau als stets sanft und fürsorglich oder die Zuordnung bestimmter angeblicher Fähigkeiten und Aufgaben – können solche Herabwertungen zeigen.[812] Der gemeinsame Nenner der Abwertung des Femininen und der Rollenerwartungen, die an Frauen gestellt werden, lautet: Die Frau wird nicht als autonomes Individuum gesehen, sondern untergeordnet in ihrem Verhältnis zum Mann. Verhaltens- und Ausdrucksweisen, die dieser Sicht widersprechen, werden abgestraft und etwa als zickig oder herrisch abgestempelt. Selbst körperliche Prozesse wie Menstruation oder Altern werden in diesem System sanktioniert, wenn sie dem patriarchalen Blick widersprechen.

Misogynie ist eng verknüpft mit → *Sexismus*, deshalb werden die Begriffe manchmal synonym verwendet. Die Philosophin Kate Manne schlägt vor, Sexismus als den Teil des Patriarchats zu sehen, der dessen Ideologie rechtfertigt und zwischen »guten« und »schlechten« Frauen unterscheidet. *Misogynie* ist laut Manne die Kontrolle und Durchsetzung der patriarchalen Machtverhältnisse. Häufig ist *Misogynie* außerdem mit anderen Varianten der → *Diskriminierung* verbunden, etwa mit Transfeindlichkeit (Transmisogynie, siehe → *trans**), → *Rassismus* oder → *Klassismus*.[808] Deshalb erlebt auch nicht jede Frau oder weiblich gelesene Person zwangsläufig dieselbe Form oder dasselbe Ausmaß an *Misogynie*.

Auf gesellschaftlicher Ebene trägt *Misogynie* durch die Herabsetzung des Weiblichen und die gesellschaftliche Sanktionierung dazu bei, patriarchale Strukturen und Machtverhältnisse zu erhalten.[808] Um ihr entgegenzuwirken, ist es deshalb elementar, *Misogynie* nicht nur als Extremform des Frauenhasses anzusehen, sondern sie an den zahlreichen mehr oder weniger sichtbaren Stellen zu identifizieren, an denen sie sich in unserem Miteinander zeigt.

Sarah Koldehoff
Journalistin und Autorin

Medientipps → 808, 813, 810, 812, 814

Mobilität

Substantiv, feminin | Mo|bi|li|tät | im Duden seit 1915 (D1, 9. Auflage)

D 1. [geistige] Beweglichkeit; Gebrauch: bildungssprachlich; 2. Beweglichkeit (in Bezug auf den Beruf, die soziale Stellung, den Wohnsitz); Gebrauch: Soziologie; 3. privater und öffentlicher Verkehr (1); Fortbewegung von Personen oder Beförderung von Gütern (auf eine bestimmte Weise); Gebrauch: besonders Politik

Automobilität ist nicht *Mobilität*, sondern vor allem Emotion. Steile These? Wenn die Fakten betrachtet werden, ist es unerklärlich, warum wir nichts an der Pkw-Dominanz, unserem Verkehrssystem und dessen schädlichen Auswirkungen verändern: Über 60 Prozent der CO_2-Emissionen im Verkehrssektor stammen vom Auto.[815] Auf 41 Millionen Haushalte kommen 49 Millionen Pkw.[816] Deren Bestand wächst deutlich schneller als die Bevölkerung.[817] 2021 kamen 580 Pkw auf 1000 Einwohner*innen. Wie jedes Jahr: ein neuer Rekord.

Unser Verkehrssystem ist auf das Auto fokussiert und schließt damit viele Menschen aus. 13 Millionen Deutsche haben keinen Führerschein, 13 Millionen Haushalte haben kein Auto[818], 13 Millionen Kinder sind zu jung, um selbst Auto fahren zu können. Eine sehr große Gruppe von Menschen besitzt und/oder unterhält gewollt oder ungewollt kein Auto. Der günstigste Kleinwagen kostet mehr als 400 Euro im Monat[819], wobei der größte Kostenfaktor dabei von der Gesellschaft getragen wird.[820]

Mecklenburg-Vorpommern und Bayern muten ihren Bürger*innen die längsten Wege zu Bus und Bahn zu. Vorbildlich sind das Saarland und Hessen mit einem besonders dichten Netz an Haltestellen und Bahnhöfen.[821] Das auf das Auto ausgelegte deutsche Verkehrssystem, aber auch die Systeme von öffentlichen Verkehren, Rad- und Fußverkehr sind auf die Wege männlicher Lohnarbeit ausgerichtet. Die unbezahlte Versorgung von Kindern und alten Menschen ist derzeit vornehmlich weiblich. Das wirkt sich auch auf die *Mobilität* aus (siehe → *Care-Arbeit*). Frauen legen mehr Wege am Tag zurück, ihre Wege sind aber kürzer. Des Weiteren fahren Frauen weniger Auto, gehen häufiger zu Fuß, fahren mehr mit dem Fahrrad oder nutzen eher den ÖPNV.[822] Soziale Rollen und geschlechtsspezifische Arbeitsteilung in unbezahlte – und damit unsichtbare – sowie bezahlte – und damit statistisch erfasste – Arbeit sorgt für genderspezifisches Mobilitätsverhalten, wobei es das soziale, gesellschaftlich konstruierte Geschlecht beschreibt (siehe → *Geschlechtsidentität*).

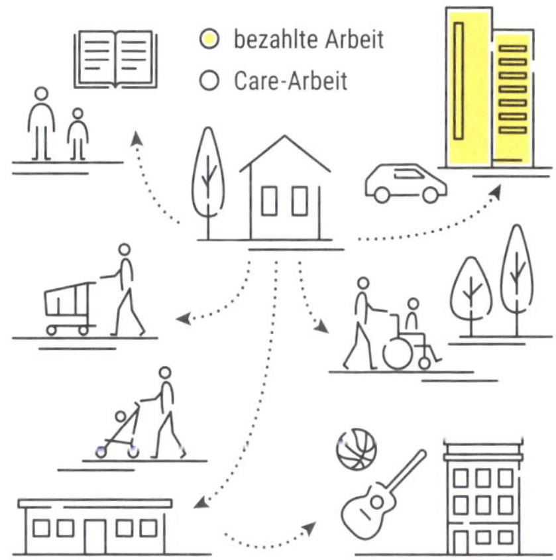

→ *Freiheit* in der *Mobilität* ist nur gewährleistet, wenn Menschen sich die Form ihrer *Mobilität* aussuchen können. Jede*r sollte daher das Recht haben, ein Leben ohne eigenes Auto führen zu können. Was ein wenig nach Utopie und Maximalforderung klingt, war jahrzehntelang Lebensrealität, auch im ländlichen Raum. 6.500 Kilometer Bahnstrecken sind seit 1990 stillgelegt worden, ein Fünftel des gesamten Schienennetzes in Deutschland. 40 Prozent der stillgelegten Bahnstrecken befinden sich in den neuen Bundesländern.[823] Zum Vergleich: Das deutsche Autobahnnetz wuchs seit 1995 um 2.000 Kilometer auf 13.200 Kilometer.[824]

Wenn Deutschland diese Spirale zugunsten von sicherem Fuß- und Radverkehr sowie attraktiven öffentlichen Verkehren durchbricht, wird unsere *Mobilität* sozial- und → *klimagerecht*. In Zeiten des Klimanotfalls gilt es, den Verkehr nicht nur zu dekarbonisieren, sondern auch Ressourcen zu schonen und unsere Lebensräume resilient zu gestalten (siehe → *Biodiversität*). Das gelingt nur, wenn wir weniger Wagen wagen. Denn neben dem CO_2 bringen Autos u. a. Lärm, Versiegelung und toxische Schadstoffe mit.[825] »Ein entwickeltes Land erkennst du nicht daran, dass die Armen Auto fahren, sondern dass die Reichen im ÖPNV sitzen«, so Enrique Penalosa, ehemaliger Bürgermeister von Bogotá (Kolumbien).

Katja Diehl
Autorin und Mobilitätsexpertin

Medientipps → 826, 827, 828, 829, 815

Multikulti

Substantiv, Neutrum | Mul|ti|kul|ti | im Duden seit 2000 (D1, 22. Auflage)

D Multikulturalität

»Ein Blindgänger, an denen die Geschichte schon überreich ist« – so streng bezeichnete der Publizist Ralph Giordano (1923–2014) das »Multi-Kulti-Ideal«[830]. Allerdings kenne die Historie auch Beispiele dafür, dass »das Unmögliche möglich wird«. Seit Ende der 1970er-Jahre stand der Begriff *Multikulti*[831] für die fröhliche linke Utopie einer multiethnischen Gesellschaft, in der Gruppen mit vielfältigen kulturellen Wurzeln zwar in einem geografischen Raum zusammenleben, aber parallele Zugehörigkeitsrituale zelebrieren – ohne staatlichen Assimilationsdruck.

Hoffnungsmodelle für dieses Ideal waren zumeist stabile Vielvölkerstaaten[832] oder die großen Schmelztiegel-Weltmetropolen, in denen die biografische, sexuelle, religiöse, kulturelle und ethnische Diversität (siehe → *Diversity*) ihrer Bewohner*innen eine reizvolle, polyglott-urbane Atmosphäre erzeugt, etwa New York City oder London.

Die auch in klassischen, oft als Vorbild genannten Einwanderungsländern wie Kanada, Argentinien oder Australien existenten Spannungen zwischen den vielfältigen Gruppen wurden dabei im Sinne eines möglichst fruchtbringenden Gesellschaftsprojektes zumeist ebenso beherzt wie optimistisch ausgeblendet.

Inzwischen ist *Multikulti* ein multipel aufgeladener politischer Kampfbegriff, der in konservativen und rechten Kreisen als Diffamierungsvokabel für naiv-idyllische Blütenträume dient (siehe → *Rechtspopulismus* und → *Diskriminierung*). Fachleute aller Lager kritisieren, dass das Konfliktpotenzial des Multikulturalismus viel zu lange ignoriert wurde.

Denn ohne eine ernsthafte Bekenntnispflicht zu gemeinsamen Werten sei die Ausprägung einer neuen, multiethnischen Nationalität nach dem »Melting Pot«-Prinzip nicht möglich. Zugespitzt gesagt: Scharia und Grundgesetz sind nebeneinander nicht denkbar. Das Prinzip der Gleichheit vor dem Gesetz steht im Widerspruch zum abweichenden »Eigenrecht« einzelner kultureller Gruppen (siehe → *Freiheit*). Es würde schlicht den sozialen Frieden gefährden, sich widersprechende Rechtssysteme in einer Gesellschaft parallel zuzulassen.

So sagt etwa der frühere britische Premierminister David Cameron, man habe unter der »Doktrin eines staatlichen Multikulturalismus« isolierte Gemeinschaften toleriert, deren Verhalten »völlig im Widerspruch zu unseren Werten« stehe.

Es sei »[dem Westen] nicht gelungen, die Vision einer Gesellschaft zu vermitteln, der [diese Gemeinschaften] angehören wollen«.[833] Der niederländische Soziologe Ruud Koopmans nennt den Begriff *Multikulti* gar ein »Integrationshemmnis«[834] (siehe → *Integration*). Vielfalt sei eben keineswegs ein Wert an sich, mahnt die italienische Publizistin Cinzia Sciuto.[835]

Die Voraussetzungen für eine funktionierende Gesellschaft nach der herkömmlichen → *Ideologie* des Multikulturalismus – wechselseitiges Verständnis, Interesse, Respekt und Toleranz – zerschellen derzeit schlicht an der Realität. Das hat seine Ursache nicht nur, wie es oft heißt, in mangelndem Integrationswillen zuwandernder Minderheiten, sondern nicht zuletzt auch daran, dass die Mehrheitsgesellschaft von ihnen zumeist massive Anpassungen erwartet, während sie selbst, oft aus Furcht um den Verlust von Jobs, Rechten oder eigener identitärer Leitplanken, im Kern nur zu geringen Zugeständnissen, Angeboten und Abweichungen vom Gewohnten bereit sind (siehe → *Inklusion* und → *Privilegien*).

Das jahrzehntelange Desinteresse am Thema Zuwanderung, die vorschnelle Kriminalisierung von Minderheiten sowie das umgekehrte Beharren auf dem utopischen Idyll von der »Multikultigesellschaft« begünstigte im Ergebnis die Entstehung von Parallelgesellschaften, deren Mitglieder ohne jede Anbindung an die Gepflogenheiten des Gastgeberlandes wie auf einer kulturellen Insel leben.

Imre Grimm
Autor und Journalist

Medientipps → 835, 832, 831, 834, 833, 830

nationale Minderheiten in Deutschland

Minderheit: Substantiv, feminin | Min|der|heit | im Duden seit 1880 (D1, 1. Auflage)

D 1. a) kleinerer Teil (einer bestimmten Anzahl von Personen); 1. b) zahlenmäßig unterlegene [und darum machtlose] Gruppe (in einer Gemeinschaft, einem Staat o. Ä.); 2. (bei Wahlen, Abstimmungen o. Ä.) Gruppe, die den geringeren Teil aller abgegebenen Stimmen bekommen hat

In Deutschland werden die Dän*innen, Fries*innen, Sorb*innen sowie Sinti und Roma seit 1998 als *nationale Minderheiten* anerkannt. Völkerrechtliche Grundlage der Anerkennung ist das *Rahmenübereinkommen zum Schutz nationaler Minderheiten* des Europarates, indem sich Deutschland zum Schutz und zur Förderung seiner *nationalen Minderheiten* verpflichtet. Die dänische Minderheit umfasst rund 50.000 Menschen und lebt größtenteils in Schleswig-Holstein. Die friesische Volksgruppe befindet sich vornehmlich in deutscher und niederländischer Küstennähe; die genaue Anzahl ist unbekannt. Zur sorbischen Volksgruppe zählen rund 60.000 Menschen, die in der brandenburgischen Niederlausitz und in der sächsischen Oberlausitz leben. In der Bundesrepublik Deutschland leben schätzungsweise 70.000 Sinti und Roma mit deutscher Staatsbürgerschaft (siehe → *Rom*nja und Sinti*zzi*) mit deutscher Staatsbürgerschaft.

Sinti und Roma sind seit über 600 Jahren in Deutschland beheimatet. Patriotismus und kulturelle Identität waren für uns nie ein Widerspruch: Sinti und Deutsche zu sein, deutsche Sinti. Mit der Machtergreifung der NS-Diktatur wurde das selbstverständliche Leben als deutsche Bürger*innen beendet. Der jahrhundertealte Antiziganismus, der sich immer wieder durch Pogrome und Übergriffe geäußert hatte, fand seinen Höhepunkt in der nationalsozialistischen Rassenideologie und führte zum Holocaust an über 500.000 Sinti und Roma im NS-besetzten Europa.

Erst die Bürgerrechtsarbeit des Zentralrats Deutscher Sinti und Roma führte dazu, dass Bundeskanzler Schmidt 1982 auch dieses Verbrechen gegen die Menschlichkeit als Völkermord offiziell anerkannte. Dieser Anerkennung folgte 2015 das Europäische Parlament und benannte den 2. August zum »Europäischen Holocaust Gedenktag für Sinti und Roma«. 2012 übergaben Bundespräsident Gauck und Bundeskanzlerin Merkel das nationale Denkmal für die im Nationalsozialismus ermordeten Sinti und Roma Europas der Öffentlichkeit. Dieses Denkmal in unmittelbarer Nachbarschaft zum Deutschen Bundestag steht nicht für eine Schuldübertragung an heutige Generationen in Deutschland, sondern für eine Verpflichtung, jeder Form von Antiziganismus in unserem → *demokratischen* Rechtsstaat entgegenzuwirken.

Ich selbst bin in der noch jungen Bundesrepublik aufgewachsen und habe unmittelbar erlebt, dass der Aufbau demokratischer Strukturen, wozu auch die Auseinandersetzung mit der NS-Vergangenheit gehört, ein intensiver und schwieriger Prozess ist. Als *nationale Minderheit* der deutschen Sinti und Roma sind wir heute selbstverständlicher Teil des demokratisch verfassten Gemeinwesens, in dem wir unsere gleichberechtigte Teilhabe einfordern und dafür eintreten müssen.

Kulturelle Identität und nationale Zugehörigkeit dürfen nicht zu einem Gegensatz gemacht werden. Bis heute ist kaum bekannt, dass Sinti und besonders die ungarischen Roma großen Einfluss auf die Werke von Franz Liszt und Johannes Brahms sowie auf die Komponisten der Wiener Klassik wie Franz Joseph Haydn, Wolfgang Amadeus Mozart und Ludwig van Beethoven hatten. Der Sinti-Jazz im Stil von Django Reinhardt schrieb Musikgeschichte in Europa. Auch der Flamenco wurde entscheidend von der Kultur der spanischen Kultur der Gitanos, also der in Spanien lebenden Roma geprägt.

Der Minderheitenschutz und die Anerkennung der Vielfalt unseres Landes ist nicht nur für die vier *nationalen Minderheiten in Deutschland*, sondern für unsere demokratische Gesellschaft als Ganzes von Bedeutung.

Als Gesellschaft müssen wir heute unsere Werte und demokratischen Rechtsstaat jeden Tag aufs Neue gegen zunehmenden Rechtsextremismus und Demokratiefeindlichkeit verteidigen.

Romani Rose
Vorsitzender des Zentralrats Deutscher Sinti und Roma

Medientipps → 836, 837, 838, 839, 840, 841

Neurodiversität

Substantiv, feminin | Neu|ro|di|ver|si|tät | im Duden seit 2023 (Duden online)

D nicht als krankhaft, sondern als natürliche Vielfalt aufgefasste neurobiologische Entwicklungsspezifiken beim Menschen

Den Begriff *Neurodiversität* hat die australische Soziologin Judy Singer, die selbst Autistin ist, 1998 in ihrer akademischen Abschlussarbeit[842] geprägt. Ein Neologismus, der an die Wortschöpfung → *Biodiversität* anknüpfen sollte.[843] Singer wollte die bis dahin nur als Störung, Krankheit oder Normabweichung benannten neurologischen Phänomene in Autist*innen als Teil natürlicher Vielfalt begreifbar machen. *Neurodiversität* hat sich mittlerweile als Bezeichnung für die faktische Existenz der Vielfalt in Aufbau, Funktion und kognitiven Fähigkeiten menschlicher Gehirne durchgesetzt. Da ein einzelnes Wesen keine Vielfalt darstellen kann, bezieht sich das Adjektiv *neurodivers* auf Menschengruppen, während eine einzelne Person *neurodivergent*[844] ist: Die kognitiven Fähigkeiten eines neurodivergenten Menschen und die Fähigkeiten eines neurotypischen Menschen divergieren, weichen also voneinander ab bzw. unterscheiden sich. Die Antonyme *neurodivergent* vs. *neurotypisch* sind in Abgrenzung zum exkludierenden Begriff *»normal«*, der von vielen *Neurodiversity*-Bewegungen abgelehnt wird, entstanden.[845]

Ganz ähnlich ist die Erkenntnis, dass es nicht nur eine Form von → *Autismus*[846] oder ADHS[847] gibt. Denn die Fähigkeiten und Einschränkungen liegen nicht auf einem einzigen Punkt, sondern bedienen ein großes Spektrum. Auch *Neurodiversität* beinhaltet ein riesiges Spektrum: Das umfasst angeborene neurologische Konditionen (z. B. Autismus, ADHS), Lern- und Entwicklungsstörungen (z. B. Dyslexie), aber auch durch Trauma, Krankheit oder Alter erworbene Störungen, die eine neurologische Relevanz haben (z. B. → *Depression*, Demenz).[848] Grundlage des Neurodiversitätsparadigmas ist die Anerkennung des biologischen Fakts, dass menschliche Gehirne grundsätzlich divers sind. Der Bewertung der Beschaffenheit menschlicher Gehirne und kognitiver Leistungen als richtige/gesunde Entsprechung oder schlechte/ungesunde Abweichung von einer konstruierten »Norm« wird damit einem Konzept gegenübergestellt. Nach diesem wird die neurologische und kognitive Varianz als natürlich und wertvoll verstanden, in dem die Bewertung von → *Behinderung* oder benötigter Anpassung den Betroffenen obliegt.

Neurodiversity-Bewegungen sind Zusammenschlüsse neurodivergenter Personen, die sich oft als Teil → *intersektionaler* Bestrebungen sehen. Menschen aus dem Spektrum sind Zugehörige jeden Geschlechts, jeder Orientierung, Ethnie, Kultur, Religion, jeden sozialen oder finanziellen Status. Deshalb erleben sie neben Stigmatisierung auch andere Formen der → *Marginalisierung* und → *Diskriminierung*. Dementsprechend sind auch die politischen Ziele dieser Bewegungen vielfältig, zum Beispiel: Aufhebung sozialer → *Ungleichheit*, Dekonstruktion exkludierender Normen. Umso enttäuschender waren → *trans*feindliche Tweets der Wortschöpferin, die sich doch ursprünglich für die menschliche Vielfalt eingesetzt hatte.

Neurodiversität ist kein geschlossenes Konzept. Es wird sowohl von Betroffenen als auch von Menschen außerhalb des Spektrums stetig diskutiert und neu verhandelt. Positiv ist aber, dass *Neurodiversität* in gesellschaftlichen und wissenschaftlichen Bereichen endlich Einzug und Beachtung findet. Sichtbarkeit ist von Vorteil für alle Betroffenen, auch für die, die sich in *Neurodiversität* bis jetzt nicht wiederfinden.

Jannicke Schwarzhoff
Texterin und Assistentin

Medientipps → 849, 850, 851, 852, 853, 854, 855, 856, 857, 858

nicht binär

Adjektiv | nicht bi|när, nicht|bi|när | im Duden seit 2023 (Duden online)

D eine diverse Geschlechtsidentität besitzend; nicht eindeutig weiblich oder männlich

Nicht binär, auch *nonbinär*, ist ein Adjektiv. Es bezeichnet Menschen, deren → *Geschlechtsidentität* nicht nur männlich oder nicht nur weiblich ist, beides oder keines von beidem. Als Überbegriff umfasst es verschiedene Geschlechtsidentitäten, wie zum Beispiel *agender*, *demigender* oder *genderfluid*. *Agender*[859] benennt die Abwesenheit von Geschlecht. Wenn eine Person *demigender*[860] ist, identifiziert sie sich nur zum Teil mit einem Geschlecht, also zum Beispiel eher weiblich oder eher männlich, aber eben nicht nur. *Genderfluid*[861] ist eine fließende Geschlechtsidentität, die sich immer wieder ändert.

Als Überbegriff folgt *nonbinär* historisch auf verschiedene Selbstbezeichnungen, wie zum Beispiel *genderqueer*,[862] das in den 1980er-Jahren in → *queeren* Zines aufkam und in den 1990ern im Internet Verbreitung fand.[863] *Genderqueer* wird heute mal als Alternative zu *nicht binär* genutzt, mal als ein Synonym. Als Selbstbezeichnung fand der englische Begriff *non-binary* spätestens seit den 2000ern Verwendung. Am 14. Juli 2012 wurde der erste internationale Non-binary-Day gefeiert[864]. 2015 erwähnt der *Tagesspiegel* als erstes Printmedium in Deutschland das Wort *nicht binär*.[865]

Obwohl der Begriff *nonbinär* vergleichsweise neu ist, lassen sich weltweit Kulturen finden, in denen es mehr als zwei Geschlechter gibt.[866] Da das Verständnis von Geschlecht auch durch Gesellschaft und Kultur geprägt wird, gibt es unterschiedliche Ausdrucksformen dafür, je nach Kultur und historischem Hintergrund. Diese Vielfalt zeigt, dass es schon immer Geschlechtsidentitäten jenseits der Binärität von männlich und weiblich gab, wie zum Beispiel bei den Bugis in Indonesien, die fünf Geschlechter kennen. Oder der Hijra in Indien, die einen femininen Ausdruck bevorzugen, unabhängig von dem Geschlecht, das bei der Geburt zugewiesen wurde.

Einige *nicht binäre* Menschen wählen die Selbstbezeichnung → *trans**, andere nicht. Einige akzeptieren die Bezeichnung *divers* oder *drittes Geschlecht*, andere lehnen sie ab. Auch der Ausdruck des eigenen Geschlechts ist individuell. Kleidung, Frisuren oder Make-up können Mittel sein, um Geschlechternormen aufzubrechen oder neu zu entdecken (siehe → *Heteronormativität*). Einige *nonbinäre* Menschen wählen deshalb eine eher feminine, eher maskuline oder eine androgyne Präsentation. Oder vermischen sie gezielt. Auch körperliche Veränderungen sind möglich, zum Beispiel durch Hormontherapie oder Operationen.

Sprache ist eine weitere Ausdrucksform. Einige *nonbinäre* Menschen wählen deshalb einen neuen Namen. Oder entscheiden sich für neue → *Pronomen*. Doch für viele *nicht binäre* Menschen ändert sich gar nichts. All das spiegelt die Vielfalt *nonbinärer* Identitäten wider. Dadurch ist es unmöglich, von Äußerlichkeiten abzuleiten, ob eine Person *nicht binär* ist oder nicht.

Viele *nonbinäre* Menschen bevorzugen eine geschlechtsneutrale Ansprache, wie zum Beispiel »Hallo Vorname Nachname«. Falls ein neuer Name gewählt wurde, sollte nur der verwendet werden, dasselbe gilt für neue Pronomen. Hinweise auf den Namen und die Pronomen lassen sich teilweise in E-Mail-Signaturen oder Profilen in den sozialen Medien finden. Bei Angaben zum Geschlecht, zum Beispiel bei Bestellungen im → *Internet* oder in Formularen, bietet sich eine Alternative zu *Frau* oder *Herr* an, zum Beispiel ein freies Feld, kein Geschlechtseintrag, divers oder X.

Die eigenen Pronomen zum Beispiel im Social-Media-Profil oder bei der Vorstellung anzugeben, kann es *nicht binären* Menschen erleichtern, sich selbst mit Pronomen vorzustellen: Dadurch wird es normalisiert, Pronomen und Anrede nicht vom Namen oder von Äußerlichkeiten abzuleiten. Geschlechtsneutrale Formulierungen wie Studierende statt Studenten beziehen *nonbinäre* Menschen in Texten mit ein (siehe → *gendern*).

Noah Stoffers
Lektor*in und Autor*in

Medientipps → 867, 868, 869, 870, 871, 872, 873, 874

Ostdeutschland

Substantiv, Neutrum (Eigenname) | Ost|deutsch|land | im Duden seit 1954 (D1, 14. Auflage)

D a) östlicher Teil Deutschlands; b) DDR; Gebrauch: früher nicht in offiziellem Sprachgebrauch

*Ostdeutsche*r* – wer ist das eigentlich? Da geht es schon los. Muss ich im Osten geboren sein? Muss ich dort leben oder verliere ich den Ossi-Status, wenn ich weggezogen bin? Was ist mit Leuten, die im Westen geboren sind, aber heute im Osten leben? Sind das *Ostdeutsche* und wie lange müssen sie dafür schon da sein? Was ist mit denen, die nach 1990 geboren wurden? Es ist kompliziert, wie so vieles zwischen Ost und West.

Für Carsten Schneider, den Ostbeauftragten der Bundesregierung, ist *ostdeutsch*, wer in *Ostdeutschland* geboren wurde. Das wären etwa 20 Prozent – also jede*r fünfte. Diese Definition schließt eine Menge Leute aus. Sie zieht Grenzen und stößt vor den Kopf, die nämlich, die in den Osten gezogen sind. *Ostdeutsch* sein ist – neben der Herkunft – auch ein Gefühl, gespeist aus Erfahrungen. Das hat viel mit fehlenden Chancen und Nachteilen zu tun. Die Chefinnen*Chefs, Richter*innen oder Vermieter*innen – auch im Osten – sind in der Regel aus dem Westen.

Nur 7,4 Prozent *Ostdeutsche* sind in Führungspositionen.[875] Es dauerte fast 30 Jahre, bis zum ersten Mal eine *Ostdeutsche* als Richterin ans Bundesverfassungsgericht berufen wurde. Wir hatten zwar 16 Jahre eine *ostdeutsche* Kanzlerin und fünf Jahre einen *ostdeutschen* Bundespräsidenten – doch das waren eher Ausnahmen. Um unter den Staatssekretär*innen oder Abteilungsleiter*innen *Ostdeutsche* zu finden, braucht es eine Lupe.[876]

Es ist auch nicht so, dass sich die Benachteiligung auswächst. Der Oststempel vererbt sich. Selbst die, die nach 1990 geboren wurden, fühlen sich nicht selten als Deutsche zweiter Klasse – auch durch die Erlebnisse ihrer Eltern.

Den Osten gibt es nicht, doch Schlagzeilen wie »Der Osten hat gewählt« sind keine Seltenheit. Einen derart undifferenzierten Blick auf den Westen gibt es nicht. Berichte in den → *Medien* über den Osten und die

Ostdeutschen klingen oft wie die von Auslandskorrespondent*innen. Dabei reisen Reporter*innen aus Hamburg oder Köln an und bringen das mit, was sie eh schon im Kopf hatten: über den Ossi, den es so gar nicht gibt. Wer im Erzgebirge lebt, hat ganz andere Sorgen als in Berlin. Zwischen Schwerin und Suhl können Welten liegen.

Ja, es gibt eine *ostdeutsche* Identität und vieles verbindet. Wer es aber genauer wissen will, muss vor Ort recherchieren. Die Welt im Osten ist nicht so schwarz-weiß und wie schön wäre es, wenn wir gegenseitig voneinander lernen und wenn unser Land *ostdeutscher* werden würde.

Etwas mehr Farbe – also andere Perspektiven – könnte es gebrauchen. Denn vielleicht lässt sich im Osten die Zukunft erkennen? Vieles, wie die Veränderung und Zersplitterung der Parteienlandschaft ließ sich dort schon früh beobachten. Das ist auch kein Wunder, da dort ein großer Wandel schon vor Jahren eingesetzt hat.

Ich will gar nicht, dass alles gleich ist. Das wäre langweilig. Denn: Es ist ein Geschenk, dass wir unterschiedlich (siehe → *Ungleichheit*) sind und verschiedene Biografien haben (siehe → *Diversity*). Wir sollten neugierig sein und uns zuhören. Heißt, voneinander lernen. Die *Ostdeutschen* wissen zum Beispiel nur zu gut, was es heißt, wenn sich alles von einem Tag auf den anderen ändert. Das kann helfen, wenn sich unser Land radikal verändern muss – zum Beispiel in der Energiewende. Ostdeutsche wissen auch, dass nichts in der Geschichte für immer bleiben muss. Dass selbst Diktaturen fallen können. In Kriegszeiten auch eine tröstliche Gewissheit. Wie wäre es mit Aufbruchstimmung?

Ich wünsche mir mehr ostdeutsche Gesichter, die das Land prägen und selbstbewusst ihre Perspektiven einbringen. Nicht in der Rolle von Ostbeauftragten oder *Quotenossis*, sondern ganz normal als Teil dieses Landes.

Gábor Halász
Journalist und Redakteur

Medientipps → 877, 878, 879, 880, 881, 882

Othering

Substantiv, Neutrum | Othe|ring | im Duden seit 2023 (Duden online)

D (oft als negativ verstandene) Abgrenzung der eigenen gesellschaftlichen Gruppe von anderen durch die Betonung von deren Andersartigkeit

Othering ist ein Prozess, in dem Personen und/oder soziale Gruppen als ›andere‹ markiert und der Eigengruppe ›Wir‹ abgrenzend gegenübergestellt werden (siehe → *Diskriminierung*). Die Eigengruppe wird dabei aufgewertet.[883] Die Fremdgruppe, die erst durch das *Othering* konstruiert und hervorgebracht wird,[884] wird durch die kontinuierliche Grenzziehung abgewertet (siehe → *Hasskriminalität*). Diese Form der Handlungen trägt dazu bei, dass → *Privilegien* in einer Gesellschaft ungleich verteilt bzw. bestehende Machtasymmetrien aufrechterhalten werden (siehe → *Ungleichheit*).[885] Das Wort *Othering* stammt aus dem englischsprachigen Raum und wird von dem Begriff *other*, was u. a. ›andere‹ bedeutet, abgeleitet. Selten wird im Deutschen die freie Übersetzung ›VerAnderung‹[886] [sic!] oder ›Fremdmachung‹ genutzt. Tatsächlich hat sich überwiegend der englische Begriff *Othering* als ein Anglizismus in der → *deutschen Sprache* durchgesetzt.

In Deutschland wird der Begriff in Zusammenhang mit → *Rassismus* und daher verstärkt in der Rassismusforschung verwendet. Seinen Ursprung hat er in den postkolonialen Studien. Dabei sind die Werke »Orientalism«[887] von Edward Said und »Can the Subaltern Speak?«[888] von Gayatri Chakravorty Spivak anzuführen, aus denen das Konzept *Othering* hervorgeht. *Othering*-Prozesse sind an Narrative gebunden, die historisch gewachsen sind. Somit können Vorstellungen über Fremdgruppen über Jahrhunderte kontinuierlich bestehen (siehe → *Gruppengezogene Menschenfeindlichkeit*). Andere wiederum können sich aufgrund von gesellschaftlichen Gegebenheiten verändern. Rassismusforscherin Iman Attia fasst zusammen und spricht von Kontinuitäten und Transformationen, aber auch von möglichen Verschiebungen der Vorstellungen über »die Anderen«.[889]

Das Besondere an *Othering* ist die Markierungspraxis. Es werden durchgehend »Andere« markiert mit dem Vorteil, selbst unmarkiert zu bleiben.[884]

Das immer wiederkehrende Konstrukt »Wir« vs. »Ihr« dient dazu, rassistisch-tradiertes Wissen zu (re)produzieren.[890] [891] Auf diese Weise werden Macht- und Herrschaftsverhältnisse legitimiert. Darüber hinaus kann *Othering* überall dort stattfinden, wo Menschen einer rassistisch geprägten Gesellschaft aufeinandertreffen, auch dann, wenn Betroffene eine machtvolle Position einnehmen. Zum Beispiel kann eine Ärztin of Color aufgrund äußerlicher Merkmale durch Patient*innen *Othering* ausgesetzt sein.

Menschen mit sichtbaren sozialen Merkmalen, die z. B. auf eine Migrationsgeschichte verweisen, können sich kaum den *Othering*-Prozessen entziehen. Meiner Meinung nach sollte in den Diskursen zu *Othering* verstärkt auf die Hierarchisierung von → *marginalisierten* Gruppen und damit das »Ausspielen« von sozialen Gruppen untereinander eingegangen werden. Erst dann wird der *positive Rassismus* mit seinen Wirkungsentfaltungen mitgedacht.

Im Alltag sind *Othering*-Praktiken in unterschiedlicher Weise zu beobachten. Die allbekannte Frage »Woher kommst du?« ist hier als ein klassisches Beispiel für *Othering* anzuführen. Anhand von sozialen Merkmalen wird der*die Gegenüber als »andere« und damit als nicht zugehörig zum »Wir« wahrgenommen (siehe → *Ausländer*in*). Durch die angeführte Frage wird die Grenzziehung in Form des *Otherings* zum Ausdruck gebracht. *Othering* findet im Kontext von Rassismuserfahrungen statt[884], weshalb es für Betroffene oft einen Leidensdruck darstellt. Dabei werden viele *Othering*-Praktiken durch die Sozialisation angeeignet und internalisiert. Es ist darauf hinzuweisen, dass beim *Othering* die Intention irrelevant ist. Es zählt grundsätzlich die Handlungspraxis und die daraus entstehenden Konsequenzen für die sozialen Gruppen.

Wer *Othering* entgegenwirken möchte, muss daher das eigene Handeln reflektieren. Im oben genannten Beispiel also etwa: »Warum interessiert mich in einer neuen Bekanntschaft vorwiegend die Herkunft meines Gegenübers?«

Araththy Logeswaran
Sozialarbeiterin

Medientipps → 892, 893, 894, 895, 896

Person of Color

Substantiv feminin | Per|son of Co|lor | im Duden seit 2020 (Duden online)

D Person, die Rassismus ausgesetzt ist

Person of Color – kurz *PoC* – ist eine Selbstbezeichnung für Menschen mit Rassismuserfahrung, also für jene, die von der weißen Mehrheitsgesellschaft nicht als weiß gesehen werden. *PoC* ist ein Weg, um Menschen zu beschreiben, die nicht weiß sind, ohne den Eindruck entstehen zu lassen, dass ihnen etwas fehle. Weißsein wird so nicht mehr zum Maßstab gemacht (siehe → *kritisches Weißsein*). Zurückverfolgen lässt sich *People of Colour* bis ins späte 18. Jahrhundert; damals noch in der britischen Schreibweise »Colour«.[897] *PoC* wurden in den Amerikas freie Menschen europäisch-afrikanischer Herkunft genannt, um sie von Sklav*innen zu unterscheiden. Von seiner heutigen Bedeutung ist der Begriff da noch weit entfernt. Das änderte sich erst mit dem Aufstreben der Bürgerrechtsbewegung im US-amerikanischen Raum in den 1960er-Jahren; zu einer solidarischen Selbstbezeichnung entwickelt sich *PoC* ab den 1970er-Jahren.[898]

Während *People of Color* die Pluralform ist, ist die Schreibweise im Singular: *Person of Color*. Möglich sind auch Formulierungen wie *Kolleg*innen / Studierende / Journalist*innen of Color*, wenn klar sein soll, dass wir über Menschen sprechen, denen die Frage nach ihrer Herkunft oder der ihrer Eltern oder sogar ihrer Großeltern leider immer wieder begegnet, weil ihr Gegenüber unbedingt wissen will, wie und weshalb Deutsche so schwarze Haare, so asiatische Augen oder so einen Akzent haben können.[899] Bisher hat sich der Begriff *PoC* in den allermeisten → *deutschsprachigen* Redaktionen leider nicht richtig durchgesetzt (siehe → *Medienvielfalt*). Während es keine Probleme mit englischen Begriffen wie *SUV*, *Paywall* oder auch *E-Paper* gibt, haben viele Medienschaffende offensichtlich Hemmungen, *PoC* zu schreiben.

Das Hilfreiche an der Bezeichnung *PoC* ist, dass sie einen solidarisierenden Charakter[900] hat und geprägt wurde von Menschen, die selbst

→ *Rassismus* erlebt haben. Das unterscheidet *Person of Color* von dem deutschen Behördenbegriff *Mensch mit Migrationshintergrund*. Der ist in all seiner unklaren Sperrigkeit immer noch sehr präsent (siehe → *Ausländer*in*). Eine weitere Variante ist *BIPoC*, also *Black*, *Indigenous* und *People of Color*. Sie betont, dass → *Schwarze* und indigene Menschen besonders von Rassismus betroffen sind. Weil dieser Aspekt in der kürzeren Form *PoC* nicht explizit mitschwingt, wird er von einigen Menschen als zu stark vereinfachend kritisiert.[901] Sie benutzen dann eher *BIPoC*.

In dem Begriff *PoC* steckt ein politisches Statement, gerade wenn weiße Menschen ihn nutzen: Sie zeigen ein Mindestmaß an Auseinandersetzung mit rassistischen Strukturen in unserer Gesellschaft und den Willen, diese klar zu benennen (siehe → *Ally*).

PoC darf aber nicht mit *f*rbige(n)* Menschen übersetzt werden.[902] *F*rbig* ist ein Begriff aus der Kolonialzeit und wurde als solcher unter anderem im südafrikanischen Apartheidsystem genutzt, um → *Diskriminierung* von *PoCs* in Gesetzestexten festzuhalten.

Es geht bei *PoC* eben nicht um äußere Merkmale wie Hautfarben, Haare, Augen oder eine angenommene afrikanische Herkunft, sondern um ein Statement gegen diskriminierende Fremdbezeichnungen. Und schließlich umfasst *PoC* eben auch asiatisch gelesene Menschen[903], was noch einmal zeigt, dass es nicht um einen möglichen afrikanischen Bezug geht.

Hyun-Ho Cha
Journalist

Medientipps → 904, 905, 906, 907, 902

Polyamorie

Substantiv, feminin | Po|ly|amo|rie | im Duden seit 2021 (Duden online)

D auf einer einvernehmlichen dauerhaften Liebesbeziehung von mehr als zwei Personen gründende nicht eheliche Partnerschaft

Mit dem Begriff *Polyamorie* (von lateinisch *amor* = → *Liebe* und griechisch *polýs* = viele) werden nicht monogame Beziehungen bezeichnet, die alle Beteiligten einvernehmlich und im vollen Wissen umeinander eingehen. In der *polyamoren* Community findet sich oft die Eigenbezeichnung als »ethical non-monogamy« (verantwortungsvolle Nichtmonogamie). Damit soll eine Abgrenzung von heimlichen Formen der Nichtmonogamie wie Seitensprüngen/Fremdgehen auf der einen Seite und nicht einvernehmlichen Formen, wie z. B. polygamen Zwangsehen, auf der anderen Seite betont werden.

Popularisiert wurde der Begriff ursprünglich durch die amerikanische neuheidnische Religionsgemeinschaft »Church of All Worlds«, insbesondere durch Morning Glory Zell-Ravenhearts Aufsatz »A Bouquet of Lovers: Strategies for Responsible Open Relationships« von 1990.[908] Heutzutage wird *Polyamorie* meist ohne spirituellen Zusammenhang verstanden und *polyamore* Menschen berufen sich eher auf die feministische Frauenbewegung der 1960er- und 1970er-Jahre (»Freie Liebe«).[909][910]

Die größte mediale Sichtbarkeit haben Polybeziehungen, die geschlossenen monogamen Paarbeziehungen ähneln, bloß mit ein oder zwei weiteren Personen.[911] *Polyamore* Menschen leben jedoch eine Vielfalt an Beziehungsformen aus: in Gemeinschaft oder separat wohnend, offen für Neuzugänge oder diese ausschließend, mit Partner*innen, die sich untereinander kennen oder zueinander auf Abstand bleiben, mit und ohne Kinder – und mit ganz unterschiedlichen Graden an Verantwortlichkeiten füreinander.

Dabei können regelrechte Beziehungsnetzwerke entstehen, die aufzumalen eine abendfüllende Beschäftigung ist. Weil das Resultat wie eine chemische Zeichnung eines Moleküls aussehen kann, wird so ein Netzwerk auch als »Polykül« bezeichnet. Zwei Menschen, die mit derselben Beziehungsperson zusammen sind, haben häufig eine eigene positive Beziehung zueinander; man bezeichnet sie als Metamours (von lateinisch *meta* = über und französisch *amour* = Liebe). Während der Umgang mit Eifersucht zwischen ihnen eine Rolle spielen kann, erleben *polyamore* Menschen auch oft Mitfreude (englisch *compersion*), wenn die eigene Partnerperson schöne partnerschaftliche Erlebnisse mit anderen Menschen teilt.

Viele *polyamore* Menschen beziehen sich positiv auf den romantischen Liebesbegriff, verneinen aber die Limitierung auf nur eine Person: Schließlich sind andere Liebesformen wie die familiäre Liebe von Eltern für ihre Kinder ebenfalls nicht auf eine einzige Person beschränkt. Mit der Beziehungsanarchie wird eine noch weitergehende nicht monogame Philosophie bezeichnet, die es ablehnt, auf romantischer Liebe basierende Beziehungen überhaupt als wertvollste Form zwischenmenschlicher Bindung zu begreifen.[908]

Polyamore Menschen sind nicht nur gesellschaftlichen Vorurteilen wie zugeschriebener Promiskuität und Bindungsunfähigkeit ausgesetzt, sondern werden unter anderem im Ehe- und Familienrecht in Deutschland und den meisten anderen Staaten entschieden benachteiligt. Beispielsweise ist die Ehe von mehr als zwei Personen verboten und ein Kind darf nicht mehr als zwei Sorgeberechtigte haben.

Polyamores Leben ist stets im Konflikt mit Mononormativität, der sozialen Konstruktion monogamer Paarbeziehungen als die einzig akzeptierte und »echte« Form der Partnerschaft.[912] Diese ist eng verbunden mit dem erst seit dem 18. Jahrhundert existierenden Konzept der romantischen Liebe. In der zeitgenössischen feministischen Literatur werden diese Vorstellungen von Liebe und Partnerschaft im Hinblick auf ihre schädlichen patriarchalen und kolonialrassistischen Einflüsse kritisiert.[913] [914]

Maya
Softwareentwicklerin und feministische Aktivistin

Medientipps → 909, 915, 916, 917, 914, 918

postmigrantisch

Adjektiv | post|mi|g|ran|tisch | im Duden seit 2017 (D1, 27. Auflage)

D 1. von Migration (1a) mittelbar durch ihre Vorfahren betroffen; 2. von der zurückliegenden Zuwanderung eines Teils der Bevölkerung geprägt

Das Wort *postmigrantisch* steht in direkter Abgrenzung zur üblichen Aufteilung der Menschen dieses Landes als Deutsche auf der einen Seite und Migrant*innen auf der anderen. Deutschland ist eine Einwanderungsgesellschaft. Deswegen ist es absurd, auf Dauer bei vielen Menschen auf irgendwelche – möglicherweise Generationen zurückliegende – Migrationsbezüge hinzuweisen. Diese Markierung ist überflüssig und ausgrenzend (siehe → *Ausländer*in*). Wie lange sollen wir denn noch »Migrant*innen« sein? Eine Generation, zwei, drei? Oder hat man für ewig einen *Migrationshintergrund*, nur weil irgendein Urahn vor vielen hundert Jahren seine Koffer gepackt hat und von einem Land ins andere gewandert ist? Nein, die Zeit der Blutliniennachweise ist vorbei, endgültig vorbei. Die deutsche Gesellschaft ist längst *postmigrantisch*.

Geprägt hat diesen Begriff die Berliner Theaterintendantin Shermin Langhoff. Im Glossar der *Neuen deutschen Medienmacher*innen* wird er folgendermaßen definiert: »*Postmigrantisch* steht für den Prozess, die Gesellschaft nach erfolgter Einwanderung mitzugestalten. Wird Deutschland als Einwanderungsgesellschaft akzeptiert, werden Kategorien wie deutsch / nicht deutsch bedeutungslos. Es gilt, die herrschenden (Miss-)Verhältnisse gemeinsam neu zu verhandeln.«[919]

Dieses Neuverhandeln der gesellschaftlichen Grundpfeiler ist nicht einfach. Es gibt die nachdrückliche Forderung, die Heterogenität endlich als neue Normalität anzuerkennen und Strukturen und Institutionen entsprechend anzupassen. Demgegenüber stehen Beharrungskräfte, die diese Transformation ausschließlich als Verteilungskampf wahrnehmen, weil sie ihre → *privilegierten* Positionen bedroht sehen.

Dazu schreibt die Sozialwissenschaftlerin Naika Foroutan: »Das Einwanderungsland Deutschland befindet sich in einem Prozess, in welchem

Zugehörigkeiten, nationale (kollektive) Identitäten, Partizipation und Chancengerechtigkeit *postmigrantisch*, also nachdem die Migration erfolgt und nun von Politik, Wissenschaft und Öffentlichkeit als unumgänglich anerkannt worden ist, nachverhandelt und neu justiert werden. Das Präfix *post* steht dabei nicht für das Ende der Migration, sondern beschreibt gesellschaftliche Aushandlungsprozesse, die in der Phase nach der Migration erfolgen.«[920]

Im Alltagsgebrauch bedeutet *postmigrantisch* für Menschen aus internationalen Familien oft, dass sie nicht mehr auf ein imaginäres Heimatland bezogen werden wollen. Ja, unsere Familien haben Einwanderungsgeschichte, aber wir sind neue Deutsche. Die Markierung »migrantisch« ist nicht mehr angemessen. Nicht für einzelne Menschen und nicht für Teile der Gesellschaft. Wir müssen zusammen eine gänzlich neue Form des Zusammenlebens aushandeln, gerechter und → *inklusiver*.

Die »neuen deutschen organisationen«, ein Netzwerk aus rund 200 *postmigrantischen* Organisationen, veröffentlichten 2020 das »Manifest für eine plurale Gesellschaft«. Darin heißt es: »Deutschland ist eine plurale Gesellschaft und das ist gut so. Nicht nur *weiße* Menschen, auch Millionen → *Schwarze* und People of Color (siehe → *Person of Color*) sind hier zu Hause. Trotzdem mangelt es noch immer an ausreichend Sichtbarkeit und Repräsentation.

Wenn in Medien oder in der Politik von einem kollektiven inländischen ›Wir‹ die Rede ist, sind wir oft nicht inbegriffen (siehe → *Medienvielfalt*). Sogar unsere Daseinsberechtigung wird immer wieder diskutiert. Wir finden, da gibt es nichts zu diskutieren. Das ist auch unser Land. Und wir machen es erst zu dem, was es ist: eine postmigrantische Gesellschaft in einer → *demokratischen* Republik.«[921]

Sheila Mysorekar
Journalistin und Beraterin für Journalismus und Diversity
Medientipps → 919, 921, 922, 923, 924

Privilegien

Substantiv, Neutrum | Pri|vi|leg | im Duden seit 1880 (D1, 1. Auflage)

D 1. einem Einzelnen, einer Gruppe vorbehaltenes Recht, Sonderrecht; Sonderregelung; Gebrauch: Rechtssprache; 2. Vorrecht; Gebrauch: bildungssprachlich

Privilegien sind dazu da, eine hierarchische Ordnung zu schaffen. Meistens handelt es sich um Zugänge, etwa zu Aufmerksamkeit, zu Anerkennung, dass man als besonders hübsch oder klug oder wichtig empfunden wird. Sie materialisieren sich aber auch in Essensqualität, Geld, Wohnraum und statistischer Ermordungswahrscheinlichkeit, in Gefängnisaufenthalten, Reisepass- oder Balkonbesitz. Sie sind die süßen Freuden des Alltags, die unsere Gesellschaft sich hin- und herschmeißt wie Bonbons beim Karneval. Sie sind die Eltern, die fremde Kinder schubsen, damit die eigenen besser fangen können. Sie sind die Einladungen zu Geburtstagspartys, die Kinder mit vielen Bonbons bekommen.

Privilegien sind Mittel, um Macht zu erlangen und zu festigen. Wer sie hat, will sie meist behalten und in der eigenen Familie oder Community weitergeben, was als Reproduktion bezeichnet wird. Das Verhexte an *Privilegien* ist, dass diejenigen, die sie haben, sie oft für gegeben, ja, als verdient und gerecht empfinden. Sie kommen auch in vielen Fällen als vermeintlich »natürliche« und »angeborene« Kategorien daher, wie etwa soziale Geschlechter und sexuelle Orientierung, wie Nationalität, Rassifizierung (siehe → *Rassismus*), Gesellschaftsklasse, → *Behinderungen* oder Religions- und Volksgemeinschaften mit historischer Genoziderfahrung.

Das ist eine Illusion, denn diese Kategorien sind kulturell gewachsen. Sie sind gesellschaftliche Einigungen einer sozialen Ordnung, die zu Recht regelmäßig umkämpft werden (siehe → *Ungleichheit*). Und die Illusion ist stark: Kaum ein Mensch wird von sich sagen, dass nur 1-10 % eigene Leistung und Talent zu ihrem*seinem Posten und Gehalt führten und 90-99 % zufällig erworbene *Privilegien* waren. Dass da etwas nicht zutreffen kann, erkennt man etwa an ungleicher Vergabe von Posten. Menschen verwechseln Privilegien gerne mit Leistung (siehe → *Chancengleichheit*).

Bildungsinstitutionen haben die Aufgabe, *Privilegien* sowohl umzuverteilen als auch zu verankern (siehe → *Klassismus*). Die Prinzipien dazu unterliegen umstrittenen Gerechtigkeitskonzeptionen: etwa dem Leistungsprinzip, dem Begabtenprinzip oder dem Verteilungsprinzip. Das klappt oft nicht und Kinder reicher Familien treffen an Eliteuniversitäten auf Kinder anderer reicher Familien, heiraten diese und gründen mit dem Geld ihrer Eltern Firmen, die später für Staaten arbeiten und kaum Steuern zahlen.

Die *Privilegienscham* führt dazu, dass Menschen mit *Privilegien* gerne Menschen unterstützen, die weniger *Privilegien* haben: Die direkteste Form ist das Spendenwesen oder Charity. Damit bauen *privilegierte* Menschen einen Mythos der Freundlichkeit für sich selbst und ihr Umfeld auf, was wiederum das gesellschaftlich legitimierte Recht auf *Privilegiertheit* zementieren kann. Menschen umgeben sich meist mit ähnlich *privilegierten* Menschen, damit die eigenen Zugänge, etwa zu gutem oder schlechtem Essen, nicht ständig hinterfragt werden müssen.

Der Zwillingsbruder der *Privilegienscham* ist der *Privilegienstolz*: Er beutet die Natur aus und lässt Menschen weltweit in desaströsen Zuständen Kaffee, Kleidung und Kobalt für ihn produzieren. Zur Reproduktion von *Privilegien* sind Menschen bereit zu töten, mindestens aber beim leisen Tod anderer Menschen und der Natur wegzuschauen.

Ein weiterer Weg, Ärger zu vermeiden, der gesellschaftlich durch *Privilegien* entsteht, ist, sie zu benennen und aktiv gegen sie vorzugehen. Beispielsweise durch Umverteilung von materiellen und immateriellen Gütern, durch gesetzliche Abgabepflichten oder »Diebstahl«, durch *Powersharing* und → *Ally*ship, womit gezielt versucht wird, mit *Privilegien* verantwortlich umzugehen, indem weniger *Privilegierte* besser gehört und angenommen werden und man sich gegen → *diskriminierende* Strukturen organisiert.

Jean Peters
Aktionskünstler und Journalist

Medientipps → 925, 926, 927, 928, 929, 930, 931, 932

Pronomen

Substantiv, Neutrum | Pro|no|men | im Duden seit 1880 (D1, 1. Auflage)

D (deklinierbares) Wort, das ein [im Kontext vorkommendes] Nomen vertritt oder ein Nomen, mit dem es zusammen auftritt, näher bestimmt; Fürwort (z. B. er, mein, welcher)

Pronomen begleiten oder ersetzen Substantive und die meisten sind neutral gegendert. Das heißt: Sie sind keinem Geschlecht zugeordnet, weder einem grammatikalischen Genus noch einem gesellschaftlichen Gender. Sie können für alle verwendet werden: *ich* und *du* im Singular beziehungsweise *wir*, *ihr* und *sie* im Plural. Einzig in der 3. Person Singular gibt es vielfältige Möglichkeiten, um über Menschen zu sprechen. Oft verwenden Frauen *sie* und Männer *er* als *Pronomen*. Dabei ist wichtig, dass *Pronomen* nicht gleichbedeutend mit einer → *Geschlechtsidentität* sind. Es gibt auch → *nicht binäre* Menschen, die *sie* oder *er* nutzen. Andere finden beide herkömmlichen *Pronomen* unpassend. Sie benutzen gar keine *Pronomen*, sondern ihren Namen oder sie suchen nach Alternativen.

Neopronomen entstanden in nicht binären Zusammenhängen, um eine sprachliche Lücke zu füllen. Sie werden zu → *inklusiver* Sprache gezählt. Auf der Berliner Trans-Tagung 2008 entstand das *nin*-Pronomen[933], z. B. *nin packt nimsen Koffer*, und 2009 wurde die erste Version der »Pronomen ohne Geschlecht« veröffentlicht.[934] Aus ihnen gingen *sier* (2010) und *xier* (2012) hervor, z. B. *xier packt xiesen Koffer*. Im Nichtbinär-Wiki[935] waren 2022 40 deutsche Neopronomen dokumentiert. Die Vielfalt reflektiert die Vorlieben der Menschen, die diese Pronomen benutzen. Ihre mündliche Verbreitung ist schwerer nachzuverfolgen als ihre Verwendung online. Eine informelle Umfrage[936] ergibt ein Stimmungsbild mit *dey*, *hen*, *em* und *sier* auf den ersten Plätzen in der mündlichen Verwendung. In Texten, Filmen, Serien[937] und Computerspielen werden meinen Recherchen nach *sier*, *xier*[938] und *dey*[939] am häufigsten verwendet.

Ein breites Spektrum neuer Pronomen ist wichtig im Sprachwandel. Im Englischen gab es viele Alternativen für *she* und *he*, bevor sich singular *they* durchsetzte.[940] Aufgrund der breiten Akzeptanz neutraler Alternativen in der englischen Sprache wurden in Lehrbüchern für Deutsch als Fremdsprache schon 2019 mögliche Übersetzungen wie *xier* diskutiert.[941] Während sich neue Wörter, wie z. B. → *Gendern* oder → *queer*, einfach in die deutsche Sprache einfügen, ist es mit *Pronomen* komplizierter. Neben Nominativ, Dativ und Akkusativ des Personalpronomens sind besitzanzeigendes *Pronomen*, Artikel und andere Formen nötig, wie z. B. in *dey packt deren Koffer*. Bei der Angabe von *Pronomen* werden oft exemplarisch zwei Formen angegeben. Das gilt nicht nur für Neopronomen, sondern auch für *sie/ihr* und *er/sein*.

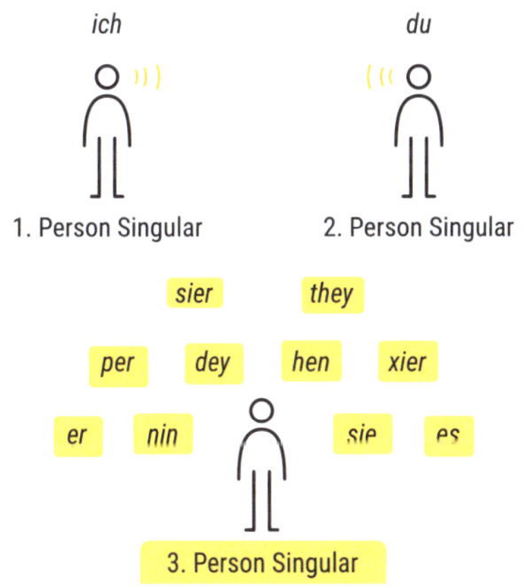

Anderen Menschen die eigenen Pronomen zu nennen, erleichtert die Kommunikation; selbst als cis Person (siehe → *Ally*). Das ist sowohl empowernd als auch solidarisch – und man verlässt sich für die richtigen Pronomen nicht auf Vermutungen. Die Verwendung falscher *Pronomen* wird zum Misgendern gezählt und ist verletzend; besonders für Menschen, die nicht binär und → *trans* sind. Um Shitstorms auf Social Media zu befeuern, wurden Quatschpronomen wie *xier/xylophon* verbreitet.[942] Ironischerweise hat viraler Hass gegen Neopronomen immer wieder auch zu einer besseren Verbreitung von Wissen über echte Neopronomen geführt. Weniger Menschen sind überrascht, wenn ihnen *xier/ xies* oder *dey/deren* im Alltag begegnet. Wichtiger als Perfektion bei der Deklination ist letztlich die Verwendung der richtigen *Pronomen*. Das ist eine Frage des Respekts.

Illi Anna Heger
Naturwissenschaftlerin, Comickünstler und queer Aktivist*in

Medientipps → 943, 937, 944, 945, 946, 947, 948, 949, 950

queer

Adjektiv | queer | im Duden seit 2017 (D1, 27. Auflage)

D (von einer Person) einer anderen als der heterosexuellen Norm oder der binären Geschlechtsidentität zugehörig

Der Begriff *queer* (etwa »seltsam«) richtete sich vor allem in den USA zunächst herabsetzend[951] besonders gegen Homosexuelle, wurde aber ab den 1980ern »reclaimed«[952], also zu einer positiven Selbstbezeichnung »umgedreht«. Man geht davon aus, dass »queer« als Schimpfwort ab Ende des 19. Jahrhunderts gebräuchlich wurde. Während des Prozesses gegen den Schriftsteller Oscar Wilde von 1895 wurde ein Brief des Marquis von Queensberry verlesen, in dem er Wilde und andere homosexuelle Männer als »Snob Queers« bezeichnete.

Im allgemeinen Sprachgebrauch wird *queer* heute gerne dann verwendet, wenn die oft als Buchstabensalat[953] »verfluchten« Kürzel wie LGBTI, LSBTIQ*, LSBTIQA oder LSBTIQ+ (im Englischen LGBTIQ usw.) mehr Fragen als Klarheit hervorbringen. Welches Akronym ist »richtig«? Habe ich jetzt nicht doch wieder jemanden vergessen? Außerdem steht bereits die Verwendung unter Ideologieverdacht.

Warum also nicht einfach *queer*, ein Sammelbegriff, der alle einschließt, die die → *Heteronormativität* ausschließt? Wobei das nicht einfach alle Nichtheteros meint. Wer beispielsweise als → *trans** Frau ausschließlich Männer liebt, ist hetero und trotzdem *queer*. Bei *queer* – wie auch beim Buchstabensalat – geht es also nicht nur um die sexuelle Orientierung (wie lesbisch, → *schwul*, bi, → *polyamor*), sondern auch um die → *Geschlechtsidentität* (wie trans*, → *nicht binär*, inter*). Beide sind ziemlich einfach zu verstehende Kategorien, die jede*r, der*die über solche Themen schreibt, in drei Minuten erlernen könnte. Nein, es ist nicht kompliziert, über *queere* Themen und Menschen zu schreiben und die jeweiligen Menschen dabei nicht in falsche Kategorien zu packen.

Kompliziert ist etwas anderes: Das Wort *queer* wird nämlich nicht nur benutzt, um die vielen nichtheteronormativen Identitätsbegriffe zusammenzufassen, sondern auch, um sich diesen zu entziehen. Vor allem viele junge Menschen lehnen Begriffe wie lesbisch oder schwul bewusst ab, weil sie sich nicht in Schubladen (siehe → *Bias*) stecken lassen wollen.[954] Etwa weil sie ihre Sexualität als fluide, also nicht als in Stein gemeißelt begreifen, oder weil sie sich nicht in das binäre Geschlechtssystem verorten wollen, das Menschen nach Männern und Frauen trennt.

Queer ist in dem Zusammenhang also nicht Sammelbegriff, sondern ganz bewusste, explizite Beschreibung der eigenen Identität, die starre Identitätsbegriffe ablehnt. Das ist auch der Grund, weshalb das »Q« oft Teil des Buchstabensalates ist (wie bei LSBTIQ*), obwohl es ja auch als dessen Synonym verwendet wird. Umgekehrt bestehen viele, insbesondere ältere Lesben und Schwule darauf, lesbisch oder schwul, aber eben nicht *queer* zu sein.[955]

Das liegt oft auch daran, dass das, was die einen als Schublade, also Einschränkung empfinden, von den anderen als Befreiung erlebt wurde, als etwas, wofür sie kämpfen mussten, um es leben zu können. *Queer* hat also hier weniger mit → *Ideologie* als mit unterschiedlicher Lebenserfahrung zu tun.

Dass es mit den vielen Begriffen um Identitäten so kompliziert ist und die Diskussionen, wie sie zu verwenden sind, so erhitzt geführt werden, liegt allerdings nicht an den *Queers*: Es ist die (cis) Heterowelt, die ganz selbstverständlich davon ausgeht, dass alle Welt hetero ist, und alle, die es nicht sind, dazu zwingt, ihr selbstbestimmtes Leben gegen sie behaupten zu müssen.

Würden die (cis) Heteros nicht auf ihre Heterowelt so sehr bestehen, wäre die Welt für alle nicht so kompliziert. So bedeutet *queer* auch für viele, die sich als *queer* sehen: der politische Anspruch, die strukturellen Machtverhältnisse überwinden zu wollen. In Bezug auf Sexualität und Geschlecht. Aber auch darüber hinaus.

Johannes Kram
Autor

Medientipps → 1174, 1175, 1176, 1177, 1178, 1179, 1180

Quote

Substantiv, feminin | Quote | im Duden seit 1880 (D1, 1. Auflage)

D a) Anteil, der bei Aufteilung eines Ganzen auf jemanden, etwas entfällt; im Verhältnis zu einem Ganzen bestimmte Anzahl, Menge; b) Kurzform für Einschaltquote; Gebrauch: Rundfunk, Fernsehen

Die *Quote* ist ein Instrument zur faireren Verteilung von Macht oder → *Privilegien*. Der wörtliche Ursprung ist mittellateinisch *quota* oder *quotus* und meint »wie viele«[956]. In den 1980er-Jahren gewann z. B. die Frauenquote durch eine UN-Konvention an Prominenz[957]. Nach einer Wahlreform 2018 im Libanon gab es ein ausgeklügeltes System zur Repräsentation unterschiedlicher Religionen im Parlament[958]. Argentinien hat seit 2021 eine Quote für → *trans** Menschen in Behördenstellen[959]. Das Instrument *Quote* fußt auf der Erkenntnis, dass von allein und ohne Regeln im »freien Wettbewerb« nachweislich kein Zustand entsteht, der gesellschaftlich als gut und gerecht gelten kann. Die Gründe dafür sind komplex und nur zum Teil erforscht, jedoch ist der Wettbewerb meist unfreier als angenommen. Die Redewendung »Gleich und gleich gesellt sich gern« kann verkürzt als Inspiration dienen[960].

Seit Langem sitzen durch »freien Wettbewerb« auffällig viele → *alte weiße Männer* mit juristischen Karrieren im Deutschen Bundestag, statt dass die Repräsentant*innen unsere vielfältige Gesellschaft abbilden. Die *Quote* ist ein beliebtes Korrekturinstrument: Menschen einigen sich auf einen Prozentsatz, zu dem eine benachteiligte Gruppe repräsentiert sein soll. Im Effekt werden damit einige Etablierte verdrängt und neue Köpfe mit anderen Eigenschaften ins System befördert (siehe → *Diversity*).

Beispiel: In einem fiktiven Tierparlament sind 100 Tiere vertreten. Davon sind seit jeher etwa 70 männlich und 30 weiblich, obwohl es gleich viele von ihnen im Land gibt. 88 aller Parlamentstiere sind Säuger, obwohl es wesentlich mehr Insekten, Fische und Vögel gibt. Der Durchschnittstierparlamentarier ist ein älterer Hirsch. Studien zeigen, dass es für weibliche und Nichtsäugetiere große Nachteile im Land gibt (z. B. bei der Gesundheitsforschung oder im Einkommen). Eine Ameiseninitiative regt daher an, man könnte *Quoten* einführen, um in puncto Gattung und Geschlecht für mehr Ausgleich zu sorgen. Ein Aufschrei geht durchs Tierparlament: Man müsste jawohl nach Kompetenz in das Hohe Haus kommen und nicht nach *Quoten*!

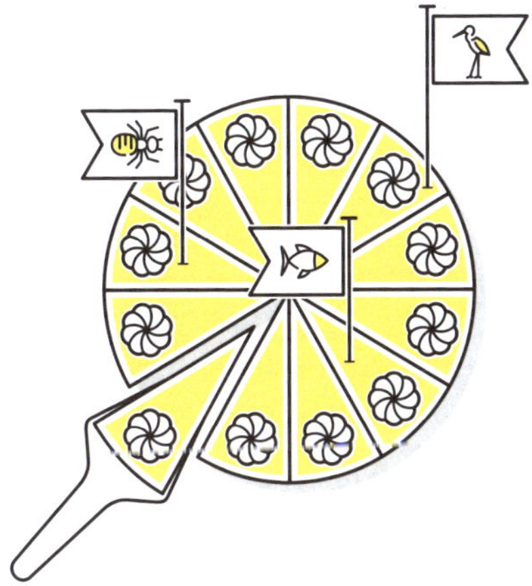

In der liberalen → *Demokratie* gehören zwei Elemente gleichwertig zur Repräsentation: »Acting for« bedeutet, dass personenbezogene Merkmale egal sind, da ein*e Repräsentant*in die Interessen einer Gruppe vertritt. »Standing for« erkennt den Wert personenbezogener Merkmale an, da auch Identitäten vertreten werden. Manchmal hängen beide zusammen: Zum Beispiel führt das persönliche Merkmal »ostdeutsch« zu der besseren Interessenvertretung → *Ostdeutschlands*.

Ob in der Politik oder in anderen Bereichen mit sehr machtvollen Positionen, unter Führungskräften in der Wirtschaft (Aufsichtsräte, Vorstände), in der Wissenschaft (Unileitung) oder in den → *Medien* (Rundfunkrat, Chefredaktion): Die Befürchtungen gegenüber der *Quote* bestehen neben der Vermutung mangelnder Kompetenz bei den per *Quote* Eingestellten auch in der Unsicherheit, wo einmal eingeführte *Quoten* jemals enden würden. Bei Bildungsgrad, Alter, Geschlecht oder Herkunft? Zudem besteht die Sorge, dass dem Element »Standing for« zu viel Gewicht beigemessen wird.

Quoten reichen nicht aus, um gesamtgesellschaftlich für Gleichgewicht zu sorgen. Aber Studien aus ganz Europa zeigen, dass sie im Gegensatz zu freiwilligen Verpflichtungen starken → *Ungleichheiten* wirksam entgegentreten[961].

Paulina Fröhlich

Geografin, Islamwissenschaftlerin und Geschäftsführerin

Medientipps → 962, 963, 964, 965, 966, 967

Rassismus

Substantiv, maskulin | Ras|sis|mus | im Duden seit 1973 (D1, 17. Auflage)

D 1. (meist ideologischen Charakter tragende, zur Rechtfertigung von Rassendiskriminierung, Kolonialismus o. Ä. entwickelte) Lehre, Theorie, nach der Menschen bzw. Bevölkerungsgruppen mit bestimmten biologischen oder ethnisch-kulturellen Merkmalen anderen von Natur aus über- bzw. unterlegen sein sollen; 2. dem Rassismus (1) entsprechende (bewusste oder unbewusste) Einstellung, Denk- und Handlungsweise; 3. a) dem Rassismus (1) entsprechende institutionelle, gesellschaftliche o. ä. Strukturen, durch die Menschen diskriminiert werden; 3. b) dem Rassismus (1) entsprechende systematische Unterdrückung von Menschen

Rassismus ist ein System der Unterscheidung von Menschen aufgrund von realen oder zugeschriebenen Merkmalen. *Rassismus* kann sich sowohl auf vermeintlich biologische Merkmale wie etwa Hautfarbe beziehen als auch auf Merkmale wie Kultur, Religion oder Herkunft. Dabei ist es wichtig zu verstehen, dass *Rassismus* eine → *Ideologie* der Ungleichwertigkeit und Ungleichbehandlung ist, die keineswegs darauf angewiesen ist, dass es »Menschenrassen« wirklich gäbe. Aber auch der rassistische Bezug auf die Hautfarbe ist keineswegs eine Kategorisierung entlang tatsächlicher Hautfärbungen, sondern dient lediglich dazu, dem *Rassismus* eine vermeintlich wissenschaftliche und scheinbar objektive Legitimation zu verschaffen[968].

Primär ist die Grenzziehung zwischen »wir« und »die anderen«, also die Definition einer Fremdgruppe und Schaffung einer Eigengruppe durch die Abgrenzung zu einer vermeintlichen Fremdgruppe. Wie diese Grenzziehung begründet wird und auf welche Merkmale dabei Bezug genommen wird, ist hingegen sekundär. Der *Rassismus* ist wandlungsfähig und zeigt sich in verschiedenen Formen, sodass der *Rassismus* heutzutage weniger auf »Rasse« und dafür stärker auf »Kultur« rekurriert, um Grenzen zwischen Bevölkerungsgruppen zu ziehen und Menschen aufgrund von vermeintlicher Zugehörigkeit zu einem »Kulturkreis« abzuwerten und zu diskriminieren. So hat der kulturalistische *Rassismus* – auch »*Rassismus* ohne Rassen« genannt – gegenüber dem biologistischen *Rassismus* an Relevanz gewonnen.[969]

Dabei werden unterschiedliche Bevölkerungsgruppen als grundsätzlich verschiedenartig und ungleichwertig definiert. Damit stellt sich *Rassismus* als Ideologie grundsätzlich gegen die Vorstellung von der Gleichwertigkeit der Menschen und die damit zusammenhängenden Menschenrechte. Auch die Grundprinzipien von → *Demokratie*, Rechtsstaat und Pluralismus werden durch *Rassismus* infrage gestellt, weswegen *Rassismus* als eine Ideologie der → *Ungleichheit* bezeichnet werden kann.[970] *Rassismus* ist jedoch nicht nur eine Ideologie, sondern auch eine politische und gesellschaftliche Praxis. Denn mit der behaupteten Ungleichwertigkeit von Menschen werden die → *Diskriminierung*, → *Marginalisierung* und Exklusion von Bevölkerungsgruppen, aber auch ganz konkrete rassistische Gewalt, legitimiert.

Diese Praxen können sich in allen politischen und gesellschaftlichen Sphären zeigen und reichen von einzelnen rassistischen Sprechakten[971] bis hin zur Ermordung ganzer Bevölkerungsgruppen[972]. In den deutschen Debatten um rassistische Praxen wird bisweilen der Begriff des *Alltagsrassismus* verwendet, um Benachteiligungen etwa im Job- und Wohnungsmarkt und in den Schulen und Hochschulen zu problematisieren.[973]

Eine Debatte, die in den letzten Jahren stärker geführt wird, fokussiert sich auf Rassismen in der vielfältigen Gesellschaft (siehe → *Diversity*). Dabei wird darauf verwiesen, dass in einer vielfältigen Gesellschaft auch vielfältige Rassismen existieren, die zwar auf den gleichen Grundprinzipien von Grenzziehung, Abwertung, Exklusion und Diskriminierung basieren[974]. Aber sie unterscheiden sich in der Hierarchisierung der verschiedenen Bevölkerungsgruppen und stellen jeweils verschiedene Bevölkerungsgruppen als höher- oder minderwertiger dar. Diese Debatte fordert einen Perspektivwechsel ein, in der die simplifizierende Vorstellung einer Gesellschaft, in der eine dominierende Bevölkerungsgruppe einer in sich geschlossenen Fremdgruppe gegenübersteht, durch die Vorstellung einer wirklich vielfältigen Gesellschaft ersetzt wird.

Ismail Küpeli
Politikwissenschaftler

Medientipps → 968, 969, 970, 971, 972, 973, 974

Rechtspopulismus

Substantiv, maskulin | Rechts|po|pu|lis|mus | im Duden seit 2000 (D1, 22. Auflage)

D Populismus (1), der rechtsextreme Positionen vertritt

Der *Rechtspopulismus* ist eine politische Strömung und Variante des Populismus. Je häufiger in der Öffentlichkeit allerdings von *Populismus* die Rede ist, desto unpräziser scheint mir die Bedeutung dieses Begriffs zu werden. Diese Unschärfe hängt damit zusammen, dass in der Alltagssprache oft auch jene politischen Akteur*innen und Äußerungen als »populistisch« abgestempelt werden, die übermäßig simplifizieren, emotionalisieren oder dramatisieren.

Problematisch an diesem Verständnis von *Populismus* als Kommunikationsstil ist jedoch, dass es kaum als Unterscheidungsmerkmal politischer Weltanschauungen und Parteien taugt. Vereinfachungen und Emotionalisierungen lassen sich im gesamten politischen Spektrum beobachten, von ganz links bis ganz rechts. Eine allzu breite und inflationäre Verwendung des Begriffs *populistisch* kann also zu einer Verharmlosung tatsächlicher populistischer Kräfte führen.[975] Abgrenzung und begriffliche Schärfe bietet die inhaltszentrierte Populismusdefinition des niederländischen Politikwissenschaftlers Cas Mudde.[976]

Laut Mudde ist *Populismus* eine dünne → *Ideologie*. Im Kern besteht diese Ideologie aus zwei Grundideen: Erstens sei die Gesellschaft in zwei homogene und verfeindete Gruppen gespalten; das reine Volk auf der einen und die korrupte Elite auf der anderen Seite. Zweitens werde das Volk von der Elite dahingehend betrogen, dass die Eliten seinen Willen untergraben, weswegen von populistischen Kräften häufig eine direktere Herrschaft des Volkes eingefordert wird. *Populismus* zeichnet sich somit durch die beiden Faktoren Anti-Establishment und Volkszentrierung aus. Im *Rechtspopulismus* wird der *Populismus* mit zusätzlichem Gedankengut zu einer stabileren Ideologie weiterentwickelt: Für den *Rechtspopulismus* sind neben dem *Populismus* auch Nativismus und Autoritarismus kennzeichnend.[976] Nativismus ist eine Kombination von Nationalismus und Xenophobie und drückt sich etwa anhand der Definition des Volkes durch eine bestimmte Ethnizität von Menschen aus. Der *Rechtspopulismus* wendet sich also nicht nur gegen Eliten, sondern auch gegen (Bevölkerungs-)Gruppen mit anderen ethnischen Wurzeln (siehe → *Rassismus*). Migrantische Minderheiten oder Schutz suchende Geflüchtete gehören demnach nicht zum Volk (siehe → *postmigrantisch*). Dieser für den *Rechtspopulismus* maßgebliche *Anti-Pluralismus* kann sich nicht nur durch die Ausgrenzung von Gruppen anhand ihrer Ethnizität äußern, sondern auch auf Basis von Sexualität, Religion oder politischen Überzeugungen.[977] Kurz und knapp: Rechtspopulistische Kräfte sind Vielfaltsfeinde.

Im Zentrum von rechtspopulistischer Programmatik und Kommunikation steht die → *Identitätspolitik*, also die Konstruktion von »Ingroup« und »Outgroup«. Da der *Rechtspopulismus* vornehmlich auf eine »Exklusionsstrategie« setzt (siehe → *Inklusion*), kommt dabei der Abgrenzung zu den »anderen« eine größere Bedeutung als der Konkretisierung des »Eigenen« zu. Die positive Gemeinsamkeit der »Ingroup« ergibt sich in erster Linie durch die Herausstellung der vermeintlichen negativen Andersartigkeit der »Outgroups«.

Während *Populismus* also einen Konflikt »unten gegen oben« (»Volk« vs. »Elite«) konstruiert, erdenkt der *Rechtspopulismus* den Antagonismus »innen gegen außen« (»Einheimische« vs. »Fremde«), der auf nationalistischem und völkischem Gedankengut beruht. Diese ideologischen Elemente begründen auch das enge Verhältnis des *Rechtspopulismus* zum Rechtsextremismus. *Rechtspopulismus* ist im Gegensatz zum Rechtsextremismus zwar keine Anti-System-Ideologie, aber eine Anti-Establishment-Haltung und muss aufgrund seiner anti-pluralistischen Merkmale als Brücke und Kontinuum zwischen nochdemokratischen und extremistischen Positionen verstanden werden. Die starke rechtsextreme Strömung innerhalb der Partei »Alternative für Deutschland« macht diese Scharnierfunktion in der Realität deutlich.[978]

Johannes Hillje
Politik- und Kommunikationsberater

Medientipps → 975, 979, 980, 976, 978

Rom*nja und Sinti*zzi

Sinto: Substantiv, maskulin; Sintiza: Substantiv, feminin | Rom: Substantiv, maskulin; Romni: Substantiv, feminin | Sin|to, Sin|ti|za | Rom, Rom|ni | im Duden seit: Sinto 1986 (D1, 19. Auflage), Sintiza 1991 (D1, 20. Auflage), Rom 1986 (D1, 19. Auflage), Romni 2009 (D1, 25. Auflage)

D Sinto, der/Sinteza, die: Angehörige[r] einer in verschiedenen Ländern Europas lebenden Minderheit, deren Vorfahren im Mittelalter von Indien über Ägypten nach Europa migriert sind. Rom, der/Romni, die: Angehörige[r] einer in verschiedenen Ländern Europas lebenden Minderheit, deren Vorfahren im Mittelalter über die Türkei und den Balkan migriert sind

*Rom*nja und Sinti*zzi* bzw. *Roma und Sinti* (im generischen Maskulinum) sind eine Gruppe, die vor etwa 1.000 Jahren aus dem Norden Indiens und Pakistans nach Europa migriert sind. In Deutschland leben sie seit mehr als 600 Jahren. In Europa leben rund 12 Millionen *Rom*nja und Sinti*zzi*. Sie bilden somit die größte Minderheit Europas und sie zählen zu den vier anerkannten → *nationalen Minderheiten in Deutschland*. Neben den Menschen, die wegen ihrer meist jahrhundertelangen Länderzugehörigkeit ihrer Familien eine reguläre Staatsbürgerschaft haben, gibt es auch Menschen, die als Vertragsarbeiter*innen in den 1960er-Jahren nach Deutschland migriert sind. Es gibt auch geflüchtete *Rom*nja*, die nur mit einer Duldung – teilweise jahrzehntelang – in Deutschland leben und überproportional oft von Abschiebung bedroht sind. Die sogenannten sicheren Herkunftsstaaten[981] sind für diese *Rom*nja* oftmals fremde Länder, in denen sie massiven → *Rassismus* erleben, am Rande der Gesellschaft leben und keinen Zugang zu Wohnraum, Bildung und Arbeit bekommen.[982]

Die schon früher verwendete Eigenbezeichnung *Roma* wurde 1971 auf dem ersten »World Roma Congress« in London offiziell bestätigt. Der Begriff *Sinti* hat sich im deutschsprachigen Raum gerade auch durch das politische und gesellschaftliche Wirken der Bürger*innenrechtsbewegung seit den 1970ern etabliert. Es gibt noch weitere *romani* Gruppen, wie zum Beispiel die *Manouches* in Frankreich, *Vlax* in Südosteuropa und *Kale* in Spanien. Der rassistische Begriff ~~Zigeuner~~ ist eine Fremdbezeichnung und steht für → *Diskriminierung*, Genozid und Mord. Stellvertretend für den rassistischen Begriff wurde den Menschen in den Konzentrationslagern der Buchstabe Z und die Häftlingsnummer in den Oberarm tätowiert, weshalb auch das »Z-Wort« anstelle der Ausschreibung umstritten ist. Den Säuglingen, deren Oberarm zu klein war, wurde die Kennzeichnung in den Oberschenkel gestochen.

Der kriminalisierende, stigmatisierende und entmenschlichende Ausdruck wird von *romani* und *sinti* Gruppen daher abgelehnt. Wenn der Begriff innerhalb der Community genutzt wird, dann als Geusenwort.[983] Die community-eigene Nutzung legitimiert also nicht die generelle Nutzung. Die Diversität der *romani* Gruppen spiegelt sich auch in der Sprache wider. Die Sprache der *Sinti*zzi und Rom*nja* ist Romanes. Das Romanes kommt aus dem altindischen Sanskrit und ist eine der ältesten Sprachen weltweit. Besonders beeindruckend ist hier, dass Romanes nach so vielen Jahrhunderten in der Diaspora kultiviert und erhalten wurde. Es existieren nicht nur regionale Dialekte, sondern viel mehr diverse Sprachvarietäten, die beispielsweise auch Gruppensprachen und Soziolekte einschließen.[984]

Der spezifische Rassismus gegen *Sinti*zzi und Rom*nja* hat sich über die Jahrhunderte hinweg in unserer Gesellschaft manifestiert und erfährt eine stetige Kultivierung und Kontinuität. Die Verfolgungsgeschichte beginnt mit ihrer Ankunft im heutigen Europa und dauert bis heute an. Während der Zeit des Nationalsozialismus waren *Rom*nja und Sinti*zzi* – neben Jüdinnen*Juden und weiteren Gruppen – ebenfalls Opfer des Genozids. Als → *marginalisierte* und kriminalisierte Gruppe fielen mindestens 500.000 Menschen der Rassenideologie der Nazis zum Opfer. Manche Historiker*innen sprechen von bis zu 1,5 Millionen Opfern.[985] Unter den deutschen *Sinti*zzi* hat jede Familie Opfer zu beklagen.[986] Für den Rassismus gegen *Sinti*zzi und Rom*nja* hat sich der Begriff Antiziganismus etabliert, der unter Wissenschaftler*innen und Aktiven aber auch kritisiert wird, da er den rassistischen Begriff – nämlich das *Z-Wort* – reproduziert.[987]

Tayo Awosusi-Onutor
Autorin, Sängerin und Verlagsinhaberin

Medientipps → 988, 989, 990, 991, 992, 986, 987

Safe(r) Space

Substantiv, maskulin | Safe Space, Safe|space | im Duden seit 2023 (Duden online)

D vor Diskriminierung schützender Ort (im privaten oder öffentlichen Raum, im Internet)

Ein *Safe(r) Space* ist ein Raum, in dem → *marginalisierte* Menschen weniger → *Diskriminierung* bzw. anderen Formen von Gewalt ausgesetzt sind und sie sich deswegen sicherer fühlen und empowern können.[993] Insbesondere Frauen, Menschen mit → *Behinderungen*, rassifizierte Menschen (→ siehe *Rassismus*), wirtschaftlich benachteiligte Menschen, Kinder und Jugendliche und → *queere* Menschen streben nach einem solchen Raum. Der Komparativ *Safer* (statt nur *Safe*) verdeutlicht, dass kein Raum absolut sicher ist, sondern nur sicherer als andere Räume sein kann.[994] Ein *Safe(r) Space* kann sowohl offline als auch online existieren.[995] Häufig beanspruchen westliche Texte ein konkretes Moment aus ihrer Geschichte als *den* Ursprung von *Safe(r) Space*. Jedoch sind solche Räume auch in anderen Zeiten und Teilen der Welt zu entdecken.[996] Obwohl es kein allgemeingültiges Konzept für *Safe(r) Space* gibt, teilen viele dieser Räume einige Praktiken. Die Deklaration eines Raums als *Safe(r) Space* spricht Interessent*innen an und initiiert Konsensbildung, für wen und wovon dieser Raum sicher sein soll. Das Ziel, der Umgang und die Zielgruppe dieses Raums werden in der Erklärung für den *Safe(r) Space* definiert. Eine Ansprechperson oder ein Awareness-Team sorgen dafür, dass Teilnehmende Probleme melden und Unterstützung finden können.

In der Umsetzung stößt *Safe(r) Space* oft auf Grenzen und Kritiken, zum Beispiel beim Paradox der → *Inklusion* und Exklusion.[997] »Lesbian lands« aus den 1970er- und 1980er-Jahren, ein separatistischer *Safe(r) Space*, übersah zum Beispiel oft die Belange der → *Schwarzen* Frauen und Arbeiterinnen. [997] Die Versuche in den USA, Schulen zu *Safe(r) Spaces* zu transformieren, stellen die Schwierigkeit unter Beweis, einen »ausreichend sicheren«, doch nicht komplett »komfortablen« Raum für alle Schüler*innen zu schaffen.[997] Ein separatistischer *Safe(r) Space* ermöglicht marginalisierten Menschen vertiefte Kommunikation über ihre Erfahrungen und kann sie dadurch empowern, was im Alltag selten möglich ist. Wichtig für einen separatistischen *Safe(r) Space* ist die bewusst → *intersektionale* Umsetzung und kritische Erkenntnis über die eigenen Grenzen inklusive der internalisierten Diskriminierungsstrukturen.[998]

Wenn marginalisierte Menschen Institutionen wie Schulen, Universitäten oder Firmen zu einem *Safe(r) Space* umgestalten möchten und dadurch Konflikte entstehen,[999] sollte zuerst gefragt werden, ob diese Räume für sie bisher inklusiv genug waren, sodass sie ihre Perspektive in Entscheidungsprozesse einbringen konnten. Denn voreilig über die Beschränkung der Meinungsfreiheit zu klagen, ohne über eigene → *Privilegien* zu reflektieren, kann zu einer erneuten Ausgrenzung der marginalisierten Menschen führen.

Einen absoluten *Safe(r) Space* kann es nicht geben, da die Sicherheit und Unsicherheit gesellschaftlich konstruiert und kontextabhängig sind[997] und wir alle unterschiedliche Sicherheitsbedürfnisse haben. Außerdem birgt der Anspruch auf einen absoluten *Safe(r) Space* die Gefahr, für das eigene Sicherheitsgefühl die notwendige Auseinandersetzung mit dem Leid anderer zu vernachlässigen.

Wenn man sich weigert, empathisch zu sein, untergräbt man schließlich die Grundvoraussetzung für *Safe(r) Spaces*. Die Beteiligten sollten Verletzbarkeit weder ignorieren noch verabsolutieren, sondern diese akzeptieren und damit respektvoll umgehen.

Safe(r) Spaces zu schaffen und aufrechtzuerhalten, ist eine mühsame Beziehungsarbeit, die nie abgeschlossen ist.[997] In diesem Sinne ist ein *Safe(r) Space* stets ein Übungsplatz für eine utopische Gesellschaft. Letztendlich sollte die gesellschaftliche Realität, aus der die Notwendigkeit eines Schutzraums für marginalisierte Menschen entsteht, kritischer betrachtet werden als der Wunsch nach solchen Räumen.

Sung Un Gang
Kulturwissenschaftler

Medientipps → 1000, 1001, 1002, 1003, 1004, 1005, 1006, 1007, 1008

Schwarz

Adjektiv | schwarz | im Duden seit 1880 (D1, 1. Auflage)

D 1. von der dunkelsten Färbung, die alle Lichtstrahlen absorbiert, kein Licht reflektiert; 2. a) von sehr dunklem Aussehen; 2. b) von [sehr] dunkler Hautfarbe; Besonderer Hinweis: Das Adjektiv schwarz sollte für Personen außer als Eigenbezeichnung nur verwendet werden, wenn in bestimmten Kontexten die Hautfarbe relevant ist (wie z. B. in Bevölkerungsstatistiken). In Deutschland lebende Menschen mit dunkler Hautfarbe bezeichnen sich zunehmend als afrodeutsch. 3. von Schmutz dunkel; Gebrauch: umgangssprachlich

Rassismus ist eine → *Ideologie* der Ungleichwertigkeit zur Unterdrückung und Ausbeutung. In dieser Ideologie spielt Sprache eine zentrale Rolle, denn sie beschreibt, wer eine Machtposition besetzt und wer nicht und damit auch, wer wen wie bezeichnet. Mit dem Aufkommen pseudowissenschaftlicher Rassekonzepte etablierte sich die Verwendung des N-Wortes im deutschen Sprachgebrauch. Ein Blick in die Wörterbücher[1009] der vergangenen Jahrhunderte zeigt, dass der Begriff stets mit der Entmenschlichung *Schwarzer* Menschen einherging. In Debatten über den Begriff wird er häufig als »diskriminierend empfunden« beschrieben. Dadurch wird die Kritik am Begriff auf eine ausschließlich emotionale Ebene verschoben.[1010]

Was dabei verkannt wird: Das N-Wort ist fester Bestandteil jahrhundertealter rassistischer → *Diskriminierung*. Als »sanfte« Alternative für das N-Wort wird manchmal der Begriff *farbig/farbige Menschen* genutzt. Teilweise wird die Nutzung des Begriffs *farbig* mit der englischen Selbstbezeichnung *People of Color* begründet (siehe → *Person of Color*). Zu beachten ist hier, dass *of Color* nicht nur *Schwarze* Menschen bezeichnet, sondern auch andere von → *Rassismus* betroffene Gruppen und der deutsche Begriff *farbig* bereits vor der Entstehung von *of color* rassistisch geprägt war. Auch dieser Begriff hat als Bezeichnung *Schwarzer* Menschen seinen Ursprung im Kolonialismus und ist damit Teil von rassistischen Konzepten. Er markiert *Farbig-Sein* als eine Abweichung vom vermeintlich »Normalen« und damit Weiß-Sein / Farblos-Sein als Standard. Bei beiden Beispielen handelt es sich um Fremdbezeichnungen. Eine Abwandlung von *farbig* ist *andersfarbig*, die häufig genutzt wird, um die Begrifflichkeit *Schwarze / Schwarze Menschen* zu umgehen. Auch bei diesem Begriff handelt es sich um eine

Fremdbezeichnung, die von einem »Normalzustand« – dem Weiß-Sein und einer Abweichung – ausgeht.

Als *Schwarz* oder *Schwarze Menschen* werden Menschen mit afrikanischer, karibischer und afroamerikanischer Herkunft bezeichnet.[1011] Die Herkunft kann sich hier auf die eigene oder die familiäre Herkunft beziehen. Mit *Schwarz* werden also sowohl Migrant*innen / Geflüchtete als auch Menschen, deren Vorfahren bereits seit mehreren Jahrhunderten in Deutschland verwurzelt sind, bezeichnet (siehe → *postmigrantisch*). *Schwarz / Schwarze Menschen* ist eine Selbstbezeichnung und Teil des Befreiungskampfes *Schwarzer Menschen* von rassistischer Unterdrückung und Ausbeutung. Sie wird überwiegend außerhalb des afrikanischen Kontinents genutzt. Dabei wird der Buchstabe »S« großgeschrieben. Die Großschreibung weist darauf hin, dass »Schwarzsein« nicht die Pigmentierung der Haut beschreibt, sondern ein soziales und politisches Konstrukt darstellt. Mithilfe dieses sozialen und politischen Konstruktes werden *Schwarze Menschen* bis heute diskriminiert. Diese Diskriminierung *Schwarzer Menschen* wird als *Anti-Schwarzer* [sic!] Rassismus bezeichnet. Er stellt eine spezielle Form des Rassismus dar und hat seinen Ursprung in der Versklavung afrikanischer Menschen und der Kolonialisierung.

Die über Jahrhunderte rassistisch geprägten Bilder von *Schwarzen Menschen* bestimmen bis heute das gesellschaftliche Denken und Handeln. Diese spezifische Form des Rassismus äußert sich in Form von Mikroaggressionen, also unterschwelligen oder alltäglichen Herabsetzungen *Schwarzer Menschen*, und in der Sprache. Anti-Schwarzer Rassismus zeigt sich aber auch offensiv und aggressiv. Die geschieht beispielweise in Form von gezielten Personenkontrollen oder von Gewalttaten gegen *Schwarze Menschen*. Das Ablegen rassistischer Begrifflichkeiten, die im Kontext von Gewalt und Ausbeutung ihren Ursprung haben, ist ein wichtiger Schritt in der Auseinandersetzung mit Rassismus. Gleichzeitig ist das klare Benennen von Menschen, die von Rassismus betroffen sind, essenziell, um Benachteiligungen aufzeigen und vermindern zu können.

Sarah Shiferaw
Trainerin für Rassismussensibilisierung und Demokratieförderung sowie Medienanalystin

Medientipps → 1012, 1013, 1014, 1009, 1015, 1016, 1017

schwul

Adjektiv | schwul | im Duden seit 1967 (D1, 16. Auflage)

D 1.a) (von Männern) homosexuell veranlagt, empfindend; Gebrauch: Umgangssprachlich, auch Eigenbezeichnung. Besonderer Hinweis: Die Ausdrücke schwul, Schwuler waren lange lediglich abwertende Bezeichnungen für männliche Homosexuelle. Inzwischen werden sie aber von Homosexuellen häufig als Eigenbezeichnungen verwendet, haben dadurch ihren abwertenden Charakter in vielen Kontexten verloren und setzen sich immer stärker auch im öffentlichen Sprachgebrauch durch; 1.b) für einen Homosexuellen charakteristisch, zu ihm gehörend; auf (männlicher) Homosexualität beruhend; Gebrauch: umgangssprachlich, auch Eigenbezeichnung; 1.c) für (männliche) Homosexuelle bestimmt, geschaffen; Gebrauch: umgangssprachlich, auch Eigenbezeichnung; 2. in Verdruss, Ärger, Ablehnung hervorrufender Weise schlecht, unattraktiv, uninteressant; Gebrauch: Jugendsprache diskriminierend, veraltet; Grammatik: meist in Verbindung mit einem intensivierenden Adverb

Männer, die Männer lieben, gab es schon immer. Es sind Zeugnisse von vor Tausenden Jahren überliefert, die sich so interpretieren lassen. Doch seit wann werden diese Männer als *schwul* bezeichnet? Wie beim englischen Pendant *gay* liegt der Ursprung des Worts im Dunkeln. *Schwul* dürfte aus dem Niederdeutschen kommen und wie *schwül* zunächst für »drückend heiß« stehen. Im späten 19. Jahrhundert soll es dann in Berlin als Bezeichnung für männerliebende Männer aufgekommen sein, analog zum heute nicht mehr gängigen Begriff *warmer Bruder*[1018].

Überhaupt ist Berlin in dieser Zeit für die Geschichte der männlichen wie weiblichen Homosexualität zentral. Die Stadt sei diesbezüglich der »Geburtsort einer modernen Identität« – philosophisch, kulturell, gesellschaftlich, medizinisch, psychologisch. Das hat der US-Historiker Robert Beachy so formuliert.[1019] In Berlin entsteht eine (Sub-)Kultur, die international ihresgleichen sucht. Hier gründen sich politische Initiativen wie das »Wissenschaftlich-humanitäre Komitee« von Magnus Hirschfeld, das gegen den Paragrafen 175 kämpft, der Homosexualität kriminalisiert. Der Bruch kommt mit der NS-Zeit. Die Nazis verfolgen und ermorden Homosexuelle. Nach 1945 steht männliche Homosexualität weiter unter Strafe, in der Bundesrepublik noch stärker als in der DDR. Schwulsein ist ein Makel, der Existenzen zerstören kann.

Die Wende kommt in den 1970ern mit der Lesben- und Schwulenbewegung. Ein Meilenstein in Deutschland ist etwa der Film »Nicht der Homosexuelle ist pervers, sondern die Situation, in der er lebt« des Regisseurs Rosa von Praunheim (1971). Er appelliert auch an die eigene Community, mit dem gesellschaftlichen Versteckspiel aufzuhören. Mehr als 900-mal fällt im Film das Wort *schwul* – ein Affront.[1020] In den Folgejahren deuten immer mehr Männer das Wort positiv um und eignen es sich als Selbstbezeichnung an. Es ist ein langer Prozess: Es gebe »keine reibungslose Erfolgsgeschichte« im Nachkriegsdeutschland, die von der Ächtung über die Emanzipation zur Normalisierung führe, schreibt der Historiker Benno Gammerl.[1021] So steht erst 2001 mit dem Berliner Regierenden Bürgermeister Klaus Wowereit ein deutscher Spitzenpolitiker offen zu seinem *Schwulsein*. »Ich bin *schwul*, und das ist auch gut so«: Dieser Satz wird legendär (siehe → *Coming-out*).

Mit der modernen Emanzipationsbewegung geht eine Diskussion einher, ob es überhaupt eine *schwule* Identität gibt, die darüber hinausgeht, dass Männer Sex mit Männern haben. Wenn ja, was gehört dazu? Wäre es zum Beispiel die Dragqueen-Kultur? Lassen sich globale Gemeinsamkeiten finden? Die AIDS-Krise der 1980er, als *schwule* Männer öffentlich verteufelt wurden, hat das Bewusstsein dafür geschärft, dass Akzeptanz schnell wieder verloren gehen kann.

Heute mögen sich viele Männer selbstverständlich als *schwul* bezeichnen, wobei vor allem Jüngere eindeutige Labels inzwischen für sich ablehnen oder etwa → *queer* benutzen. Es bleiben weitere Ambivalenzen. Auf Schulhöfen geht mit dem Wort weiter eine Verächtlichmachung einher. Politisch wurde zwar viel erreicht: Gleichgeschlechtliche Paare dürfen heiraten, früher verurteilte *schwule* Männer wurden rehabilitiert. Dennoch bleiben rechtliche Lücken – und es drohen neue Kulturkämpfe bei den Themen sexuelle Identität und → *Geschlechtsidentität*. Der Stolz, zu einem eigenen Selbstbewusstsein gefunden zu haben, bleibt davon indes unbenommen.

Tilmann Warnecke
Redakteur

Medientipps → 1019, 1021, 1022, 1020, 1023, 1024, 1025

Sensitivity-Reading

Substantiv, Neutrum | Sen|si|ti|vi|ty-Rea|ding, Sen|si|ti|vi|ty|rea|ding | im Duden seit 2023 (Duden online)

D mit hoher Aufmerksamkeit für exkludierende, diskriminierende und stereotype (1) Inhalte oder Formulierungen erfolgendes Lesen oder Lektorieren

Sensitivity-Reading (auch *Authenticity-* oder *Diversity-Reading* genannt) ist ein Fachlektorat zu Inhalten, die sensible Themen, wie zum Beispiel → *Rassismus*, → *Sexismus*, → *Ableismus*, → *Queerfeindlichkeit* oder → *Klassismus*, berühren. Dabei kann es sich wohl um die Überprüfung von → *Diskriminierung* auf der Textebene als auch um die Darstellung von → *marginalisierten* Menschen und ihren Lebenswelten handeln.[1026] *Sensitivity-Reading* wird von Verlagen, Selfpublisher*innen, Film- und Hörspielproduktionen in Anspruch genommen, wenn die Notwendigkeit besteht, einen Authentizitätscheck vorzunehmen oder die Stoffe diskriminierungssensibler zu gestalten. Diese Art Fachlektorat ist nicht neu; durch die erhöhte Nachfrage seitens Autor*innen wurde der Begriff *Sensitivity-Reading* aus dem englischsprachen Raum in die → *deutsche Sprache* übernommen, um zu verdeutlichen, dass man bei den Themen eine besondere Sensibilität benötigt.

*Sensitivity-Reader*innen* vereinen das Wissen von Lektorat und Betroffenenperspektive. Sie sind Expert*innen, die aus einer (oder mehreren) marginalisierten Gruppen stammen, sich mit den Diskursen um ihr Thema auseinandersetzen und einen Bezug zur Literatur haben. So können sie mit ihrem breit gefächerten Wissen hinsichtlich ihrer Spezialisierung auf die Bedürfnisse des Textes und der Autor*innen eingehen.[1027] Obwohl *Sensitivity-Reading* ein Teil der Überarbeitung ist, kann man schon bei der beim Entstehungsprozess mit *Sensitivity-Reader*innen* zusammenarbeiten. Auch bei Neuausgaben von bereits verlegten Werken wird *Sensitivity-Reading* erwogen und durchgeführt, damit Inhalt und Sprache korrigiert oder der Zeit angepasst werden können.

Sensitivity-Reading wird oft als Zensur oder Meinungsverbot missverstanden. Das liegt daran, dass im Feuilleton Meinungen über *Sensitivity-Reading* geäußert werden, die auf Vermutungen und Gerüchten basieren.

Dort werden ein paar wenige, aber extreme Fälle besprochen – oft ohne den Kontext zu beachten.[1028] Der Fokus von *Sensitivity-Reading* liegt dabei gar nicht auf Neuausgaben älterer Texte, sondern auf neuen Werken. In immer mehr Verlagen und Filmproduktionen hat sich *Sensitivity-Reading* etabliert. Gerade im Kinder- und Jugendbuchbereich sowie bei Geschichten für junge Erwachsene wird regelmäßig mit *Sensitivity-Reader*innen* zusammengearbeitet.

Beim *Sensitivity-Reading* geht es nicht darum, Aussagen zu verbieten oder abzumildern, um – wie es gern formuliert wird – die möglichen Gefühle einzelner Individuen nicht zu verletzen. Es geht nicht um Befindlichkeiten von marginalisierten Personen, sondern um das Bewusstsein, nicht durch die eigene Sprache Diskriminierung zu reproduzieren. *Sensitivity-Reader*innen* unterstützen Autor*innen dabei, für das Phänomen, das sie beschreiben wollen, die adäquate Wortwahl zu finden, anstatt *unwissentlich* auf veraltete Wörter, diskriminierende oder klischeehafte Ausdrucksweisen zurückzugreifen.

Gerade wenn man über kritische Themen sprechen oder mit der Kunst aufrütteln möchte, ist es wichtig, Sprache bewusst einzusetzen. *Sensitivity-Reading* hilft dabei, Aussagen präziser zu formulieren, sodass die Botschaft deutlich wird und man nicht mit Sprache unabsichtlich marginalisierte Menschen diskriminiert.

Victoria Linnea
Lektorin, Schreibcoachin, Sensitivity-Readerin und Diversity-Beraterin

Medientipps → 1029, 1030, 1031, 1032, 1033, 1034, 1035

Sexismus

Substantiv, maskulin | Se|xis|mus | im Duden seit 1991 (D1, 20. Auflage)

D 1. Vorstellung, nach der ein Geschlecht dem anderen von Natur aus überlegen sei, und die [daher für gerechtfertigt gehaltene] Diskriminierung, Unterdrückung, Zurücksetzung, Benachteiligung von Menschen, besonders der Frauen, aufgrund ihres Geschlechts;
2. etwas, was auf Sexismus (1) beruht, sexistische Verhaltensweise

Die meisten Menschen haben klare Vorstellungen von *Sexismus*, auch wenn diese sich z. T. stark unterscheiden. Studien zeigen, dass der Großteil der Menschen in Deutschland sagt, er sei gegen *Sexismus*, aber ihn gleichzeitig auch »gar nicht so schlimm« findet.[1036] Kurz gesagt ist *Sexismus* eine Diskriminierungsform aufgrund des Geschlechts (siehe → *Stereotyp*).

Als solche zeigt sich der *Sexismus* auf individueller, struktureller und institutioneller Ebene.[1037] [1038] Individuell: Mädchen werden Puppen geschenkt, Jungen Feuerwehrautos. Wenn ein Kind sich nicht dem zugeordneten Geschlecht entsprechend verhält, wird es sexistisch gehänselt: »Mit dem kurzen Haarschnitt siehst du aus wie ein Junge« oder »Heul nicht wie ein Mädchen!« (siehe → *Bias*).[1039]

Strukturell: Frauen arbeiten mehr in Teilzeit, in schlechter bezahlten »Frauenberufen« und übernehmen viel mehr unbezahlte Arbeit im Haushalt und in der Kinderbetreuung (siehe → *Care-Arbeit*).[1040] Institutionell: Das Ehegattensplitting setzt finanzielle Anreize, um veraltete sexistische Rollenverteilungen zu verfestigen (siehe → *Ungleichheit*).[1041]

Sexismus wird oft mit → *Diskriminierung* von cis Frauen in Verbindung gebracht, also Frauen, die sich mit dem Geschlecht identifizieren, das ihnen bei der Geburt zugewiesen wurde (siehe → *Geschlechtsidentität*). Doch wenn wir uns die Strukturen dahinter ansehen, zeigt sich, dass es bei *Sexismus* um viel mehr geht.

Sexismus bedeutet, dass es eine geschlechtliche Rangordnung in der Gesellschaft gibt: Weiblichkeit steht unter Männlichkeit. Aufgrund dieser Anordnung werden Einzelpersonen und ganze Gruppen diskriminiert, schlechter behandelt und als weniger wert angesehen (siehe → *Gruppenbezogene Menschenfeindlichkeit*). Da es dabei auch immer um Macht geht, werden außerdem alle Bereiche der Gesellschaft in »weiblich« und

»männlich« eingeteilt: »Frauen- und Männerberufe«, »Damen- und Herrenbekleidung«, »emotional vs. rational« oder »schwach vs. stark«.[1042] Ab der Geburt werden Menschen in diese zwei Optionen eingeordnet und haben sich dementsprechend zu verhalten. Wer das nicht tut, erfährt Konsequenzen. Zu diesen Aufteilungen gehört auch die Annahme, dass Menschen heterosexuell sind.

→ *Queere* Menschen (z. B. homosexuelle, → *trans** oder → *nicht binäre* Menschen, kurz LGBTIQA+) brechen dieses System auf und werden deswegen diskriminiert. Um dies sichtbar zu machen, wird von Heterosexismus[1043] und Cissexismus[1044] gesprochen. Daher werden Heterosexualität und cis Geschlechtlichkeit als »normal« und alles andere als weniger wert dargestellt. Diese Annahme endet häufig in direkter Gewalt.[1045] Hier zeigen sich zwei wichtige Aspekte: 1. *Sexismus* trifft Menschen unterschiedlich und wirkt mit weiteren Diskriminierungsformen, wie z. B. Queerfeindlichkeit und → *Rassismus*, auf Menschen ein (siehe → *Intersektionalität*). 2. Sexistische Einstellungen bieten die Grundlage für weitere Gewaltformen wie sexualisierte Gewalt und Antifeminismus.[1046]

Sexismus ist so allgegenwärtig und vielfältig, dass zwei Buchseiten nicht ausreichen, um all seine Formen wiederzugeben. Wichtig ist zu verstehen, dass *Sexismus* keinesfalls »gar nicht so schlimm« ist. *Sexismus* bietet die Grundlage für viele Gewaltformen, er zeigt sich im »locker room talk«[1047], wenn über Vergewaltigungserzählungen gelacht wird. Er zeigt sich in Altersarmut[1048], in Medizin[1049], die nur an cis Männern erforscht wird,[1050] in körperlichen Übergriffen beim *Christopher Street Day*[1051]. Er nährt selbst den Boden für eine der schwersten Formen geschlechtsspezifischer Gewalt, den → *Femizid*.

Daher gilt: *Sexismus* ist schlimm, gewaltvoll, erdrückend. Doch schon immer hat es auch Gegenwehr gegeben: mit Feminismus.

Hannah Beeck
Bildungsreferentin

Medientipps → 1052, 1053, 1054, 1037, 1055, 1056, 1057, 1058

Sport

Substantiv, maskulin | Sport | im Duden seit 1887 (D1, 3. Auflage)

D 1. a) nach bestimmten Regeln [im Wettkampf] aus Freude an Bewegung und Spiel, zur körperlichen Ertüchtigung ausgeübte körperliche Betätigung; b) Sport (1a) als Fachbereich, Unterrichtsfach o. Ä.; c) sportliches Geschehen in seiner Gesamtheit; d) Sportart; 2. Liebhaberei, Betätigung zum Vergnügen, zum Zeitvertreib, Hobby

Nach der Definition des Duden-Wörterbuchs (siehe oben) ist *Sport* grundsätzlich für alle da. *Sport* ist vielfältig. In der Realität aber zeigt sich auch: Der organisierte *Sport* als Vereins- und Leistungssport folgt strengen Regeln und Hierarchien – und er ist historisch gewachsen aus der modernen Sportbewegung, die zunächst vor allem Eliten zur Verfügung stand. Sowohl Vielfalt (→ siehe *Diversity*) als auch Gleichberechtigung mussten und müssen in diesem System erkämpft werden. Nicht selten gibt es Zugangshürden, obwohl dem *Sport* als gemeinschaftliche Bewegungspraxis eine besondere Eignung zur → *Inklusion* bescheinigt wird.

Bis heute sichtbar ist zum Beispiel auf Funktionär*innenebene eine deutliche Mehrheit weißer Männer (siehe → *Alte weiße Männer*).[1059] Sie repräsentieren den *Sport* auf Verbandsebene, sprechen mit Journalist*innen, treffen Entscheidungen. In der Berichterstattung (siehe → *Medienvielfalt*) dominiert der Fußball der Männer, obwohl es innerhalb des organisierten Sports eine große Vielfalt von Sportarten gibt.[1060]

Weibliche und diverse Athlet*innen erhalten nur einen Bruchteil der medialen Aufmerksamkeit, wie zahlreiche Studien belegen.[1061] Selbst innerhalb der Sportredaktionen sind Frauen und diverse Personen unterrepräsentiert.

Wenn es um Vielfalt geht, hat der *Sport* in Deutschland also einiges nachzuholen. Das zeigen die immer lauter werdenden Forderungen nach mehr Diversität auf allen Ebenen und in allen Bereichen des *Sports*. Dabei gilt es auch, Tabus zu brechen, den *Sport* flexibler zu machen, beweglicher. Vielen Sportarten liegt beispielsweise ein binäres Geschlechtersystem zugrunde (siehe → *nicht binär*). Menschen mit Variationen in der Geschlechtsentwicklung, inter- und intrasexuelle sowie → *trans** Athlet*innen treffen immer noch auf Vorurteile, Hürden und → *Diskriminierung* im *Sport*[1062], vor allem im Leistungssport. Selten gibt es auch Veränderungen: Im Amateursport hat der Deutsche Fußball-Bund (DFB) zur Spielzeit 2022/23 eine Neuerung im Regelwerk verankert. Seitdem dürfen sich Spieler*innen, die sich als divers bezeichnen, selbst aussuchen, ob sie für ein Frauen- oder ein Männerteam eingetragen werden wollen.[1063]

Das sind wichtige erste Schritte. Noch wichtiger bleibt aber eine breite Vielfaltsdiskussion innerhalb des *Sports*. Männliche Homosexualität ist nach wie vor ein großes Tabu in männlich dominierten Sportarten (siehe → *schwul* und → *Coming-out*). Daneben braucht es einen Diskurs über → *rassistische* Strukturen im *Sport*.

Studien legen nahe, dass zum Beispiel für Frauen und Mädchen mit migrantischem und/oder muslimischem Hintergrund der Zugang und Verbleib im *Sport* erschwert ist[1064]. In verantwortlichen Positionen von Vereinen und Verbänden sind Menschen mit internationaler Geschichte selten vertreten. In der Sportberichterstattung finden sich nach wie vor rassistische Stereotype wieder.[1065]

Auch → *Ableismus* ist trotz Events wie den Paralympics (für Menschen mit körperlichen Behinderungen) oder den Special Olympics (Weltspiele der Menschen mit geistigen Behinderungen) weiterhin ein großes Thema im Sport. Verhandelt werden unter anderem Teilhabe, Inklusion, der Leistungsgedanke, Diskriminierung und Barrierefreiheit. Entscheidend für all diese Themen ist die gesellschaftliche Wahrnehmung. Teil dieser Wahrnehmung ist die mediale Öffentlichkeit.

In Deutschland ist die Sportberichterstattung noch immer von weißen, able-bodied, cis-hetero Männern dominiert. Damit fehlt ein großer Teil der hier dargestellten Perspektiven.

Die gute Nachricht: Genau diese Dominanz bricht gerade auf und zieht hoffentlich auf allen Ebenen eine größere Vielfalt nach sich. Es ist auf jeden Fall noch reichlich Luft nach oben.[1066]

Nora Hespers
Journalistin, Autorin und Podcasterin

Medientipps → 1062, 1064, 1065, 1066, 1067

Sprachenvielfalt

Substantiv, feminin | Spra|chen|viel|falt | im Duden seit 2013 (Duden online)

D das Vorhandensein [vieler] verschiedener lebender Sprachen (4a) in einem bestimmten geografischen Raum

Sprachenvielfalt bezieht sich auf das Vorhandensein und die Verwendung von mehreren Sprachen innerhalb einer bestimmten Bevölkerungsgruppe, Region oder auf globaler Ebene.[1068] Dieses Phänomen zeigt sich auf verschiedenen Gebieten: von Ländern, in denen mehrere Amtssprachen anerkannt sind, über Gebiete, in denen verschiedene Dialekte nebeneinander existieren, bis hin zu Gemeinschaften, in denen Menschen aus vielen verschiedenen ethnischen und kulturellen Hintergründen zusammenleben.

Manche Sprachen genießen jedoch ein besseres Image als andere. Sprachen wie Türkisch, Arabisch oder BKS (Bosnisch-Kroatisch-Serbisch), die in den → *deutschsprachigen* Ländern hauptsächlich von Migrant*innen oder Geflüchteten gesprochen werden, haben oft einen niedrigeren sozioökonomischen Status. Dies kann dazu führen, dass diese Sprachen als weniger wertvoll oder prestigeträchtig angesehen werden, wohingegen Sprachen wie Englisch und Französisch meist als »Elitesprachen« gelten. Es gibt oft Erwartungen, dass Migrant*innen und Geflüchtete die Sprache des Gastlandes lernen und annehmen sollten.

Das Sprechen einer anderen Sprache kann als Mangel an Integrationswillen oder als Bedrohung für die nationale Identität oder Einheit angesehen werden. Dies ist stark von historischen, politischen und sozioökonomischen Faktoren geprägt.

Englisch und Französisch zum Beispiel wurden aufgrund der Kolonialgeschichte und des kulturellen Einflusses der Länder, in denen diese Sprachen gesprochen werden, weltweit verbreitet. Diese Sprachen sind oft in internationalen Institutionen, in der Wirtschaft, Wissenschaft und in der Popkultur präsent.

Für kulturelle Vielfalt und Pluralismus ist *Sprachenvielfalt* ein essenzieller Indikator. Denn jede Sprache birgt eine einzigartige Weltanschauung und einen eigenen Ausdruck menschlicher Erfahrungen und Werte. Sie ermöglicht es uns, die Welt aus verschiedenen Perspektiven zu sehen, und fördert so das gegenseitige Verständnis und den interkulturellen Dialog.

Sprachenvielfalt hat jedoch auch praktische Implikationen. Sie kann Herausforderungen in Bereichen wie Bildung, Kommunikation und soziale → *Integration* darstellen. Daher sind effektive Sprachenpolitik und -planung entscheidend, um sicherzustellen, dass alle Sprachen und ihre Sprecher*innen respektiert und unterstützt werden. Sprachexpert*innen fordern, Mehrsprachigkeit zum Unterrichtsprinzip zu machen. Dadurch können Sprachen leichter gelernt werden und die Chancen, einen Job zu finden, werden erhöht.

Um die sprachliche Vielfalt in der Europäischen Union zu fördern, hat sie im Artikel 22 der Charta der Grundrechte *Sprachenvielfalt* verankert.[1069] Die Wahrung der Rechte von Minderheiten ist ein grundlegendes Element dieser Charta. Sie untersagt die → *Diskriminierung* von Angehörigen einer Minderheit.

Sprachenvielfalt ist eine wertvolle Ressource, die unsere menschliche Gemeinschaft bereichert und dazu beiträgt, eine → *inklusivere*, kulturell vielfältigere und verständnisvollere Welt zu schaffen. Es liegt in unserer Verantwortung, diese Vielfalt zu schätzen, zu schützen und zu fördern.

Amra Durić
Journalistin

Medientipps → 1070, 1071, 1072, 1073, 1074

Stereotyp

Substantiv, Neutrum | Ste|reo|typ | im Duden seit 1991 (D1, 20. Auflage)

D 1. vereinfachendes, verallgemeinerndes, stereotypes Urteil, [ungerechtfertigtes] Vorurteil über sich oder andere oder eine Sache; festes, klischeehaftes Bild; Gebrauch: Sozialpsychologie, Psychologie; 2. Stereotype (1) sprachliche Äußerung oder motorische Bewegung; Gebrauch: Psychiatrie, Medizin

Menschen denken in Schubladen. Wir alle tun das. Diese Art der Sortierung entlastet uns im Alltag und reduziert die Informationskomplexität der (Um-)Welt. Gerade in unsicheren oder bedrohlichen Situationen greifen wir auf dieses Schubladendenken zurück, um Menschen, Momente und Sachverhalte schneller einschätzen zu können. Um diesen kognitiven Verarbeitungsprozess zu vereinfachen, stützen wir uns oft auf bereits gespeicherte Informationen und Erfahrungen – selbst wenn es nicht die eigenen sind und auch wenn wir ahnen, dass es nur eine sehr schemenhafte, nicht nur auf der Realität basierende Ansicht ist.

Einige dieser Schubladen sind *Stereotype*. Anders als das *Vorurteil* beinhalten *stereotype* Ansichten nicht immer eine moralisch-wertende Komponente. Sie müssen also nicht positiv oder negativ sein. Das ist aber auch oft ein Problem. Während Vorurteile als negative Meinung oder Einstellung entlarvt werden (siehe → *Diskriminierung*), tarnt sich das *Stereotyp* häufig als vermeintlich neutraler Fakt, wie »Alle Asiat*innen können Karate«, »Im Islam werden Frauen unterdrückt« oder »Schwarze können sich gut bewegen«.

In der Sozialpsychologie gilt das *Stereotyp* als »verallgemeinerndes Bild eines einzelnen Menschen, das nicht auf den tatsächlichen Eigenschaften des Individuums beruht, sondern auf den zugeschriebenen Eigenschaften der Gruppe«.[1075] Man sieht also weniger das Individuum für sich, sondern einen Menschen als repräsentativen Teil einer Gruppe. Je weniger Kontakt und je mehr Abstand ich zu ihm habe, je »fremder« er mir ist, desto einfacher ist es, die eigenen Ansichten auf den wenigen – oft *stereotypen* – Informationen fußen zu lassen.

Als Beispiel: Wenn ich von jemandem nur weiß, dass er »muslimisch, arbeitslos, geflüchtet« ist, werde ich die Ansichten, die ich unter diesen

Merkmalen gespeichert habe, diesem Menschen in irgendeiner Weise zuordnen. Auf der anderen Seite: Vielleicht lerne ich die Person persönlich kennen und speichere dann ab: Danny, 24, sammelt Pokémon-Karten und hat BWL studiert. Man sieht also, wie man mit wenigen Zuschreibungen das Bild eines Menschen verändern kann. Besonders entscheidend wird das in den Medien, die oft klischeehafte Inhalte reproduzieren (siehe → *Medienvielfalt*).

Stereotype halten sich sehr stark – selbst wenn widersprüchliche Informationen geliefert werden. Wir haben anscheinend einen Widerwillen, eine einmal fest gesetzte Überzeugung zu ändern. Als Primacy-Effekt wird das Phänomen bezeichnet, nach dem der erste Eindruck tatsächlich auch oft ein bleibender Eindruck ist. Werden wir mit für uns unpassenden Informationen konfrontiert, reagieren wir mit einem Abwehrreflex. Beliebte Strategien sind: Wir definieren die Handlungen als Ausnahme von der Regel: »Du bist nicht wie die anderen → *Ausländer*innen*.« Wir beeinflussen mit unserem auf das *Stereotyp* ausgerichteten Handeln das erwartete/gewünschte Handeln anderer: »selbst erfüllende Prophezeiungen«. Oder wir schreiben das nicht *stereotype* Tun äußeren Faktoren und nicht dem Individuum zu.[1076]

Um zu verhindern, dass *Stereotype* zu Vorurteilen werden, lohnt es sich, sich die eigenen *unconscious* → *Bias*, also die verzerrten, automatisierten Denkmuster, bewusst zumachen und zu hinterfragen. Gerade auch der medialen Repräsentation kommt eine wichtige Aufgabe zu. Denn durch die einseitige, vereinfachte und oft falsche Darstellung bestimmter Gruppen werden *Stereotype* geschaffen und verfestigt (siehe → *Gruppenbezogene Menschenfeindlichkeit*).

Eine vielfältigere, genauere und erklärende Beschreibung von Charakteren und Narrativen hilft, dem entgegenzuwirken. Dann haben wir zwar immer noch Schubladen – aber dafür sehr viel mehr, flexiblere, passendere und weniger wertende.

Frank Joung
Journalist, Moderator und Podcaster

Medientipps → 1077, 1078, 1079, 1080, 1081

TERF

Substantiv, maskulin; Substantiv, feminin | TERF | im Duden seit 2023 (Duden online)

D [radikaler] Feminist bzw. [radikale] Feministin, der/die Transfrauen nicht als Frauen betrachtet [und ganz allgemein die Transidentität anzweifelt]

Es ist ein Begriff, der spätestens seit Joanne K. Rowling große Bekanntheit erlangt hat: *TERF*. Dieses Akronym steht für »Trans-Exclusionary Radical Feminist«, also Feminist*innen, die → *trans** Personen aus ihrem Feminismusverständnis ausschließen. Die meisten *TERF* lehnen die Bezeichnung ab und nennen sich stattdessen »gender-kritische Feministinnen«. Es handelt sich also um eine Beschreibung von außen. So auch im Fall Rowling. Diese wurde für ihre Äußerungen in der Vergangenheit zwar wiederholt als transfeindlich kritisiert, empfindet den Begriff *TERF* allerdings als »→ *misogyne* Beleidigung«.[1082]

Bei der britischen Schriftstellerin begann alles mit einem Zeitungsartikel, in dem es um »menstruierende Menschen« ging. Rowling zog die Formulierung ins Lächerliche und ignorierte dabei, dass nicht alle Frauen menstruieren, zum Beispiel trans* Frauen. Außerdem sind nicht alle Personen, die menstruieren, Frauen, zum Beispiel trans* Männer oder → *nicht binäre* Personen. Die Gruppe der »menstruierenden Menschen« kann folglich nicht mit »Frauen« gleichgesetzt werden. Dass Rowling → *inklusive Sprache* und Formulierungen verspottet, empfanden viele aus der → *queeren* Community als transfeindlich. Anhand ihrer Aussagen wird deutlich, dass Rowling trans* Frauen aus ihrem Frauenverständnis exkludiert.

Genau das haben *TERFs* gemeinsam: Sie verstehen sich als Feministinnen, schließen aber trans* Personen aus ihrem Verständnis von Feminismus aus. Das lässt sich auch daran erkennen, dass sie trans* Personen häufig misgendern und sie explizit aus Räumen für Frauen ausschließen. Innerhalb dieses Radikalfeminismus werden häufig auch Sexarbeiter*innen exkludiert, dann ist die Rede von SWERF (»Sex Worker Exclusionary Radical Feminism«). Viele plädieren überdies für ein Burka- und Kopftuchverbot.

Die gängige Behauptung von *TERFs* lautet, dass Geschlecht biologisch bestimmt und unveränderbar sei. Sie werfen trans* Frauen vor, eigentlich »biologische Männer« zu sein, die versuchen würden, in Frauenschutzräume wie Toiletten oder Umkleiden einzudringen. Umgekehrt behaupten *TERFs*, trans* Männer seien »biologische Frauen«. Auf diese Weise wird trans* Personen ihre Existenz abgesprochen, ihre → *Geschlechtsidentität* wird infrage gestellt.

Was dabei völlig außer Acht gelassen wird: Bei inklusiven Formulierungen wie »menstruierenden Personen« oder »Personen mit Uterus« wird cisgeschlechtlichen Personen nichts weggenommen. Vielmehr geht es darum, mehr Menschen mitzudenken und sprachlich sichtbar zu machen – Menschen, die → *marginalisiert* werden und auf Schutz angewiesen sind (siehe → *Safe[r] Space*).

Viele Argumente von *TERFs* klingen wohl deshalb zunächst einleuchtend, weil viel Unwissen und viele → *Desinformationen* über die Lebensrealitäten von trans* Personen herrschen bzw. im Umlauf sind. Dabei entbehrt die Behauptung, trans* Personen würden eine Bedrohung für Frauenschutzräume darstellen, jeglicher empirischen Grundlage, wie eine Studie der University of California zeigt.[1083] Demnach wird das Sicherheitsrisiko in keiner Weise dadurch erhöht, dass trans* Personen Einrichtungen nutzen, die ihrer Geschlechtsidentität entsprechen.

Vielmehr sind es trans* Personen, die Gewalt und → *Diskriminierung* ausgesetzt sind, wenn sie zum Beispiel öffentliche Toiletten oder Umkleiden nutzen wollen. Eine Studie aus den USA von 2018 zeigt, dass mindestens die Hälfte junger trans* Männer zwischen elf und 19 Jahren einmal versucht hat, sich das Leben zu nehmen.[1084]

Auch in Deutschland hat die Zahl queerfeindlicher Gewaltvorfälle in den vergangenen Jahren zugenommen.[1085] Diese reellen Zahlen kann man den Scheinargumenten von *TERFs* entgegensetzen.

Inga Hofmann
Redakteurin

Medientipps → 1086, 1087, 1088, 1089, 1085

Toleranz

Substantiv, feminin | To|le|ranz | im Duden seit 1880 (D1, 1. Auflage)

D 1. das Tolerantsein (1); Duldsamkeit; Gebrauch: bildungssprachlich; 2. begrenzte Widerstandsfähigkeit des Organismus gegenüber [schädlichen] äußeren Einwirkungen (besonders gegenüber Giftstoffen oder Strahlen); Gebrauch: Medizin; 3. zulässige Differenz zwischen der angestrebten Norm und den tatsächlichen Maßen, Größen, Mengen o. Ä.; Gebrauch: besonders Technik

Während einer Lehrer*innenfortbildung zum Umgang mit → *Diskriminierung* in der Schule sagte eine Teilnehmerin: »Ich war immer tolerant zu denen.« Gemeint waren Kinder einer »Willkommensklasse«, eine zuerst im Land Berlin eingeführte Klassenform für Kinder und Jugendliche, die noch keine → *deutsche Sprache* können und erst später in die regulären Schulklassen geschickt werden (siehe → *Integration* und → *Inklusion*). Dass es für den Satz dieser Teilnehmerin Kritik gab, stieß bei ihr auf Unverständnis: »Ich dachte immer, *Toleranz* ist was Gutes. Ich verstehe hier die Aufregung nicht.«

Das Grundproblem mit *Toleranz* ist die Unklarheit. Es gibt unterschiedlichste Verwendungen dafür und die Lücke zwischen dem, was der*die Sender*in sagen möchte, und dem, was bei dem*der Empfänger*in ankommt, ist groß. Diese Lücke füllen dann Begriffe wie Gleichgültigkeit, Arroganz, Abwertung, Ausgrenzung oder Intoleranz. *Toleranz* verändert sich, je nachdem, wer nach ihr fragt. Wer tolerant ist, fühlt sich gut. Die*Der Tolerierte*r hingegen nicht. Für sich selbst fordert man nämlich Respekt ein. Man selbst möchte akzeptiert werden, das geht über *Toleranz* hinaus. Bei *Toleranz* sind immer die anderen das Problem, dabei ist schon das Konstrukt »der anderen« problematisch.

Nimmt man die simple Ursprungsbedeutung des Wortes (lat. *tolerare*), würde die Lehrerin sagen: »Ich habe diese Schüler*innen immer ertragen.« Daraus kann man ein Leid interpretieren, dass die Lehrerin ertragen muss – möglicherweise offenbart das ihre Geisteshaltung: Sie leidet, weil die Kinder anders sind. Und andersrum, wenn sie es ausschließlich positiv meinte, würde es auch nur einen kleinen Unterschied machen. Denn selbst dann verwendete sie einen Begriff, den sie bei »herkunftsdeutschen« Kindern nicht gebrauchen würde (siehe → *Ausländer*in*). »Ich bin tolerant gegenüber Paulina und Tobias« ergibt nicht wirklich Sinn. Paulina und Tobias brauchen keine *Toleranz*, sie sind bereits akzeptiert.

Was oder wen sollen wir denn als Gesellschaft ertragen und nicht etwa anerkennen, akzeptieren oder lieben lernen? *Toleranz* lässt sich am besten im Verhältnis zu ihren Extremen beschreiben: dem absoluten Fehlen von *Toleranz* (Intoleranz) und einer übermäßigen, absoluten *Toleranz*, die auch Gleichgültigkeit sein kann.[1090] Gleichgültig sind Menschen, die sich passiver *Toleranz* bedienen. Der 60-jährige Beamte, langjähriges Kirchengemeindemitglied, der sich zum neuen Pfarrer der Gemeinde so äußert: »Der neue Pfarrer ist → *schwul*. Aber ich bin da ganz tolerant. Soll doch jeder lieben, wen er will«, ist nicht im Wortsinn tolerant, er ist gleichgültig. Warum? Nach dem französischen Philosophen André Comte-Sponville: »Die *Toleranz* gilt nur gegen mich und für den anderen. Es liegt keine *Toleranz* vor, wenn man nichts zu verlieren hat, noch weniger, wenn man gewinnt, indem man erträgt, das heißt, nichts tut.«[1090]

Toleranz bedeutet aushalten, ertragen, dulden von etwas, das man weder ändern kann noch ändern will. Und hier tut uns eine Engführung gut: *Toleranz* braucht es vor allem da, wo es um Meinungen geht. [1090] Und zwar um Meinungen, wie sie Artikel 5 des Grundgesetzes uns zugesteht (siehe → *Meinungsfreiheit*). Allen Äußerungen außerhalb dessen muss ein toleranter Mensch zum Schutze der *Toleranz* mit Intoleranz begegnen. Sonst, so der österreichisch-britische Philosoph Karl Popper, schafft sich die *Toleranz* selbst ab.[1091] Das Universum, die Welt, das Leben, der Mensch sind voller Widersprüche. Wir brauchen *Toleranz*, Widerspruchstoleranz[1092], um diese auszuhalten. Aushalten, um sich Luft zu verschaffen, um sich mit sich selbst zu befassen, um zu verstehen. Wir haben die Menschenrechte und das Grundgesetz. Und wir haben *Duden* mit zahlreichen Wörtern, die viel genauer benennen, was man »eigentlich« meint, wenn man von *Toleranz* spricht.

Derviş Hızarcı
Antisemitismus- und Rassismusexperte

Medientipps → 1093, 1094, 1095, 1096, 1090, 1097, 1098

trans*

Adjektiv (auf Duden online in der Form trans verzeichnet) | trans |
im Duden seit 2021 (Duden online)

D Kurzform für transgender

Wenn Kinder zur Welt kommen, dann wird ihnen direkt nach der Geburt anhand von körperlichen Merkmalen ein Geschlecht zugewiesen. Diese Zuweisung – also dass wir Penisse »männlich« und Vulven »weiblich« nennen – hat keine biologische Grundlage, sondern eine soziale.

Wenn Menschen sich nicht – oder nur teilweise – mit dem Geschlecht identifizieren können, das ihnen bei der Geburt zugewiesen wurde, dann sind sie *trans**. Menschen, die sich wiederum mit ihrem bei der Geburt zugewiesenen Geschlecht identifizieren können, sind cis.

Das Sternchen hinter *trans** wird als eine Art Platzhalter verwendet und steht für die unterschiedlichen Endungen *-gender*, *-geschlechtlich*, *-ident* oder auch *-sexuell*.[1099] Das Sternchen öffnet den Begriffsraum und ermöglicht möglichst vielen Menschen, sich darin wiederzufinden. Es gibt eine Vielzahl an Selbstbezeichnungen, die sich im Laufe der letzten Jahrzehnte entwickelt und immer wieder verändert haben.

Während früher noch üblicherweise der Begriff *transsexuell* verwendet wurde, wird er von vielen heutzutage nicht mehr als zeitgemäß empfunden. Andere wiederum bezeichnen sich auch heute noch bewusst als *transsexuell*. In diesem Zusammenhang ist die Unterscheidung zwischen Selbst- und Fremdbezeichnung wichtig: Nur weil sich eine Person selbst als *transsexuell* bezeichnet, sollte dieser Begriff nicht für alle anderen *trans** Menschen ebenfalls verwendet werden. Es ist wichtig, Menschen nach ihren Selbstbezeichnungen zu fragen und diese anschließend zu respektieren.[1100]

An dieser Uneindeutigkeit wird auch etwas anderes deutlich: *Trans** ist in den vergangenen Jahren zu einem immer weiter gefassteren Oberbegriff geworden, unter den zahlreiche unterschiedliche Lebenswelten, Erfahrungen und Perspektiven fallen können. Ich mag den englischen Begriff *umbrella term*, also ein Begriff, der so weitgefasst und bunt ist wie ein riesiger, bunter Regenschirm. Ob Menschen sich als *trans** bezeichnen, ist ihre eigene Entscheidung. Es gibt dafür keine Bedingungen oder Voraussetzungen. Es gibt auch keine »richtige« oder »falsche« Art, *trans** zu sein: Transitionen können ganz unterschiedlich aussehen. Nicht alle *trans** Menschen wollen (oder können) medizinisch transitionieren.

Dass Sprache unseren Blick auf die Welt prägt, trifft auch hier zu: Durch veraltete Begriffe wie *Geschlechtsumwandlung* herrschte lange Zeit die Vorstellung, *trans** zu sein, bedeutet, sich in das »entgegengesetzte« Geschlecht zu verwandeln. Während das auf manche *trans** Menschen zutrifft, trifft es auf andere wiederum nicht zu.

Nicht alle *trans** Menschen identifizieren sich als Mann oder Frau, es gibt auch *trans** Menschen, die sich als → *nicht binär* identifizieren. Nicht binäre Menschen können sich zwischen männlich und weiblich oder außerhalb dieser starren und normativen Kategorien verorten.

Was viele Menschen immer wieder erstaunt, ist die Tatsache, dass *trans** als Adjektiv verwendet wird, im Vergleich zu vielen anderen deutschsprachigen Adjektiven wird *trans** allerdings nicht gebeugt. *Trans** ist nicht das einzige Adjektiv, das nicht gebeugt wird: Auch Farben wie *rosa (die rosa Jacke)* und *lila* sowie andere Adjektive wie *extra* oder *super* werden nicht gebeugt.

Super ist das beste Beispiel dafür, warum es wichtig ist, *trans** als Adjektiv zu verwenden: Es macht einen Unterschied, ob es um einen *super Mann* oder um den *Supermann* geht. Dementsprechend heißt es *trans** *Mann*, *trans** *Frau*, *trans** *männlich*, *trans** *weiblich* – oder auch *trans** *Kind*.[1101] 2022 wurde *trans** als Adjektiv auch ganz offiziell in das Duden-Onlinewörterbuch aufgenommen.[1102]

Linus Giese
Buchhändler und Autor

Medientipps → 1103, 1104, 1105, 1106, 1107, 1108, 1109, 1110, 1111

Ungleichheit

Substantiv, feminin | Un|gleich|heit | im Duden seit 1915 (D1, 9. Auflage)

D 1. das Ungleichsein; 2. etwas Ungleiches; Unterschied

Ungleichheit ist häufig negativ konnotiert, obgleich sie erst einmal etwas unbestritten, wenn nicht fundamental Schönes ist. *Ungleichheit* ist Voraussetzung für Verschiedenheit, für Buntes und für Vielfalt. Sie ist wesentlich für eine dynamische Gesellschaft. *Ungleichheit* im Sinne von Verschiedenheit ist Voraussetzung für Lebendigkeit. Dies schließt auch soziale *Ungleichheit* durchaus mit ein. Es geht um Ressourcen, Lebensumstände und Lebensentwürfe. Grundvoraussetzung für ein solch positives Verständnis von *Ungleichheit* ist jedoch ihre Freiwilligkeit. *Ungleichheit* und Vielfalt müssen das Ergebnis freier Entscheidungen freier Menschen sein.

Es geht letztlich um die freie Entfaltung der eigenen Persönlichkeit. *Ungleichheit* – soll sie positiv besetzt sein – darf nicht das vornehmliche Ergebnis von Herkunft und zugeteilten oder eben nicht zugeteilten → *Privilegien* sein. Wo Ungleichheit aufoktroyiert ist, wo sie auf hoheitlicher Zuteilung von Ressourcen und Privilegien beruht, wird sie für die Unterprivilegierten zur → *Diskriminierung* in des Wortes doppelter Bedeutung: als Benachteiligung und als Herabwürdigung. Sie sorgt dann nicht mehr für produktive soziale Vielfalt, sondern führt zu Spaltung und Erstarrung – materiell wie ideell. Aus Vielfalt werden soziale Subkulturen und ideelle, kaum noch überbrückbare Gegensätze. Die Kohäsion einer Gesellschaft nimmt ab und damit auch ihre Krisenresilienz.[1112]

Die gesellschaftstheoretische Brisanz der *Ungleichheit* liegt damit materiell auf dem Feld der Ressourcen und Privilegien, ideell spiegelt sie sich im Gerechtigkeitsempfinden einer Bevölkerung. Gleichheit und Gerechtigkeit sind in aufgeklärten Gesellschaften ein Geschwisterpaar.[1113] Dem Ideal der Aufklärung folgend, sind alle Menschen ihresgleichen, »niemandes Herren, niemandes Knecht«. Die *ungleiche* Zuteilung von Privilegien steht dem grundsätzlich entgegen, wird dem nicht gerecht und kann deshalb auch nicht gerecht sein – es sei denn, sie sind gut begründet. Das Spannungsfeld zwischen *Ungleichheit* und Gerechtigkeit zeigt sich damit als das permanente Bemühen der Privilegierten, ihre zugeteilten Privilegien zu rechtfertigen. Hierzu wird wahlweise eine → *Ideologie* der Leistungsgerechtigkeit bemüht, wonach materielle Privilegien letztlich auf besonderem Fleiß oder besonderem Talent beruhten, die vermeintliche Unantastbarkeit von Eigentum und Vermögen beschworen oder aber es werden die Unterprivilegierten als der Gleichheit unwürdig diffamiert, indem ihnen Asozialität in Form von (Leistungs-)Verweigerung oder als Versagen zugeschrieben wird.

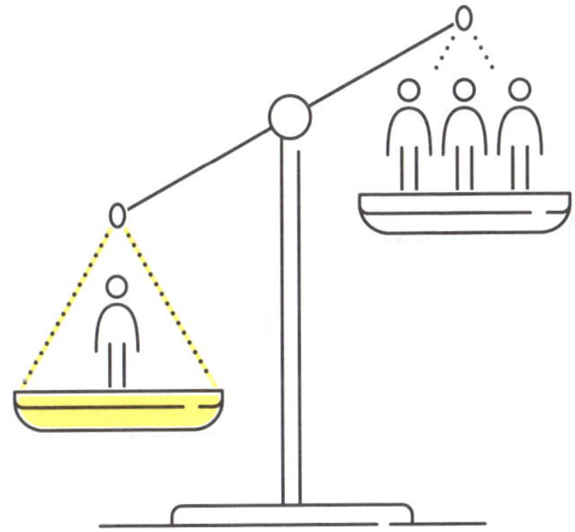

In Deutschland hat das Maß an *Ungleichheit* eine Größenordnung erreicht, die die gängigen Legitimationsmuster immer weniger verfangen lassen. Fast 17 Prozent der Bevölkerung müssen zu den Armen gerechnet werden,[1114] weitere rund 20 Prozent verfügen über keinerlei Rücklagen.[1115] Dagegen teilen die reichsten zehn Prozent in der Bevölkerung bereits zwei Drittel des gesamten Vermögens unter sich auf. Es sind die negativen Erscheinungsformen von *Ungleichheit*, die letztlich mit tiefer Ungerechtigkeit und sogar mit Ausbeutung einhergehen. Es ist jene *Ungleichheit*, die Gesellschaften auch auseinanderbrechen lassen kann, wenn sie durch Krisen, hervorgerufen durch eine Pandemie, einen Klimawandel oder explodierende Lebenshaltungskosten unter Druck geraten.

Ulrich Schneider
Erziehungswissenschaftler und Soziallobbyist

Medientipps → 1112, 1113, 1114, 1115, 1116

Verschwörungserzählungen

Substantiv, feminin | Ver|schwö|rungs|er|zäh|lung | im Duden seit 2021 (Duden online)

D Vorstellung, Annahme, dass eine Verschwörung, eine verschwörerische Unternehmung Ausgangspunkt von etwas sei; Verschwörungstheorie

Spätestens seit der COVID-19-Pandemie sind Verschwörungserzählungen ein bekanntes Debattenthema.[1117] Darunter versteht man Erzählungen, die von einer angenommenen mächtigen Elite handeln, die in böser Absicht im Verborgenen schädliche Dinge plant.[1118] Lange wurde dafür überwiegend der Begriff der *Verschwörungstheorie* verwendet, der jedoch inzwischen von vielen kritisch betrachtet wird, weil er eine Wissenschaftlichkeit suggeriert, wo keine ist. Alternativ kann man von *Verschwörungserzählungen*, Verschwörungsmythen oder -ideologien sprechen (siehe → *Ideologie*).[1119] *Verschwörungserzählungen* verfangen unter anderem deshalb, weil sie eine komplexe Welt vereinfachen, scheinbar Schuldige für Probleme präsentieren und so entlastend wirken können. Sie docken an normalen Bedürfnissen an, die alle Menschen in sich tragen.[1120]

Neben konkreten Behauptungen transportieren *Verschwörungserzählungen* vertrauenszersetzende und gewaltfördernde Perspektiven auf Politik, Medien (siehe → *Medienvielfalt*), Wissenschaft und bestimmte gesellschaftliche Gruppen (siehe → *Gruppenbezogene Menschenfeindlichkeit*).[1118] [1121] [1122] Im verschwörungsideologischen Milieu gehen – vornehmlich in Messenger-Apps – minütlich skandalisierende Behauptungen zur angeblich korrupten Elite, zu Komplotten in Regierung und Medien oder angeblichen Gefahren durch bestimmte gesellschaftliche Gruppen ein.[1123] So fördern die Erzählungen eine Vertrauenserosion gegenüber demokratischen Institutionen, Medien und Wissenschaft und tragen zur Bildung und Festigung von Feindbildern bei. Ein typischer Wesenszug von *Verschwörungserzählungen* ist ein latenter, oft auch expliziter → *Antisemitismus*. So ist die Behauptung einer angeblichen »jüdischen Weltverschwörung«, die die Geschicke der Welt lenke, nie weit.[1124] Solche Erzählungen knüpfen an etablierten antisemitischen Narrativen an und tragen auch heute noch dazu bei, antisemitische Mythen und → *Stereotype* zu verbreiten (siehe → *Judentum*) und jüdische Menschen als Feindesgruppe zu markieren.

Im rechtsextremen Verschwörungsmythos des angeblichen großen Austauschs wird in variierenden Details behauptet, Migrant*innen würden ins Land geholt, um die weiße Bevölkerung auszutauschen.[1125] Das Narrativ baut auf dem neurechten Konzept des Ethnopluralismus auf und setzt voraus, Menschen unterschiedlicher Herkunft könnten nicht friedlich gemeinsam leben, sondern müssten einander feindlich gegenüberstehen.[1126] Nicht selten wird im Rahmen dieser Erzählung dazu aufgerufen, »sich endlich zu wehren«. Hier findet eine Täter*innen-Opfer-Umkehr statt, die Gewalt als Notwehr darstellt und so legitimiert. Diese Gewaltaufrufe wenden sich neben den pauschal als Gefahr dargestellten → *Ausländer*innen* auch gegen die angeblich Verantwortlichen des imaginierten Austauschs. Je nach Erzählvariante ist das entweder die Regierung, was Vertrauen in demokratische Institutionen zersetzt, oder es sind Jüdinnen*Juden, womit antisemitische Ressentiments instrumentalisiert und verstärkt werden. So diente der Mythos etwa dem Attentäter von Halle im Jahr 2019 als vermeintliche Legitimierung seines antisemitischen Anschlags.[1127] In einer Befragung der Friedrich-Ebert-Stiftung aus dem Jahr 2022 stimmte ein Viertel der Befragten dem gewaltfördernden Verschwörungsmythos des angeblichen »großen Austauschs« zu.[1128]

Verschwörungserzählungen haben nicht nur eine zersetzende Wirkung auf das Vertrauen in demokratische Institutionen (siehe → *Demokratie*), Medien und Wissenschaft, sie markieren auch → *marginalisierte* Gruppen einer Gesellschaft als Feindbilder und schüren Gewalt gegen sie. *Verschwörungserzählungen* stellen also insbesondere ein Sicherheitsrisiko für demokratische Institutionen und die als Feindbilder markierten Gruppen dar.

Lea Frühwirth

Psychologin und Senior Researcher Desinformation

Medientipps → 1118, 1129, 1130, 1131, 1132, 1123, 1133

Versöhnung

Substantiv, feminin | Ver|söh|nung | im Duden seit 1887 (D1, 3. Auflage)

D 1. das Sichversöhnen; 2. das Versöhnen (2); das Versöhntwerden

Anfang 2023 erlebten wir eine Welle an Nachrufen. Der Shoa-Überlebende Sally Perel, der als »Hitlerjunge Salomon« weltweite Berühmtheit erlangt hat, war verstorben. In einem Zeitabschnitt, der auch als »Sterben der Zeitzeugen« bezeichnet wird, ist eine solche Nachricht erst einmal nichts Ungewöhnliches. In einem kurzen Nachruf zu Perels Tod findet sich ganze fünf Mal das Wort *Versöhnung*.[1134] Viele Politiker*innen und Journalist*innen greifen ebenfalls auf diese vermeintliche Best Practice im Umgang mit jüdischem Leben zurück.

Doch es haben sich Begriffe und Denkmuster im Sinne einer Versöhnungsrhetorik etabliert, die dringend auf den Prüfstand gehören. Auch Bundespräsident Frank-Walter Steinmeier sprach anlässlich einer Chanukka-Feier 2022 davon, dass »wir […] das wunderbare Geschenk der Versöhnung« erleben würden.[1135] Gemeint ist, dass der nichtjüdischen deutschen Mehrheitsbevölkerung bzw. der deutschen Nation von Überlebenden und ihren Nachfahr*innen von der jüdischen Gemeinschaft »vergeben« würde.

Context matters. Denn es geht nicht um eine zwischenmenschliche Beziehung oder einen Verstoß gegen religiöse Gebote. Der Kontext ist der industriell durchgeführte Massenmord an Millionen Jüdinnen*Juden. Insofern sollte es irritieren, dass ein Begriff verwendet wird, der tief im Christentum verankert ist. Und dieses Begriffsverständnis ist in der deutschen Erinnerungskultur weitgehend hegemonial geworden.

Dieses Verständnis lässt sich u. a. in Paulus' Korintherbrief nachlesen: »G'tt war es, der in Christus die Welt mit sich versöhnt hat, indem er den Menschen ihre Verfehlungen nicht anrechnete und uns das Wort von der *Versöhnung* anvertraute.« (2 Kor. 5,19) Kurz gesagt: Wer gesühnt hat, dem solle Vergebung zuteilwerden. Es ist kein Zufall, dass im Land der Täter*innen von Jüdinnen*Juden *Versöhnung* erhofft wird. Darin verbirgt sich der

Wunsch nach der eigenen Entlastung. Wenn nun einzelne Überlebende von *Versöhnung* sprechen, sollte nicht der Fehler gemacht werden, diese individuelle Entscheidung auf gesamtgesellschaftliche Verhältnisse zu übertragen.

Während Überlebende ihren eigenen Umgang mit dem erlebten Schrecken finden müssen, ist der Wunsch nach *Versöhnung* auf der Seite der Täter*innennachkommen gleichbedeutend mit dem Schlussstrich. Nachdem man »gesühnt« habe, durch die Auseinandersetzung mit der deutschen Geschichte, sei man bereit für das »Geschenk der *Versöhnung*«. Und kein Land habe das angeblich getan wie Deutschland. Doch laut dem Antisemitismusforscher Samuel Salzborn handelt es sich um die »größte Lebenslüge der Bundesrepublik«, dass »eine tatsächliche Aufarbeitung der Vergangenheit« stattgefunden habe.[1136]

Weder die Kontinuitäten des → *Antisemitismus* nach 1945 noch die »zweite Schuld«, also der »große Frieden mit den Tätern« und die Verleugnung und Verdrängung von Schuld, wie es der jüdische Publizist Ralph Giordano (1923–2014) beschrieb, sind fester Bestandteil gegenwärtiger deutscher Erinnerungskultur.[1137]

Das Bedürfnis nach Entlastung und einer unbeschädigten nationalen Identität hat insbesondere mit der deutschen Wiedervereinigung 1989/1990 neuen Auftrieb erhalten. Und in diesem Sinne wurde die von Überlebenden und zumindest wissenschaftlich und von einigen progressiven Gruppen erkämpfte Erinnerungskultur zur Bestätigung der »Wiedergutwerdung der Deutschen«[1138] (Eike Geisel) instrumentalisiert.

Doch eine unbeschädigte nationale Identität kann es nach Auschwitz genauso wenig geben wie eine gesellschaftliche *Versöhnung*. Oder wie es der leider in Vergessenheit geratene Philosoph und Résistance-Kämpfer Vladimir Jankélévitch (1903–1985) formulierte: Es »gibt keine Wiedergutmachung für das Nichtwiedergutzumachende.«[1139]

Monty Ott
Politik- und Religionswissenschaftler sowie Schriftsteller

Medientipps → 1140, 1141, 1142, 1143, 1138, 1144, 1137, 1139, 1145

woke

Adjektiv | woke | im Duden seit 2021 (Duden online)

D in hohem Maß politisch wach und engagiert gegen (insbesondere rassistische, sexistische, soziale) Diskriminierung (2)

Sprache beschreibt nicht nur die Realität, sondern schafft sie auch. Und *woke* ist ein Beispiel dafür, dass das Verfremden und Neuschöpfen von Worten schon immer politische Mittel waren.

Im übertragenen Sinne charakterisiert *woke* ein politisch-achtsames Bewusstsein, das die negativen Erfahrungen → *Schwarzer* Menschen in etwas Ermächtigendes kanalisieren soll. Begriffsgeschichtlich wurde das Wort aus den USA nach Deutschland transferiert und galt im afroamerikanischen Dialekt »Vernacular« der 1920er-Jahre als Vergangenheitsform von *to wake* (»wach«).[1148]

Erst 40 Jahre später wurde der Begriff im heutigen Verständnis geprägt und auf den Autor William Melvin Kelley und sein New-York-Times-Essay »If You‘re Woke You Dig It« von 1962 zurückgeführt.[1149] Eine weitere Spur führt zur Musikerin Erykah Badu und zu ihrem Lied »Master Teacher« von 2008 – mit der Zeile »I stay woke«.

Als 2014 ein weißer Polizist den 18-jährigen Schwarzen Michael Brown erschoss und das zum Initialmoment der Black-Lives-Matter-Bewegung wurde, ging der Hashtag #StayWoke viral und wurde zum Synonym des Widerstands. *Woke* Menschen gelten als emphatisch und sensibel, was → *Rassismus*, → *Sexismus*, → *Klassismus*, → *Ableismus* oder die Klimakrise angeht. Deshalb wurde ihre Haltung von den Massen übernommen, auf Klamotten und Postkarten gedruckt und im »woken Kapitalismus« verkauft. *Woke* mutierte auch zum Meme und wurde von Rechten gekapert. Heute stehen *woke* Menschen insbesondere in den sozialen Medien in der Kritik, weil durch sie Phänomene der »Call-out-Kultur« und später »Cancel-Kultur« entstanden seien.

2017 schaffte *woke* es ins Oxford English Dictionary[1150], während in Deutschland der Begriff noch weitgehend unbekannt war. Das ändert sich, als US-Konservative und Ultrarechte der *Woke*-Bewegung den Kampf ansagten. Eine Umdeutung fand statt und »Wokeness« wurde zur Kampfzone progressiver und emanzipatorischer Ansätze erklärt. In dieser verfremdeten Form gelangte der Begriff in die deutschen → *Medien*: als Lieblingsvokabel des Ex-US-Präsidenten Donald Trump.[1151]

Die Genese des *woke*-Begriffs im → *deutschsprachigen* Diskurs zeigt, dass er nicht als wertneutral verstanden werden kann. *Woke* gilt als Nachfolger der inzwischen abwertend verwendeten politischen Korrektheit. In Debatten über → *Identitätspolitik* ist dann von einer angeblich *woken* Blase die Rede, die sich für moralisch überlegen halte. 2021 schaffte das Wort es mit dieser Erklärung auch in das Duden-Onlinewörterbuch. Ein dort genanntes Verwendungsbeispiel, das die Verbreitung aufzeigt, ist »ein *woker*, etwas zu selbstgefälliger Zeitgenosse«.[1152]

Medial, politisch, aber auch in wissenschaftlichen Räumen wird *woke* heute meistens negativ diskutiert: unter Schlagworten wie moralisierender Tugendterror einer Sprachpolizei oder von Lifestyle-Linken. Aber nicht nur in konservativen und → *rechtspopulistischen*, auch in links-liberalen Szenen gibt es Positionen, die sich von der homogen konstruierten »*woken* Blase« abwenden wollen. Dabei verschwimmen unter eingedeutschten Wortkreationen wie »die *Woken*« oder »Wokistan« realpolitische Entwicklungen.

So lassen sich in den USA bereits die Folgen einer anti-woken Politik beobachten, die die Rechte → *marginalisierter* Menschen weiter einschränkt. Und in Deutschland zeigen sich in politischen Parteien aller Lager Versuche, mit der Rhetorik eines → *Freiheits*verlustes zu punkten.[1153] Das soziologische Konzept der moralischen Panik liefert eine Erklärung:

Bestimmte Gruppen wurden immer wieder auf übertriebene Weise als Gefahr dargestellt, um von gesellschaftlichen Problemen abzulenken.[1154]

Hadija Haruna-Oelker
Journalistin, Autorin und Moderatorin

Medientipps → 1155, 1156, 1157, 1158, 1159

Zionismus

Substantiv, maskulin | Zi|o|nis|mus | im Duden seit 1907 (D1, 8. Auflage)

D 1. (Ende des 19. Jahrhunderts entstandene) jüdische Bewegung, die das Ziel hat, einen selbstständigen Nationalstaat für das jüdische Volk zu gründen und die jüdische Identität zu festigen; 2. [partei]politische Strömung im heutigen Israel und innerhalb des Judentums (1) in aller Welt, die eine Stärkung [und Vergrößerung] des Staates Israel befürwortet und zu erreichen sucht

»Die Sicherheit Israels ist für mich als deutsche Bundeskanzlerin niemals verhandelbar«[1160], sagte Angela Merkel vor der Knesset im Jahr 2008. Dieser Satz ist im Grunde eine ausreichende Definition des Wortes *Zionismus* heute. Es ist die Erfüllung der Idee einer sicheren Heimstätte für das jüdische Volk in Zion, also der Gegend um Jerusalem herum. Als Begründer des *Zionismus* gilt der österreichisch-ungarische Publizist Theodor Herzl (1860–1904), der 1897 die ZO (Zionist Organisation), also die Vorgängerorganisation der bis heute bestehenden WZO (World Zionist Organization[1161]) gründete. Er war ursprünglich ein Verfechter der vollständigen Assimilation der Jüdinnen*Juden, um dem jahrtausendealten Judenhass ein Ende zu setzen (siehe → *Judentum*). Da er nicht gläubig war, hatte er keine religiösen Bedenken hinsichtlich der Folgen, die eine Assimilation mit sich bringen würde. Die kulturelle Assimilation war seiner Meinung nach ein Opfer, das es wert war, um den seit Jahrhunderten mal mehr, mal weniger blutig wütenden Judenhass zu beenden.

Erst seine journalistische Berichterstattung zur → *antisemitischen* Dreyfuss-Affäre 1894 in Frankreich hat ihn zu der Überzeugung gebracht, dass das Wohlverhalten der Jüdinnen*Juden gegenüber der Mehrheitsgesellschaft – selbst bis hin zur Assimilation – sie nicht retten würde. Diese Einsicht hatte sich furchtbar im Holocaust bestätigt, der keinen Unterschied machte zwischen religiösen, assimilierten und gar zum Christentum konvertierten Jüdinnen*Juden. Die Idee des Judenstaates schrieb er im gleichnamigen Pamphlet nieder und lieferte sechs Jahre später den Roman »Altneuland« hinterher, der die Ideen weiter ausbaute. Die Gründung des Staates Israel erfolgte im Jahre 1948. Viele, aber nicht alle Ideen Herzls wurden übernommen. So wurde etwa anstelle des von ihm favorisierten → *Deutschs* das biblische Hebräisch als Iwrith[1162] als Alltagssprache belebt. Auch die Staatsform der modernen → *Demokratie* war für Herzl nicht die erste Wahl.

Heute ist die Erhaltung und Gestaltung des Staates Israels der moderne Zionismus. Folgerichtig bezeichnen sich nicht nur Parteien aus dem rechten Spektrum als zionistisch, selbst die in Teilen linksextreme israelische Partei Meretz[1163], die beispielsweise jegliche Siedlungspolitik ablehnt, tut das. Wer den Zionismus als rechte, antiarabische und → *rassistische* → *Ideologie* verunglimpft, gilt als Antizionist*in, nicht als Antisemit*in. Doch der Antizionismus stellt die Existenzfrage für den jüdischen Staat – und das ist nach der vom Bundestag angenommenen IHRA-Definition[1164] »israelbezogener Antisemitismus«. Zionist*innen gibt es mit unterschiedlichsten politischen Überzeugungen. Es gibt auch solche mit mehr oder weniger ausgeprägtem → *antimuslimischen Rassismus* und/oder antipalästinensischen Rassismus.

Darunter gibt es auch welche, die *Zionismus* als den Auftrag sehen, das biblische Israel wiedererstehen zu lassen. Aber die große Mehrheit derjenigen, die sich zum *Zionismus* bekennen, steht hinter diesen Sätzen der Unabhängigkeitserklärung des Staates Israel[1165]: »(...) Gleich allen anderen Völkern ist es das natürliche Recht des jüdischen Volkes, seine Geschichte unter eigener Hoheit selbst zu bestimmen. (...) [Der Staat Israel] wird sich der Entwicklung des Landes zum Wohle aller seiner Bewohner widmen. Er wird all seinen Bürgern ohne Unterschied von Religion, Rasse und Geschlecht, soziale und politische Gleichberechtigung verbürgen. (...) Wir bieten allen unseren Nachbarstaaten und ihren Völkern die Hand zum Frieden und guter Nachbarschaft und rufen zur Zusammenarbeit und gegenseitigen Hilfe mit dem selbstständigen jüdischen Volk in seiner Heimat auf. Der Staat Israel ist bereit, seinen Beitrag bei gemeinsamen Bemühungen um den Fortschritt des gesamten Nahen Ostens zu leisten. (...)«

Eliyah Havemann
Produktmanager

Medientipps → 1166, 1167, 1168, 1169, 1170, 1171, 1172, 1173

Anhang

Stichwortverzeichns

C

D

E

F

G

O

P

Q

R

S

T

U

V

W

X

Z

Quellen und Medientipps

Auf mehr als **1.100 Quellen und Medientipps** wird in diesem Buch hingewiesen. Das können Bücher, Zeitschriften, Zeitungen, Blogs, Onlineportale, staatliche bzw. behördliche Stellen, Projekte, Social-Media-Kanäle oder -Posts, private Initiativen, NGOs, aber auch Videos oder sogar Songs sein. Diese Quellen und Medientipps sind ab der übernächsten Seite **in einer Liste zusammengeführt**, wobei **jede Zahl nur einmal vorkommt** und jeder Eintrag **auf eine Zeile** reduziert ist, um Platz bei dieser Masse an Informationen zu sparen. Zur Hilfe kommt auch ein eigener Kurz-URL-Dienst bzw. Shortlinker.

Shortlinker – Teil 1

Die **vollständigen Angaben** zu einer Quelle oder zu einem Medientipp können auf einer Internetseite des *Dudenverlags* abgerufen werden. Über den Shortlink *vielfalt.link/ZAHL* (wobei hier »ZAHL« nur ein Platzhalter ist und für eine richtige Zahl der Quelle bzw. des Medientipps steht) werden Sie automatisch zu dieser detaillierten Aufbereitung weitergeleitet. **In den Kapiteln** finden Sie a) die Zahlen der **Quellen als hochgestellte Zahl** innerhalb des Textes und b) die Zahlen der **Medientipps neben den Autor*inneninfos** unten rechts. Aber auch in dem nachstehenden Verzeichnis stehen links diese (hier blau gefärbten) Zahlen, die Sie über den **Shortlink** abrufen können. Beispiel:

Die Zahl *416* ist eine Quellenangabe im Kapitel → *deutsche Sprache*. Wenn Sie diese Quellenangabe über den Shortlink *vielfalt.link/416* in Ihrem Internetbrowser eingeben, erhalten Sie diese Ausgabe:

Dudenredaktion (Hg.) (2019): Duden – Das Synonymwörterbuch. Ein Wörterbuch sinnverwandter Wörter. 7., neu bearbeitete und erweiterte Auflage. Berlin: Dudenverlag (Der Duden in zwölf Bänden), Band 8, S. 916. ISBN 9783411912742 → https://vielfalt.link/XTCP

Im nachfolgenden Verzeichnis hier im Buchanhang erfahren Sie von der Zahl *416* (wegen der Reduzierung auf eine Zeile) nur diese Kurzfassung:

416 Duden – Das Synonymwörterbuch → vielfalt.link/XTCP

Shortlinker – Teil 2
In einer weiteren, von Teil 1 unabhängigen Variante kommen diese Shortlinks ebenfalls zum Einsatz, allerdings werden statt Zahlen diesmal **vier Großbuchstaben** verwendet. Sie finden *vielfalt.link/BUCHSTABEN* hinter allen Quellen und Medientipps auf den nächsten Seiten. Wenn Sie den Link hinter dem blauen Pfeil → im Browser aufrufen, gelangen Sie **direkt zur jeweiligen Website** oder zu dem **Medium**: Das kann die offizielle Internetseite eines Buchs, ein journalistischer Artikel in einem Onlinemedium oder eine TV-Dokumentation in einer Mediathek sein. Beispiel:

Für die Quelle *416* (siehe oben) wird auf den Shortlink *vielfalt.link/XTCP* hingewiesen, der beim Aufrufen im Browser zum »Duden – Das Synonymwörterbuch« im Shop des Dudenverlags führt. Die lange URL ist: https://shop.duden.de/Duden-Das-Synonymwoerterbuch/9783411912742

Fazit
Die **Shortlinks mit Zahlen** (z. B. *vielfalt.link/416*) führen **auf eine Landingpage** beim Duden mit ausführlichen Informationen zur Quelle oder zum Medientipp. Die **Shortlinks mit Buchstaben** (z. B. *vielfalt.link/XTCP*) führen **zum endgültigen Ziel** der Quelle oder des Medientipps. Mehr zu den Hintergründen der Quellen, Medientipps und zum Shortlinker finden Sie im Kapitel → *Über das Buch*.

1 Duden online: Eintrag zu »Vielfalt« → vielfalt.link/AHBL
2 Duden online: Eintrag zu »Diversität« → vielfalt.link/AEHG
3 Duden online: Eintrag zu »Diversity«, abgerufen: 05.10.2023 → vielfalt.link/TWKA
4 Gregull: »Dossier Migration: Migration und Diversity«, 2018 → vielfalt.link/AGRK
5 Pertsch (Hrsg.): »Diversity-Lexikon«, journalist (Zeitschrift), 2021 → vielfalt.link/REWT
6 Leitfaden: »Kein Familiendrama, journalist (Zeitschrift), 2023 → vielfalt.link/WHKC
7 Duden: »Der Umfang des deutschen Wortschatzes« → vielfalt.link/XDBL
8 »Ableismus & Gewalt: Was ist Ableismus?«, Rechercheprojekt #AbleismusTötet → vielfalt.link/DFTP
9 Wortverlaufskurve von »Ableismus« und »Ableism«, DWDS, Zeitraum: 2000 bis 2023 → vielfalt.link/TXER
10 Baldwin: »Von einem Sohn dieses Landes«, dtv, 2022 → vielfalt.link/BAMP
11 Coppola: »Lost in Translation«, Film, 2003, via Wikipedia → vielfalt.link/GRBF
12 Strobl: »Radikalisierter Konservatismus«, edition suhrkamp, 2021 → vielfalt.link/XNYK
13 Brockschmidt: »Amerikas Gotteskrieger«, Rowohlt, 2021 → vielfalt.link/MHDF
14 Stöcker: »Das Experiment sind wir«, BLESSING, 2020 → vielfalt.link/EGCB
15 Dürscheid: »Wie sagt man wo?«, Dudenverlag, 2021 → vielfalt.link/FGAP
16 El Ouassil & Karig: »Erzählende Affen«, 2021 → vielfalt.link/GMET
17 Grjasnowa: »Die Macht der Mehrsprachigkeit«, Dudenverlag, 2021 → vielfalt.link/HCYL
18 Meisner & Kleffner: »Extreme Sicherheit«, 2021, BpB → vielfalt.link/ANWR
19 Zeitschrift: »journalist«, Medienmagazin, seit 1951, Herausgeber: DJV → vielfalt.link/LRTP
20 Katharina Schwochow, offizielle Website → vielfalt.link/DXMA
21 Dudenredaktion zum geschlechtergerechten Sprachgebrauch → vielfalt.link/XMRT
22 Der perfekte »Alt-Text«, IT-Dienstleister der Friedrich-Alexander-Universität → vielfalt.link/XAYH
100 #AbleismusTötet: Was ist Ableismus? → vielfalt.link/BXGF
101 Wikipedia »-ismus« → vielfalt.link/MNDC
102 Rebecca Makos: Warum Ableismus Nichtbehinderten hilft, sich »normal« zu fühlen. → vielfalt.link/APFT
103 »The role of affective disablism and ableism (...)« → vielfalt.link/HACM
104 Leidmedien. Begriffe über Behinderung → vielfalt.link/MTNF
105 UN-Behindertenrechtskonvention, Artikel 3 → vielfalt.link/MFDG
106 Schöne: Behinderung und Ableismus → vielfalt.link/XYHB
107 Kollodzieyski: Ableismus → vielfalt.link/RDCA
108 Rechercheprojekt #AbleismusTötet → vielfalt.link/MWKE
109 Leidmedien von den Sozialheld*innen → vielfalt.link/RDET
110 UN-Behindertenkonvention → vielfalt.link/CPDR
111 Young: Inspiration porn and the objectification of disability → vielfalt.link/FMPY
112 Interessenverband Selbstbestimmtes Leben → vielfalt.link/GNDM
113 Weibernetz → vielfalt.link/KYMW
114 Abtreibungen in der Debatte in Deutschland & Europa; BpB → vielfalt.link/PKWT
115 Google-Trendanalyse: Abtreibung und Schwangerschaftsabbruch → vielfalt.link/GBNM
116 Der medikamentöse Schwangerschaftsabbruch, Maeffert und Tennhardt: 2019, PDF → vielfalt.link/HWRK
117 WHO, fact sheet abortion → vielfalt.link/PHWE
118 Leserinnenbrief zu »(...) Versorgungsdaten zum Schwangerschaftsabbruch« → vielfalt.link/NWBY
119 The moral case for abortion. 2021 → vielfalt.link/FKGP
120 Millar: Happy abortions, 2018 → vielfalt.link/XENB
121 Gottes Werk und Teufels Beitrag, Diogenes, ISBN: 978-3257218374 → vielfalt.link/HCMA
122 Never Rarely Sometimes Always, Film → vielfalt.link/ERHD
123 24 Wochen, Film, 2016 → vielfalt.link/EMGD

124 ctrl alt delete, Webserie → vielfalt.link/TBFX
125 »Abortion.tv«, Linksammlung → vielfalt.link/GYAP
126 »Mehr als du denkst, weniger als du denkst« → vielfalt.link/FAGP
127 Voicemail for Jill, Amanda Palmer, 2019, Song → vielfalt.link/XHMP
128 Dornheim, Laura: »Deine Entscheidung«, Kunstmann, 2023 → vielfalt.link/RYPH
129 Praxishandbuch Social Justice und Diversity, Beltz/Juventa, 2019 → vielfalt.link/CBGL
130 LGBTIQ*-Unterstützung hat jetzt einen Namen. Puls, BR24, 2019 → vielfalt.link/LTWY
131 Micki McElya: Who is an Ally? Boston Review, 2019 → vielfalt.link/XWFK
132 Rigoberto Gonzáles: The Privilege of the Ally, 2020 → vielfalt.link/NFBC
133 Eure Heimat ist unser Albtraum. Ullstein, 2019 → vielfalt.link/PTKB
134 Blog: Die neue Norm. → vielfalt.link/EAKB
135 The Experience of Becoming a Straight Ally-Activist of GLBT People; 2007 → vielfalt.link/NTPF
136 Song »People help the People«, Birdy → vielfalt.link/DAYT
137 Wie aus einer Beschreibung eine Beschimpfung wurde, NZZ → vielfalt.link/CTXE
138 Alter weißer Mann, Encyclopædia Wiki → vielfalt.link/FGED
139 Sind junge Frauen die besseren alten Männer? Cicero → vielfalt.link/GBDT
140 Was bedeutet »alte weiße Männer«? Wer sind sie Bedeutung Online → vielfalt.link/TDNL
141 Alter weißer Mann – Sind junge Frauen die besseren alten Männer? → vielfalt.link/TCXL
142 Sophie Passmann: Alte weiße Männer, Köln, 2019 → vielfalt.link/GBYN
143 Der alte, weiße Mann: Hassobjekt, Privilegienträger oder einfach Mensch? → vielfalt.link/CFPM
144 Ist das eine strafbare Beleidigung? → vielfalt.link/CHGX
145 Gibt es zu viele alte weiße Männer? → vielfalt.link/ACLH
146 Said (1978), Orientalism. Pantheon Books → vielfalt.link/YWEB
147 Antiasiatischer Rassismus in Deutschland, BpB → vielfalt.link/DLCF
148 Wu (2015), The Color of Success, Princeton University Press → vielfalt.link/RPFH
149 Klein: Die »gelbe Gefahr«, Leibniz-Institut, 2017 → vielfalt.link/CNYE
150 Rassismus in der COVID-19-Berichterstattung → vielfalt.link/RKLX
151 Ha: Asiatische Deutsche Extended, 2021 → vielfalt.link/FHXY
152 »Ich bin kein Virus«, Sammlung von Erfahrungsberichten → vielfalt.link/BDBT
153 Kesinkılıç: Was ist antimuslimischer Rassismus? → vielfalt.link/HNBL
154 Foroutan: Rassismus in der postmigrantischen Gesellschaft → vielfalt.link/YKDH
155 Kesinkılıç, Ozan Zakaria, Podcast, »Wir werden zu Fremden in unserem Land gemacht« → vielfalt.link/CRPX
156 Muslimfeindlichkeit – Eine deutsche Bilanz 2023, PDF → vielfalt.link/CTGL
157 Handlungsempfehlungen zu antimuslimischem Rassismus → vielfalt.link/BLYC
158 Islambild deutscher Medien im Nachrichtenjournalismus und Film → vielfalt.link/LXGF
159 Mediendienst Integration Rubrik zu Rassismus → vielfalt.link/NKAH
160 CLAIM Allianz: Ein Jahr nach rassistischem Anschlag in Hanau → vielfalt.link/XFPG
161 Jaff & Jabarine: Ein Jahr nach Hanau, Podcast → vielfalt.link/AGME
162 Shooman: Narrative des antimuslimischen Rassismus → vielfalt.link/MREG
163 Shooman: »Angst vor dem Islam oder Rassismus gegen Muslime?« → vielfalt.link/ATYP
164 Handlungsempfehlungen zu antimuslimischem Rassismus → vielfalt.link/YPDB
165 Foroutan, Naika: Muslimische Identitäten → vielfalt.link/PCAH
166 Arbeitsdefinition von Antisemitismus → vielfalt.link/GENF
167 Handbuch zur praktischen Anwendung der IHRA-Arbeitsdefinition von Antisemitismus → vielfalt.link/WANX
168 Nocun & Lamberty: Fake Facts → vielfalt.link/YCKM
169 Holler, M.: Sekundärer Antisemitismus. anders denken. vielfalt.link/EFWP

170 Jost & Lamberty: Zwischen NS-Vergleichen und Verschwörungsdenken → vielfalt.link/KHFG
171 Schwarz-Friesel: Israelbezogener Antisemitismus und der lange Atem des Anti-Judaismus → vielfalt.link/FTPN
172 RIAS: Jüdische Perspektiven auf Antisemitismus in Deutschland → vielfalt.link/XCGL
173 Pädagogische Handreichung zum Umgang mit israelbezogenem Antisemitismus. → vielfalt.link/LRNP
174 Die Sache mit den Juden, Doku → vielfalt.link/MFTH
175 Masel Tov Cocktail, Kurzspielfilm → vielfalt.link/YATL
176 Baddiel: Und die Juden? → vielfalt.link/EWRT
177 Roger Waters on tour: Antisemitismus und NS-Verharmlosung → vielfalt.link/MTRC 3
178 polisphere: Antisemitismus im Ukraine-Krieg. → vielfalt.link/ETCF
179 Coffey & Laumann: Warum wir anders über Antisemitismus sprechen müssen → vielfalt.link/NEMF
180 Meldestelle: Recherche- und Informationsstelle Antisemitismus. → vielfalt.link/GDCN
181 OFEK – Beratungsstelle bei antisemitischer Gewalt → vielfalt.link/NMGK
182 Beratungsstellen für Betroffene rechter, rassistischer und antisemitischer Gewalt → vielfalt.link/TYHA
183 Wippermann: Handbuch zur Völkischen Bewegung 1871-1918 → vielfalt.link/BYLM
184 Zimmerer: Geschichte des europäischen und deutschen Kolonialismus, BpB → vielfalt.link/EBMH
185 Aly: Hitlers Volksstaat. Raub, Rassenkrieg und nationaler Sozialismus → vielfalt.link/LMAB
186 Grunau: NS-Verbrechen an sowjetischen Kriegsgefangenen. → vielfalt.link/HBEF
187 Jahn: 27 Millionen. ZEIT Online. → vielfalt.link/HWCY
188 Tikhomirova: »Ich streichle keine deutschen Egos mehr« → vielfalt.link/EGTL
189 Amadeu Antonio Stiftung: Todesopfer rechter Gewalt. → vielfalt.link/AFXN
190 Schellenberg: Und wieder brennt es. ZEIT Online → vielfalt.link/EACH
191 Abé: Es werden 10-mal mehr Ukrainerinnen für sexuelle Dienstleistungen angeboten → vielfalt.link/XYTB
192 Boychenko: Hä, was heißt denn Post-Ost? → vielfalt.link/BHMY
193 Petersen & Panagiotidis: Rassismus gegen Weiße? → vielfalt.link/DECX
194 Zingher: Täter, Opfer, Twitterer → vielfalt.link/PYWC
195 Weigandt: Die Unsichtbaren → vielfalt.link/HAKP
196 Weigandt: Die Verräter → vielfalt.link/ERAH
197 Was ist eigentlich antislawischer Rassismus? LpB Berlin → vielfalt.link/GRNC
198 Schulz: Generation PostOst → vielfalt.link/AMWG
199 Tikhomirova: »Ich streichle keine deutschen Egos mehr« → vielfalt.link/HYPD
200 Twardoch: »Liebe westeuropäische Intellektuelle: Ihr habt keine Ahnung von Russland« → vielfalt.link/DGKW
201 Menua & Boxler: X3 Podcast → vielfalt.link/CBXK
202 Wasilewski: PostOstPride Podcast → vielfalt.link/XKMD
203 Belltower.News, Lexikon von A bis Z → vielfalt.link/EWPL
204 Duden.de, Begriff »Ausländer« → vielfalt.link/DKHF
205 Neue deutsche Medienmacher*innen, Glossar → vielfalt.link/HMLR
206 Statistisches Bundesamt: »Ausländische Bevölkerung« → vielfalt.link/CYFT
207 Statista, Statistiken zum Thema »Ausländer« → vielfalt.link/HGPL
208 Bundesregierung: »Fachkräftegewinnung« → vielfalt.link/ABPC
209 Multikulturelles Forum e. V., Begriff »Ausländer« → vielfalt.link/PNDF
210 Sprach-Optimist: »Integration, Migration, Ausländer« → vielfalt.link/DECW
211 »Wertschätzend, aber nicht auf Eierschalen laufen«, Podcast mit Murtaza Akbar → vielfalt.link/YFHW
212 Digitales Wörterbuch der deutschen Sprache, Begriff »Ausländer« → vielfalt.link/WXEM
213 JuraForum, »Ausländer – Definition und gesetzliche Regelungen in Deutschland« → vielfalt.link/NYFM
214 Autism spectrum disorder. ICD 11 → vielfalt.link/YABC
215 KAUFMANN: The New Diagnostic Criteria For Autism Spectrum Disorders → vielfalt.link/ENGR

216 SHEFFER: Asperger's Children - The Origins of Autism in Nazi Vienna → vielfalt.link/PYXL
217 Empirical Failures of the Claim That Autistic People Lack a Theory of Mind → vielfalt.link/EBNR
218 MILTON: On the ontological status of autism: the ›double empathy problem‹ → vielfalt.link/HGND
219 Jakob Augstein über Frank Schirrmachers neues Buch Ego → vielfalt.link/CMGB
220 AUGSTEIN: »AfD: Vom politischen Autismus befördert« → vielfalt.link/XPDL
221 #WalkInRed. → vielfalt.link/MTAF
222 ECKENFELS: Autismusmythen → vielfalt.link/DPNA
223 Sensory Overload (Interacting with Autism Project) → vielfalt.link/RFAP
224 BURGESS: Understanding the spectrum – a comic strip explanation. → vielfalt.link/EDCT
225 SCHEELE KNIGHT: autismus als metapher → vielfalt.link/MWFC
226 SCHREITER: Schattenspringer – Wie es ist, anders zu sein. → vielfalt.link/YRTD
227 SILBERMAN & SACKS: Geniale Störung: Die geheime Geschichte des Autismus (...) → vielfalt.link/EKFB
228 9,4 % haben eine schwere Behinderung. → vielfalt.link/ATEC
229 »Disability Studies als interdisziplinäres Forschungsfeld«, BpB → vielfalt.link/CYWB
230 »Modelle von Gesundheit und Krankheit« → vielfalt.link/FLHR
231 »Individuelles, soziales und/oder kulturelles Modell von Behinderung?« → vielfalt.link/GTPA
232 Grochar: »Das kulturelle Modell von Behinderung« → vielfalt.link/ANPW
233 »Handbuch Behindertenrechtskonvention: Teilhabe als Menschenrecht«, BpB → vielfalt.link/CYWB
234 »Entstellt: Über Märchen, Behinderung und Teilhabe (Nautilus Flugschrift)« → vielfalt.link/TMAD
235 Kollodzieyski: »Ableismus« → vielfalt.link/GFXC
236 Magazin »Die neue Norm« → vielfalt.link/LFBW
237 »Disability Visibility: First-Person Stories from the Twenty-First Century« → vielfalt.link/CKMD
238 Rosenthal: »Capitalism and Disability« → vielfalt.link/PYET
239 Wortdefinition »Bias«, Duden Wörterbuch → vielfalt.link/KEDG
240 Übersetzung »bias«, Langenscheidt Wörterbuch → vielfalt.link/TMKH
241 Martin & Wawrinowski: »Beobachtung als gezielte Wahrnehmung« → vielfalt.link/AHTD
242 »Unconscious Bias«: Universität zu Köln → vielfalt.link/YEAC
243 »Unconscious Bias«: Universität Bonn → vielfalt.link/XBFH
244 Clemens Striebing: »Karriere-Killer Gender Bias« → vielfalt.link/DGLM
245 Bauer: »Gender Bias: Ein sexistischer Denkfehler« → vielfalt.link/APWK
246 Implicit Bias: »Intervention zur Reduktion von implizitem Rassismus«, Uni Bamberg, 2021 → vielfalt.link/DNXF
247 Czihlarz: »Blind Spot Bias – der Bias im toten Winkel« → vielfalt.link/PMDG
248 Wondrak: »5 Schritte gegen persönliche Biases« → vielfalt.link/BRHY
249 Mertol: »Der Anti-Bias Ansatz (...)«, BpB → vielfalt.link/DTBK
250 »Biases von A – Z«: Anti-Bias → vielfalt.link/ACED
251 »Anti-Bias – oder wie wir lernen, Schubladen klicken zu hören« → vielfalt.link/YCEG
252 Gramelt: »Der Anti-Bias-Ansatz (...)« → vielfalt.link/HCAF
253 Impliziter Assoziationstest der Harvard Uni → vielfalt.link/BWPA
254 Bazyar: »Drei Kameradinnen« → vielfalt.link/RWBM
255 Adorján: »Ciao« → vielfalt.link/DRGY
256 Migrationsbericht der Bundesregierung 2021 → vielfalt.link/ABCG
257 Kommunalpolitische Beteiligung von MigrantInnen, Heinrich Böll Stiftung → vielfalt.link/PWLM
258 Kedves: Biodeutsch, Tages-Anzeiger → vielfalt.link/KXCG
259 Koch: »Wie die Welt lacht. Lachkulturen im Vergleich.« → vielfalt.link/GFDT
260 Sezgin: Das Privileg der Etikettenlosen → vielfalt.link/RACW
261 Ist biodeutsch nur ein anderes Wort für Arier? → vielfalt.link/XGYW

262 Uni distanziert sich von »Biodeutsche«-Äußerung → vielfalt.link/GCPL
263 »Alternative Fakten« ist Unwort des Jahres 2017 → vielfalt.link/NYEH
264 Muhsin Omurca im Interview mit Julia Menger → vielfalt.link/NXEY
265 Royal Entomological Society, Fact and figures → vielfalt.link/LPTM
266 Origin of the Term Biodiversity, BioScience → vielfalt.link/YWBH
267 Birdsongs alleviate anxiety and paranoia in healthy participants → vielfalt.link/WECG
268 IPBES: »Global assessment report on biodiversity (...)« → vielfalt.link/HPGC
269 Was steht im neuen Abkommen zum Schutz von Natur und Artenvielfalt?, RiffReporter → vielfalt.link/PDNR
270 Glaubrecht: »Das Ende der Evolution« → vielfalt.link/KNWB
271 The diversity of life, Penguin-Verlag → vielfalt.link/PTAF
272 Schreiber: Biodiversität → vielfalt.link/DCFE
273 Bundesregierung: Nationale Biodiversitätsstrategie → vielfalt.link/MNFW
274 Schwägerl: Kann das Weltnaturabkommen die Verarmung der Erde aufhalten? → vielfalt.link/GEPK
275 Biodiversität und Management von Agrarlandschaften → vielfalt.link/XRNM
276 Der Baum des Lebens, Onezoom → vielfalt.link/EMDA
277 Margaret Cho Shines, Moontower Comedy Festival → vielfalt.link/FEMY
278 Shaw: »Bi – Vielfältige Liebe entdecken« → vielfalt.link/NWBH
279 Queer Lexikon: »Monosexualität« → vielfalt.link/HXFA
280 Bi+ Glossar, BiBerlin → vielfalt.link/KWPR
281 Associations of Bisexual-Specific Minority Stress and Health (...) → vielfalt.link/ECWY
282 Bisexual Manifesto, Bundesverband Bi+ → vielfalt.link/NRAD
283 Meet »The Mother of Pride« → vielfalt.link/KNLC
284 »Heartstopper«, Serie (Netflix) → vielfalt.link/HCDY
285 Blogpost FAQ: »Bi heißt zwei?« → vielfalt.link/WBRG
286 »Willkommen im Haus der Eulen«, Serie → vielfalt.link/FABH
287 Getting Bi, 2014 → vielfalt.link/DHKY
288 The Allusionist: Podcastfolge, Englisch → vielfalt.link/KNRL
289 Greedy: »Notes from a bisexual who wants to much« → vielfalt.link/LCNG
290 »Gettin' bi«, Song aus der Serie »Crazy Ex-Girlfriend« → vielfalt.link/YDTN
291 »Make me feel«, Song → vielfalt.link/ELXD
292 The Long, Painful Legacy Of Blackface In America → vielfalt.link/RBHW
293 Initiative Schwarze Menschen in Deutschland → vielfalt.link/FDWC
294 Der Braune Mob e. V. → vielfalt.link/LDWX
295 Anglizismus des Jahres: »Blackfacing« → vielfalt.link/GKCH
296 Schminken und Sternsingen – Kommt so, wie ihr seid! → vielfalt.link/KCPT
297 »Ein Mann will gehasst werden«, SZ → vielfalt.link/FHDC
298 »Debatte um schwarz geschminkten Denis Scheck« → vielfalt.link/CMPY
299 »Rassismusvorwürfe bei ›Wetten, dass..?‹ (...)« → vielfalt.link/WLYK
300 »Dieser ›Witz‹ ist Rassismus aus Bequemlichkeit« → vielfalt.link/FHWX
301 »Nur noch zum Schämen«, Stern.de → vielfalt.link/RAGH
302 Lechner, Elisabeth: Riot, don't diet → vielfalt.link/CPHD
303 Michelberger, Melodie: Body Politics → vielfalt.link/CMPD
304 Lookismus, Normierte Körper. Diskriminierende Mechanismen → vielfalt.link/MFDE
305 Hagen, Sophia: Happy Fat. Nimm dir deinen Platz. → vielfalt.link/FLRH
306 Freitas Ghibaudy, Ayla: Body Neutrality → vielfalt.link/YXMC
307 Orbach, Susie: Bodies. Im Kampf mit dem Körper → vielfalt.link/EGAK

308 Gay, Roxane: Hunger. Die Geschichte meines Körpers → vielfalt.link/BRKC
309 Elisabeth Lechner: »an-spruch: Einfach so da sein« → vielfalt.link/RNKC
310 Jaqueline Scheiber über Body Neutrality & Bodyshaming → vielfalt.link/DMPX
311 Equal Care – Über Forsorge und Gesellschaft, 2020 → vielfalt.link/YDXW
312 Gender Care Gap – ein Indikator für die Gleichstellung → vielfalt.link/HKRC
313 re:publica 2023: Jutta Allmendinger – Augen zu und durch? → vielfalt.link/MPGD
314 »Mental Load – Do you Equal Care?« → vielfalt.link/NCAT
315 Louisa Plasberg und Ronja Hoffacker: Join Equaly → vielfalt.link/RBPN
316 Unlearn Business Lab, Starting a Revolution → vielfalt.link/WGTH
317 Das Ende der Ehe – Für eine Revolution der Liebe → vielfalt.link/RPDG
318 Lücke, Expertin/Trainerin für Equal Care → vielfalt.link/ERHX
319 Für Sorge: Wie Equal Care euer Familienleben rettet → vielfalt.link/FKHW
320 Equal Care & Equal Pay, Höchste Zeit, die Lücken zu schließen → vielfalt.link/YNRL
321 Um-Care: Wie Sorgearbeit die Wirtschaft revolutioniert → vielfalt.link/MXCF
322 Elternschaft als Arbeit: Familiales Care-Handeln für Kinder → vielfalt.link/HDGX
323 Bis eine* weint!: Ehrliche Interviews mit Müttern (...) → vielfalt.link/AMGE
324 »Wenn die Eltern nicht studiert haben«, FAZ, 2023 → vielfalt.link/CHLW
325 Krämer: »Definition: ›Was ist ›Leistungsgerechtigkeit?‹«, Gabler, 2023 → vielfalt.link/WBME
326 Statistisches Bundesamt: »Sozialstruktur und soziale Lagen«, 2021 → vielfalt.link/EDHB
327 »Chancen(un)gleichheit in Deutschland«, 2018, DZHW, PDF → vielfalt.link/GADM
328 Bundesagentur für Arbeit: »Zahl der Engpassberufe steigt«, 2023 → vielfalt.link/GHNW
329 Bücker: »Ist es radikal, das Elterngeld für Reiche zu streichen?«, SZ, 2023 → vielfalt.link/EDNG
330 Krugman: »More Thoughts on Equality of Opportunity«, New York Times, 2011 → vielfalt.link/YWEG
331 Weingartner: »Neid-Debatte: Die Doppelmoral gegenüber Reichen«, FAZ → vielfalt.link/PFXE
332 Krämer: »Definition – Was ist ›Chancengleichheit‹«, Gabler, 2023 → vielfalt.link/DNWE
333 Menendian: »Equity vs. Equality: What's the Difference?«, Berkeley-University → vielfalt.link/AKWE
334 »Chancengleichheit zwischen Anspruch und Wirklichkeit«, BpB → vielfalt.link/HGDA
335 Rawls: »A Theory of Justice: Original Edition«, 1971 → vielfalt.link/DYCA
336 Berger: »Chancengleichheit. Eine elementare Formalisierung«, 2019, Springer → vielfalt.link/HXKG
337 AfD, Grundsatzprogramm für Deutschland → vielfalt.link/RADL
338 Lachmann: AfD-Führung zerstreitet sich wegen Pegida-Bewegung → vielfalt.link/KDAR
339 Rose: The New Philosemitism → vielfalt.link/MHDC
340 Martin Luther: Von den Juden und ihren Lügen, Wittenberg, 1543 → vielfalt.link/GMWN
341 Das Judasfeuer – Ein antisemitischer Osterbrauch in Bayern, 2020 → vielfalt.link/HAKE
342 Guski: Das jüdisch-christliche Abendland? → vielfalt.link/LBHT
343 Röhlig: AfD-Wörterbuch: Wer den Begriff »christlich-jüdische Abendland« erfand → vielfalt.link/YBDF
344 Neuer Kammerchor Berlin: Hörbare | ungehörte Stimmen → vielfalt.link/NGDP
345 DocCheck Flexikon, Eintrag zu »Akut« → vielfalt.link/DXER
346 Immer mehr chronische Kranke über Jahrzehnte beeinträchtigt → vielfalt.link/HDFX
347 Chronisch krank im Job, Süddeutsche Zeitung → vielfalt.link/DLTN
348 Was ist die Spoon-Theory?, Sozialverband VdK → vielfalt.link/LPCA
349 5 Dinge, die man zu chronisch kranken Menschen nie sagen sollte → vielfalt.link/AXGB
350 Erfahrungsbericht: »Wer bin ich als chronisch kranker Mensch?« → vielfalt.link/EDTL
351 Jung & krank, Wie lebt man mit chronischer Erkrankung? Video → vielfalt.link/HLXB
352 Marina Weisband über ME/CFS, Video → vielfalt.link/NGYA
353 About Outing: Public Discourse, Private Lives. Kathleen Guzman → vielfalt.link/EPNH

354 Assembly and Ballroom Culture, von Abigail Mae → vielfalt.link/NEAL
355 Heine: Was »Coming-out« mit einem Ball-Debüt zu tun hat → vielfalt.link/BMCP
356 Chauncey: Gay New York (...), Basic Books → vielfalt.link/HEFP
357 DEFA-Spielfilm COMING OUT (1989) → vielfalt.link/APMY
358 LGBTQ Center: Coming Out → vielfalt.link/DWYK
359 Signorile: Notwendige Taktik → vielfalt.link/ERMF
360 Kraushaar: Outen ja, aber nicht hier und nicht heute → vielfalt.link/TMXL
361 Duden Online, Eintrag zu »Outing« → vielfalt.link/MPHY
362 Oxford Advanced Learner's Dictionary, »outing« → vielfalt.link/MCRL
363 Köller & Schautz: Queer gestreift, Hanser → vielfalt.link/GWXY
364 Goddemeier: Coming out. Queere Stars (...) → vielfalt.link/MPBC
365 Giese: »Ich bin Linus«, Rowohlt → vielfalt.link/FCBW
366 Maria Vöckler mit Sara Schumann: Blau mit ganz viel Glitzer → vielfalt.link/CKRB
367 van Dijk: Überall auf der Welt. Coming-out-Geschichten → vielfalt.link/NFLH
368 Hinzpeter, 12 Arten des Outens → vielfalt.link/ENXT
369 Bauman & Murray: »Deaf Studies im 21. Jahrhundert«, 2014, PDF → vielfalt.link/GWCB
370 Müller & Zaracko: »Haben gehörlose Kinder ein Recht auf ein Cochlea-Implantat?«, 2010 → vielfalt.link/MPFD
371 Lawrence: »Charlie Chaplin - Film Industry Pioneer and Deaf Influenced?«, 2016 → vielfalt.link/PLDE
372 Thijssen: »Carl Wilke und seine Bildertafeln«, Moritz Siegel → vielfalt.link/NWHC
373 »Deaf People in Astronomy and Rocket Science: Gallaudet 11 Space Experiment« → vielfalt.link/YFTB
374 Murray, Bauman & Dirksen: »Deaf Gain: Raising the Stakes for Human Diversity« → vielfalt.link/BFDC
375 Charlie Chaplin: »The Gold Rush - Roll Dance«, 1925, Video → vielfalt.link/MCYK
376 Ladd: »Was ist Deafhood?: Gehörlosenkultur im Aufbruch«, 2008 → vielfalt.link/KEPY
377 Lane: »Unterdrückung von Sprache und Kultur der Gehörlosengemeinschaft«, 1994 → vielfalt.link/EDBG
378 Die Vereinten Nationen erkennen 195 Staaten an → vielfalt.link/EBMK
379 Anzahl der Länder mit einer demokratischen Regierungsform im Jahr 2019 → vielfalt.link/CRDH
380 Demokratiematrix, Ranking der Länder anhand der Demokratiequalität → vielfalt.link/WAXN
381 Bevölkerung mit Migrationshintergrund, BpB → vielfalt.link/LCKT
382 Altersgrenzen bei Wahlen in Deutschland, Statista → vielfalt.link/XWLA
383 Friedrich-Ebert-Stiftung: Gutes Engagement – für eine demokratische Zivilgesellschaft → vielfalt.link/GARC
384 Bücker: AlleZeit, Ullstein 2022 → vielfalt.link/YRPW
385 Freiwilliges Engagement von Frauen und Männern, Bundesfamilienministerium → vielfalt.link/YBXE
386 Datenhandbuch zur Geschichte des Deutschen Bundestages, PDF → vielfalt.link/EPNF
387 Strobl: Radikaler Konservatismus → vielfalt.link/BRTG
388 Volk und Vertreter, Süddeutsche Zeitung → vielfalt.link/RKTM
389 Neu gewählter Bundestag: Schritt in Richtung eines »repräsentativen« Parlaments? → vielfalt.link/EYMT
390 Mertz: Die Woke-Diktatur → vielfalt.link/LCAK
391 Interview mit Nicolas Rüsch in »Psychologie heute« → vielfalt.link/HKMG
392 Foley: »Black dog« as a metaphor for depression → vielfalt.link/DLRF
393 Beck: Depression. Reclam → vielfalt.link/DCRG
394 Wie entsteht eine Depression? Ursachen und Auslöser → vielfalt.link/CXNT
395 Johnstone: Ich hatte einen schwarzen Hund → vielfalt.link/ANTH
396 Durante: Black Box Blues → vielfalt.link/DEYA
397 Hari: Der Welt nicht mehr verbunden → vielfalt.link/AHYW
398 Stiftung Deutsche Depressionshilfe → vielfalt.link/KYGX
399 Solomon: »Saturns Schatten: Die dunklen Welten der Depression« → vielfalt.link/GMWB

400 Nicht gesellschaftsfähig: Alltag mit psychischen Belastungen → vielfalt.link/FXEP
401 Telefonseelsorge Deutschland → vielfalt.link/MPCB
402 Sozialpsychiatrischer Dienst, Netzwerke in Deutschland → vielfalt.link/GEPA
403 Raab, Carbon & Muth: Am Anfang war die Verschwörungstheorie, Springer → vielfalt.link/YHRW
404 Collins 2017: Word of the Year Shortlist → vielfalt.link/KBXT
405 Trump's false or misleading claims total 30,573, Washington Post → vielfalt.link/WRNF
406 Rühl: Measuring Fake News, PDF → vielfalt.link/XGKR
407 Wiesinger: Boulevardzeitungen im crossmedialen Vergleich. → vielfalt.link/RTPD
408 Fake News, Hashtags & Social Bots. Neue Methoden populistischer Propaganda → vielfalt.link/YFEH
409 Halavais: Search Engine Society → vielfalt.link/LBHF
410 Correctiv – Recherchen für die Gesellscahft → vielfalt.link/EXTP
411 Bellingcat, internationales Recherchekollektiv → vielfalt.link/RAYK
412 CeMAS – Center für Monitoring, Analyse und Strategie → vielfalt.link/DXMF
413 Übermedien – Medienkritischer Blog → vielfalt.link/MNLW
414 Faktenfinder der ARD, tagesschau → vielfalt.link/GBAP
415 Volksverpetzer – Faktenchecker-Blog → vielfalt.link/EYAW
416 Duden – Das Synonymwörterbuch → vielfalt.link/XTCP
417 Digitales Wörterbuch der deutschen Sprache → vielfalt.link/KWFL
418 Duden. Die Grammatik. 10. Auflage → vielfalt.link/TWHN
419 Die Wortwarte → vielfalt.link/MPKC
420 Limbach: Eingewanderte Wörter, Goethe-Institut → vielfalt.link/PRTN
421 Die Teufelin steckt im Detail. Zur Debatte um Gender und Sprache → vielfalt.link/WRAL
422 »Hör mal, wo der spricht«, Institut für Deutsche Sprache in Mannheim → vielfalt.link/DGCM
423 Digitales Wörterbuch der deutschen Sprache → vielfalt.link/CYXD
424 Wortwarte – Kandidaten für neue Wörter → vielfalt.link/LPMW
425 Variantengrammatik des Standarddeutschen → vielfalt.link/DFWC
426 Variantenwörterbuch des Deutschen, Boston: De Gruyter → vielfalt.link/EMFT
427 Ein Pro und Contra. Was für die gendergerechte Sprache spricht – und was dagegen → vielfalt.link/KEXD
428 Handbuch geschlechtergerechte Sprache → vielfalt.link/YFAN
429 »Digitaler Kolonialismus. (...)«, Zeitfragen-Feature, DLF Kultur → vielfalt.link/YDPX
430 Geier & Rosengrün: »Die wichtigsten 101 Fragen – Digitalisierung« → vielfalt.link/XEPF
431 Nassehi: »Unbehagen. Theorie der überforderten Gesellschaft«, C. H. Beck → vielfalt.link/HANW
432 Kwet: »Digitaler Kapitalismus.« → vielfalt.link/CNGE
433 »Dekolonisierung und Technologie, Zeitfragen-Feature, DLF Kultur → vielfalt.link/WHAE
434 Haruna-Oelker: »Die Schönheit der Differenz. Miteinander anders denken« → vielfalt.link/EBXY
435 »Internet is not in the Cloud.« Digitaler Kolonialismus → vielfalt.link/WEXA
436 Gender Mainstreaming, Politiklexikon für junge Leute → vielfalt.link/FDKH
437 Chancengleichheit als Qualitätsaspekt in der Arbeit öffentlicher Verwaltungen → vielfalt.link/XTBC
438 Behrend: Keine Daten, kein Problem: Die unsichtbare Minderheit → vielfalt.link/PYFH
439 Grüber: Disability Mainstreaming als Gesellschaftskonzept → vielfalt.link/LAHB
440 Heinrich Böll Stiftung: Sozialatlas → vielfalt.link/HNEY
441 Krauthausen: Wer Inklusion will, findet einen Weg → vielfalt.link/NMGC
442 Diversity Arts Culture: Expertise zur Diversifizierung des Kultursektors → vielfalt.link/YLGT
443 Rehabilitation und Teilhabe von Menschen mit Behinderungen, PDF → vielfalt.link/CPNM
444 Fair mieten – fair wohnen: Leitfaden für Mieter*innen, PDF → vielfalt.link/WYTP
445 Erläuterungen und Beispiele zum Allgemeinen Gleichbehandlungsgesetz, PDF → vielfalt.link/FBRK

446 4. Bericht der Antidiskriminierungsstelle des Bundes → vielfalt.link/FEAG
447 Wieland & Kober: Diskriminierung in der Einwanderungsgesellschaft, PDF → vielfalt.link/LWMT
448 Özdemir: Managing Capability, Springer Gabler → vielfalt.link/HPLD
449 Diversität und Diversitätsmanagement, 2012, Wien, Facultas → vielfalt.link/BLFA
450 Gardenswartz & Rowe: Diverse teams at work → vielfalt.link/CKNA
451 Diversity-Guide: Wie deutsche Medien mehr Vielfalt schaffen → vielfalt.link/GRCB
452 Glossar: Wörterverzeichnis für die Berichterstattung in der Einwanderungsgesellschaft → vielfalt.link/FMTA
453 Bührmann: Reflexive Diversitätsforschung (2020) → vielfalt.link/MTHD
454 Mysorekar: Diversity ist kein Modethema → vielfalt.link/KTFY
455 Website der Charta der Vielfalt → vielfalt.link/DGBY
456 Weiske: »Die ärztliche Sicht auf Menschen mit Down-Syndrom«, 2008 → vielfalt.link/HNRX
457 »Die Ursache des Down-Syndroms«, TOUCHDOWN 21 → vielfalt.link/YDNX
458 »TOUCHDOWN 21« – Portal des partizipativen Forschungsinstituts → vielfalt.link/LRYC
459 »Ohrenkuss«, Magazin, gemacht von Menschen mit Down-Syndrom → vielfalt.link/YTLB
460 »TOUCHDOWN« – Die Geschichte des Down-Syndroms → vielfalt.link/FKDY
461 Schilling: »Ich bin nur einmalig – Portraits von Menschen mit Down-Syndrom« → vielfalt.link/KPHC
462 Blume: Warum der Antisemitismus uns alle bedroht, Patmos → vielfalt.link/PNXA
463 Sacks: Not in God's Name: Confronting Religious Violence → vielfalt.link/WPFL
464 Amlinger & Nachtwey: Gekränkte Freiheit, Suhrkamp → vielfalt.link/FAPY
465 Olschanski: Der Wille zum Feind. Über populistische Rhetorik → vielfalt.link/AKHT
466 Blumenberg: Realität und Realismus, Suhrkamp → vielfalt.link/TEKD
467 Vortrag, Dr. Michael Blume: »Weltliche Bildung aus der Thora – Jeder Mensch zählt« → vielfalt.link/ANKY
468 Matthias Kullina: Ethnomarketing in Deutschland, Dissertation, 2007 → vielfalt.link/TNCP
469 E-Plus startet Mobilfunkmarke Ay Yildiz → vielfalt.link/DHYB
470 Ethno-Marketing: Die Seele umschmeicheln, ZEIT Online → vielfalt.link/DWRT
471 »Shopping for Identity: The Marketing of Ethnicity« → vielfalt.link/LFCP
472 »Wie Menschen mit Migrationshintergrund Werbung wahrnehmen«, W&V → vielfalt.link/TEXK
473 »In diesem Bärchen steckt kein Schwein« → vielfalt.link/BFCT
474 »Ethnomarketing mal anders«, taz → vielfalt.link/PMGT
475 Arbeitsgemeinschaft Bund der »Euthanasie« → vielfalt.link/YEMK
476 »Aktion T4«, Die nationalsozialistischen »Euthanasie«-Morde → vielfalt.link/KATW
477 »Aktion T4« (1941), Gedenkstätte Hadamar → vielfalt.link/MGPD
478 »Weitere Mordaktionen«, Die nationalsozialistischen »Euthanasie«-Morde → vielfalt.link/FGML
479 »Der Hausbesuch: Eine Kämpferin für die Seele«, Lea De Gregorio, taz, 2018 → vielfalt.link/LCFM
480 Klee: »Euthanasie im Dritten Reich«, FISCHER, 2010 → vielfalt.link/CPTN
481 Saathoff, in: »(...) Zwangssterilisierte und Geschädigte der NS-»Euthanasie«, 2017 → vielfalt.link/BDTN
482 Buck: »Psychose als Selbstfindung«, 2014 → vielfalt.link/YCXH
483 Dedreux: »Mein Leben ist doch cool!«, 2022 → vielfalt.link/PAGC
484 De Gregorio: »Unter Verrückten sagt man du«, 2024, Suhrkamp → vielfalt.link/PXEN
485 Hamm, in: »Zwangssterilisierte und Geschädigte der NS-»Euthanasie«, 2017 → vielfalt.link/BDTN
486 »Werk ohne Autor«, Spielfilm, von Donnersmarck, 2018 → vielfalt.link/WXPE
487 Griffin: The Nature of Fascism, 1991 → vielfalt.link/EFNK
488 Eco: Der ewige Faschismus, 2020 → vielfalt.link/HGXL
489 Payne: Geschichte des Faschismus, 2006 → vielfalt.link/LREN
490 Wörsching: Faschismustheorien, 2020 → vielfalt.link/KANM
491 Griffin: Fascism, 2020 → vielfalt.link/FTGP

492 Fielitz & Marcks: Digitaler Faschismus, 2020 → vielfalt.link/RCFH
493 Rohrkrämer: Antimodernism, 1999 → vielfalt.link/AGNP
494 Asha Hedayati: »Die stille Gewalt: Wie der Staat Frauen alleinlässt«, Rowohlt → vielfalt.link/FBDY
495 Femizid, Aus Politik und Zeitgeschichte 14/2023, BpB, PDF → vielfalt.link/WHEN
496 Manne: »Down Girl: Die Logik der Misogynie«, Suhrkamp → vielfalt.link/KCWE
497 Backes & Bettoni: »Alle drei Tage«, 2021 → vielfalt.link/MWCR
498 »Ihre Angst spielt hier keine Rolle«, von Marie von Kuck, Deutschlandfunk/SWR/WDR → vielfalt.link/TRPE
499 Lenz: Die Neue Frauenbewegung in Deutschland → vielfalt.link/BWMH
500 »Europäische Frauenbewegungen im 19. und 20. Jahrhundert«, Campus, 2019 → vielfalt.link/KEHM
501 Wittig: The Straight Mind and Other Essays, Boston 1992 → vielfalt.link/CGEF
502 100 Jahre Politik, Kultur und Geschichte von Lesben, Querverlag, Berlin, 2007 → vielfalt.link/ERTM
503 Materialien aus der deutschen Lesbierinnenbewegung, München, 1975 → vielfalt.link/PNRY
504 Konzeptionen (queer) feministischer Schutzräume, FEMINA POLITICA → vielfalt.link/MEPL
505 Frauenräume und die Diskussion um Trans*-Offenheit, GLADT, 2011, PDF → vielfalt.link/GCTY
506 Quantitative Messung von Freiheit auf qualitativer Datengrundlage, 2021 → vielfalt.link/BXGP
507 Berlin, I. & Berlin, I. Freiheit: vier Versuche, Fischer, 2006 → vielfalt.link/TARL
508 Women and Liberty, 1600–1800: Philosophical Essays, Oxford University Press → vielfalt.link/KLAC
509 Losing and Gaining Freedom Due to Climate Change, 2021 → vielfalt.link/HPCX
510 Mill & Himmelfarb: On Liberty, Penguin, 1974 → vielfalt.link/RGXB
511 Arendt & Wirthensohn: Die Freiheit, frei zu sein, dtv → vielfalt.link/PEMY
512 Garton Ash: Free speech: ten principles for a connected world. Atlantic Books → vielfalt.link/TXPD
513 Klein: Die Entscheidung: Kapitalismus vs. Klima, S. Fischer → vielfalt.link/FWYT
514 Rawls: Eine Theorie der Gerechtigkeit, Suhrkamp → vielfalt.link/WTGH
515 Snyder: Über Tyrannei: zwanzig Lektionen für den Widerstand → vielfalt.link/HCWK
516 Sweet: »The Sociology of Gaslighting«, American Sociological Review, 2019, PDF → vielfalt.link/XHFK
517 »Gaslighting – so erkennt man die gezielte Manipulation«, Barmer, 2023 → vielfalt.link/BHWC
518 Hirigoyen: »Die toxische Macht der Narzissten und wie wir uns dagegen wehren«, 2020 → vielfalt.link/YAPH
519 »Medical Gaslighting – Wenn Mediziner*innen uns nicht ernst nehmen«, DLF, 2022 → vielfalt.link/XPNA
520 Mia Shannon: »What is Social Media Gaslighting?«, scubby → vielfalt.link/NXDF
521 Merkoffer: »Gaslighting – Wie du gezielte Manipulation erkennst und dich schützt«, 2023 → vielfalt.link/NEBC
522 Jackson MacKenzie: »Psychopath Free«, Berkley Books, 2015 → vielfalt.link/NYLG
523 Büchel: »Gaslighting – Beispiele, Anzeichen, Strafbarkeit«, anwalt.de, 2023 → vielfalt.link/PLFA
524 »Gaslighting – Wenn wir emotional manipuliert werden«, DLF Nova, 2021 → vielfalt.link/YTXB
525 »Die Gastarbeiter: Das Wirtschaftswunder braucht kräftige Hände«, Focus, 2015 → vielfalt.link/HWBY
526 »Geschichte der Wiener Gastarbeiter*innen und Raab-Olah-Abkommen«, 2020 → vielfalt.link/XGLB
527 Frisch: Vorwort in: »Siamo italiani – Die Italiener«, 1965, EVZ-Verlag → vielfalt.link/XRAY
528 Gress: »Erntearbeit: Ein besseres Leben oder Ausbeutung in Österreich?«, MOMENT, 2021 → vielfalt.link/XBPR
529 »Wo wohnen Ihre Gastarbeiter?«, in: »Angekommen... La regione della Ruhr (...)« → vielfalt.link/XPGY
530 Pantić-Panić: »Erinnerungen an eine Migration«, biber, 2015 → vielfalt.link/YWDT
531 Coby: »Biseri iz blata«, 2018, Musikvideo vielfalt.link/GTPW
532 Fresh: »Der Gastarbeiter«, 2012, Musikvideo vielfalt.link/RPNC
533 Ristić: »Initiator für ein Gastarbeiter*innen-Denkmal in Wien« → vielfalt.link/WNXR
534 Pantić-Panić: Live-Stream der Gastarbeiter-Ausstellung AJNHAJTCLUB in Wien → vielfalt.link/GYKW
535 Gastarbajteri: virtuelle Ausstellung → vielfalt.link/CHLM
536 Arbutina: »Jugoslawische Gastarbeiter in Deutschland«, Deutsche Welle, 2013 → vielfalt.link/FPEG
537 Stajić: »Ich bin Teil dieser Geschichte«, Der Standard, 2016 → vielfalt.link/NXLT

538 Terra X History: »Wie prägten die türkischen Gastarbeiter Deutschland?«, Video → vielfalt.link/FBER
539 »Baseballschläger-Jahre aus migrantischer Perspektive«, Instagram → vielfalt.link/RTGD
540 Harlan: »Mit der Seele hören. Die Geschichte der Taubheit«, 1988 → vielfalt.link/YXFR
541 Fischer & Lane: »(...) Ein Reader zur Geschichte von Gehörlosengemeinschaften (...)« → vielfalt.link/CBWG
542 Zaurov: »Deaf Holokaust«, in: »Overcoming the Past«, Signum Verlag, 2009 → vielfalt.link/RTBK
543 Stokoe: »Sign language structure (...)«, University of Buffalo; 1960, PDF → vielfalt.link/LMNX
544 Deutscher Gehörlosen-Bund, Stellungnahme 02/2023, PDF → vielfalt.link/PALD
545 DeMeulder & Haualand: »A BAND-AID ON A GUNSHOT WOUND?«, 2019 → vielfalt.link/EHMN
546 »Nicht stumm!« – Ein Projekt von Taubenschlag.de → vielfalt.link/PKAH
547 »DAS ZEICHEN« – Zeitschrift für Sprache und Kultur Gehörloser → vielfalt.link/GKBN
548 Lane: »(...) Unterdrückung von Sprache und Kultur der Gehörlosengemeinschaft«, 1994 → vielfalt.link/XTCG
549 Link: »Jenseits der Stille«, 1996, Spielfilm → vielfalt.link/XKPL
550 Sacks: »Stumme Stimmen. Reise in die Welt der Gehörlosen«, Rowohlt, 1990 → vielfalt.link/MHFE
551 »100 Fragen und Antworten rund um die Deutsche Gebärdensprache«, 2023 → vielfalt.link/EKLY
552 Pusch: »Das Deutsche als Männersprache (...)«, Suhrkamp, 1984 / 2023 → vielfalt.link/TWBM
553 »Gender-Linguistik. Eine Einführung in Sprache, Gespräch und Geschlecht«, 2018 → vielfalt.link/CAKB
554 Doleschal: »Das generische Maskulinum im Deutschen (...)« → vielfalt.link/KYGN
555 »Effekte des generischen Maskulinums (...)«, PR, 2001, PDF → vielfalt.link/LGWA
556 »Aus Gründen der Verständlichkeit (...)«, Psychologische Rundschau, 2007 → vielfalt.link/AGLB
557 Hannover & Verwecken: »Yes I can! (...)«, in: Social Psychology, 2015 → vielfalt.link/FPCW
558 Diewald & Steinhauer: »Handbuch geschlechtergerechte Sprache«, Dudenverlag, 2022 → vielfalt.link/DNPY
559 Hornscheidt & Sammla: »Wie schreibe ich divers? (...)«, Hiddensee, 2021 → vielfalt.link/RXEL
560 Müller-Spitzer: »Geschlechtergerechte Sprache«, in: Sprachreport 37, 2021, PDF → vielfalt.link/KNEW
561 Nübling: »Und ob das Genus mit dem Sexus (...)«, Sprachreport 34, 2018, PDF → vielfalt.link/MDWL
562 »Lob und Kritik für Verbot von Gendern (...) an Schulen, MDR, 2023 → vielfalt.link/FMXY
563 Rat für deutsche Rechtschreibung → vielfalt.link/GPME
564 »Genderleicht und Bildermächtig«, Journalistinnenbund → vielfalt.link/GKRH
565 Usinger: »Geschickt gendern – Das Genderwörterbuch« → vielfalt.link/HCEW
566 »Handlungsempfehlungen für Geschlechtervielfalt an Hochschulen«, 2022, PDF → vielfalt.link/YNCM
567 »Debatte: Sprache und Geschlecht«, Bundeszentrale für politische Bildung, 2018 → vielfalt.link/RBDA
568 Encyclopedia of Body Image and Human Appearance, 2012 → vielfalt.link/DCKA
569 »Understanding transgender people, gender identity and gender expression« → vielfalt.link/XFDY
570 Council of Europe: »Exploring gender and gender identity« → vielfalt.link/KTDW
571 Dorsch – Lexikon der Psychologie, Eintrag zu »Identität«, 2021 → vielfalt.link/EMXK
572 Jürgen Mittelstrauß, Metzler Enzyklopädie, Band 2, 2004 → vielfalt.link/MCFT
573 PBS: »A Map of Gender-Diverse Cultures«, 2015 → vielfalt.link/NMBE
574 Nichtbinär-Wiki: »Liste nicht binärer Identitäten«, 2023 → vielfalt.link/HLKE
575 Feinberg: »Stone Butch Blues – Träume in den erwachenden Morgen«, 1993 → vielfalt.link/PBHC
576 Serrano: »Whipping Girl (...)«, Seal Press, 2016 → vielfalt.link/AWEK
577 Giese »Ich bin Linus: Wie ich der Mann wurde, der ich schon immer war«, Rowohlt, 2020 → vielfalt.link/BCEP
578 »Mein Weg von einer weißen Frau zu einem jungen Mann mit Migrationshintergrund« → vielfalt.link/GPLN
579 Peters: »Detransition, Baby«, Ullstein, 2022 → vielfalt.link/BKRL
580 Pickert: »Prinzessinnenjungs (...)«, Beltz, 2020 → vielfalt.link/EBFD
581 Thörner »Geschlechtersensible Begleitung und Empowerment von klein auf« → vielfalt.link/LEHX
582 Siever »Was wird es denn? Ein Kind!«, Beltz, 2022 → vielfalt.link/KPEG
583 The Representation Project: »The mask you live in«, Dokumentation, Video → vielfalt.link/HEDY

584 The Representation Project: »Miss Representation«, Dokumentation, Video → vielfalt.link/MHGD
585 »Disclosure«, Netflix, 2020, Dokumentation, Video → vielfalt.link/CEBW
586 Heitmeyer: Gruppenbezogene Menschenfeindlichkeit, 2002, Suhrkamp → vielfalt.link/FTNE
587 Gruppenbezogene Menschenfeindlichkeit in Deutschland 2002–2018/19, Dietz → vielfalt.link/EHRW
588 Rechtsextreme und demokratiegefährdende Einstellungen, FES, Dietz, 2021 → vielfalt.link/RAPC
589 Die Abwertung der Anderen, FES → vielfalt.link/DPKG
590 Diekmann: Muslim*innen- und Islamfeindlichkeit, 2022, Springer → vielfalt.link/GKTE
591 Heitmeyer: Deutsche Zustände, Suhrkamp → vielfalt.link/NGBD
592 Kartoffelpuffer – Gifty & Steffie vs. Rassismus, 2021, GMF, Video → vielfalt.link/BYFP
593 Gruppenbezogene Menschenfeindlichkeit, BpB, 2015 → vielfalt.link/KNHM
594 Bundeskriminalamt: Politisch motivierte Kriminalität 2022 → vielfalt.link/FYAW
595 Quent: Rechtsterrorismus, Interdisziplinäres Handbuch für Wissenschaft und Praxis → vielfalt.link/GPWM
596 Perry: In the name of hate. Understanding hate crimes → vielfalt.link/DRXP
597 Institut für Demokratie und Zivilgesellschaft: Gewalt gegen Minderheiten → vielfalt.link/EMBK
598 Opfer von Vorurteilskriminalität, Kriminalistisches Institut, PDF → vielfalt.link/KTYA
599 Podcast #9 Hasskriminalität, Amadeu Antonio Stiftung → vielfalt.link/KHAD
600 Hasskriminalität, European Union Agency for fundamental rights → vielfalt.link/YLKW
601 Queer Lexikon (...) für sexuelle, romantische und geschlechtliche Vielfalt → vielfalt.link/FWPB
602 Kroschel & Baumgart: »(un)sichtbar gemacht«, Edition Assemblage, 2022 → vielfalt.link/RWYM
603 »LGBTQ+ History Book«, DK Verlag → vielfalt.link/LXFK
604 Siever: »Was wird es denn – ein Kind«, Beltz, 2022 → vielfalt.link/DBMP
605 Nagy & Bölecz: »Märchenland für alle«, DK Verlag, 2022 → vielfalt.link/LPXD
606 Lehmann: »Parallel«, Reprodukt, 2021 → vielfalt.link/FNBA
607 »The Combahee River Collective Statement«, PDF → vielfalt.link/MTCG
608 »Identity Politics«, The Stanford Encyclopedia of Philosophy → vielfalt.link/BWTN
609 Czollek: »Worüber wir reden, wenn wir ›Identitätspolitik‹ sagen (und worüber nicht)« → vielfalt.link/RDXM
610 Adrian Daub: »Universalismus versus Identitätspolitik → vielfalt.link/GCDP
611 Alicia Garza: »Identity Politics: Friend or Foe?« → vielfalt.link/FYND
612 »Identitätspolitik«, APuZ 9-11/2019 → vielfalt.link/MGPY
613 »Dossier Identitätspolitik: Was uns zusammenhält« → vielfalt.link/DHYT
614 »Potenziale und Grenzen der Identitätspolitik« → vielfalt.link/NCKP
615 Grundbegriffe der Soziologie, 2018, Springer VS → vielfalt.link/RYXP
616 Philosophischer Grundbegriff: Ideologie → vielfalt.link/XLKR
617 Schnädelbach: Was ist Ideologie?, 1969 → vielfalt.link/WHEF
618 Austeda: Ideologiekritik. In: Lexikon der Philosophie → vielfalt.link/ERFM
619 Eagleton: Ideologie. Eine Einführung → vielfalt.link/GHFL
620 Heitmeyer: Gruppenbezogene Menschenfeindlichkeit → vielfalt.link/KYRB
621 Von der Ungleichwertigkeit zur Ungleichheit, BpB → vielfalt.link/DRYW
622 Herkommer: Ideologie und Ideologien im nachideologischen Zeitalter → vielfalt.link/XYGN
623 Felder: Welche Bedeutung hat der Begriff Ideologie?, BpB → vielfalt.link/DTLF
624 NS-Ideologie und Nationalsozialismus, Video → vielfalt.link/FXKW
625 Rahner: Praxishandbuch Resilienz in der Jugendarbeit → vielfalt.link/DRCG
626 Wahl: Radikale Inklusion, 2023 → vielfalt.link/BTPA
627 UN-Behindertenrechtskonvention, Schattenübersetzung, 2018, PDF → vielfalt.link/PDNM
628 Dominanzkultur Reloaded, Transcriptverlag, 2015 → vielfalt.link/MWEN
629 An Unpretentant Memoir of a Disabilty Rights Activist, 2020 → vielfalt.link/LDAE

630 Krauthausen: »Wer Inklusion will, findet einen Weg. (…)«, Rowohlt, 2023 → vielfalt.link/BFMW
631 Maskos: »Thesen zur Inklusion (…)«, PDF → vielfalt.link/LTRB
632 Sierck: Budenzauber Inklusion, 2013, AG SPAK Bücher → vielfalt.link/PTYC
633 Wong: Disability Visibility. First-Person Stories from the Twenty-First Century, 2020 → vielfalt.link/MGYK
634 »Crip Camp - A Disablity Revolution«, 2020, Netflix, Video → vielfalt.link/DHXE
635 Leidmedien.de – Ein Projekt der Sozialheld*innen → vielfalt.link/ACMD
636 Neue deutsche Medienmacher*innen → vielfalt.link/YNWA
637 Debatte um Meinungsfreiheit, Mareice Kaiser, taz → vielfalt.link/ETYR
638 Amnesty: Glossar für diskriminierungssensible Sprache → vielfalt.link/LKRY
639 Handlungsempfehlung »Ausgesprochen vielfältig«, PDF → vielfalt.link/AYTD
640 Nowak & Kocina: »Gehört der Islam zu Österreich?«, Molden, 2017 → vielfalt.link/YNLC
641 Erben: »Integration ist keine Einbahnstraße« → vielfalt.link/LHDA
642 Tibi: »Leitkultur als Wertekonsens. Bilanz einer missglückten deutschen Debatte« → vielfalt.link/ACMK
643 Ist es zu schwer, Deutscher zu werden? Interview mit Ataman und Herrmann → vielfalt.link/GWFA
644 Trautsch: Türkisch soll in Hessen keine zweite Fremdsprache werden, FAZ → vielfalt.link/LYEM
645 »Deutschpflicht auf dem Schulhof ist Unsinn«, Deutschlandfunk → vielfalt.link/MXGA
646 Rosenberger & Gruber: »Integration erwünscht? (…)«, Czernin, 2020 → vielfalt.link/DCNA
647 Foroutan & Schäfer: »Hybride Identitäten (…)«, 2009 → vielfalt.link/CWLM
648 O'Reilly: What Is Web 2.0, 2005 → vielfalt.link/DEPC
649 Beisch, Natalie; Koch, Wolfgang: ARD/ZDF-Onlinestudie, Media Perspektiven 10/2022 → vielfalt.link/HAPR
650 Institut für Demokratie und Zivilgesellschaft: #Hass im Netz, PDF → vielfalt.link/PKYH
651 Mediennutzung von Menschen mit Behinderungen, 2016, PDF → vielfalt.link/ELYC
652 Grimme-Institut: Preisträger 2023 DeinBruderStève → vielfalt.link/HTCE
653 Grimme-Institut: Preisträger 2023 Hand drauf → vielfalt.link/YXTE
654 Website des Grimme Online Award mit allen Nominierten und Preisträger*innen → vielfalt.link/XMDP
655 Breitband, Deutschlandfunk Kultur → vielfalt.link/ANGY
656 YouTube-Kanal: Ultralativ → vielfalt.link/GBNH
657 Podcast: Netz aus Lügen, BpB → vielfalt.link/KXRH
658 Medienbildungshub – Informationen (..) aus medienpädagogischer Sicht → vielfalt.link/XKHG
659 Beck: Warum KI nicht frei von Vorurteilen ist → vielfalt.link/EBHK
660 Walgenbach: Intersektionalität – eine Einführung → vielfalt.link/NDCH
661 Rivera: (2020), Emma DeGraffenreid and the Intersectionality Metaphor → vielfalt.link/ERTN
662 Crenshaw: »(…) A Black Feminist Critique of Antidiscrimination Doctrine (…) → vielfalt.link/TPNR
663 Adusei-Poku: Intersektionalität → vielfalt.link/YGFH
664 Hasters: Was weiße Menschen nicht über Rassismus hören wollen, aber wissen sollten → vielfalt.link/LPCR
665 Roig: »Why We Matter: Das Ende der Unterdrückung.« → vielfalt.link/ARBN
666 Haruna-Oelker: Die Schönheit der Differenz. Miteinander anders denken → vielfalt.link/KMRF
667 The Combahee River Collective (1977) → vielfalt.link/DKMA
668 Truth: Ain't I A Woman? → vielfalt.link/CTBY
669 Crenshaw: The Urgency of intersectionality → vielfalt.link/NBAT
670 Buolamwini: How I‹m fighting bias in algorithms, Video → vielfalt.link/HDMY
671 Chimamanda: The danger of a single story, Video → vielfalt.link/CEGN
672 Holterhus: »Das Rechtsstaatsprinzip des Grundgesetzes«, BpB, 2022 → vielfalt.link/KCHW
673 Krauthausen: »Vier Menschen sind tot, der Ableismus lebt«, Die Neue Norm, 2021 → vielfalt.link/ETHP
674 Pfreundschuh: »Befriedungsverbrechen«, kulturkitik.net → vielfalt.link/EFTL
675 »Resolution (…) der Heil-, Sonder-, Behinderten- und Rehabilitationspädagogik«, PDF → vielfalt.link/ATPL

676 »Medikamentöse Ruhigstellung in Heimen«, Pharmazeutische Zeitung, 2017 → vielfalt.link/WNFP
677 Jurkschat & Wurnig: »Zahl der Fixierungen deutlich gestiegen«, rbb24, 2021 → vielfalt.link/WKYG
678 Heinrich-Böll-Stiftung: »Sozialatlas 2022«, PDF → vielfalt.link/HLPF
679 »Acht Punkte: Kritik an Werkstätten für behinderte Menschen«, JOBinklusive, 2021 → vielfalt.link/WYCN
680 #AbleismusTötet – Forschungsprojekt zu Gewalt gegen behinderte Menschen in Heimen → vielfalt.link/BLHG
681 Canetti: »Masse und Macht«, Fischer Taschenbuch, 1980 → vielfalt.link/GLDX
682 JOBinklusive – ein Projekt des Sozialhelden e. V. → vielfalt.link/PLNX
683 »Sommer der Krüppelbewegung«, Doku, 2020, Netflix, Video → vielfalt.link/KEFG
684 Krauthausen: »Wer Inklusion will, findet einen Weg (…)«, Rowohlt, 2023 → vielfalt.link/DPFL
685 Krauthausen: »Dachdecker wollte ich eh nicht werden (…)«, Rowohlt, 2014 → vielfalt.link/KFCG
686 »(…) Es gab einmal Verrückte und Irrenanstalten, dann kam Basaglio«, 2018, Video (ital.) → vielfalt.link/PHBD
691 Israel M. Lau: »Wie Juden leben. Glaube, Alltag, Feste«, 1988, via DNB → vielfalt.link/NHXA
692 Ydit: »Kurze Judentumkunde für Schule und Selbststudium«, Hentrich, 2018 → vielfalt.link/WRMF
693 Hertzberg & Hirt-Manheimer: »Wer ist Jude? Wesen und Prägung eines Volkes«, 2000 → vielfalt.link/NPDC
694 Haase-Hindenberg: »Ich bin noch nie einem Juden begegnet«, Körber, 2021 → vielfalt.link/PKXT
695 Brenner: »Kleine jüdische Geschichte«, C. H. Beck, 2014 → vielfalt.link/DFWN
696 Ott & Gerczikow: »Wir lassen uns nicht unterkriegen (…)«, Hentrich, 2023 → vielfalt.link/LECR
697 Petrowskaja: »Vielleicht Esther«, Suhrkamp, 2015 → vielfalt.link/GAER
698 Khaet & Paatzsch: »Masel Tov Cocktail«, Film, 2020 → vielfalt.link/FBXM
699 Grossmann & Guski: »Anti und Semitisch«, Podcast, Audio → vielfalt.link/GXFH
700 »Raawi – Das Magazin für jüdisches Leben in Deutschland → vielfalt.link/GWBM
701 Kemper: Soziale Herkunft und Klassismus, PDF → vielfalt.link/XACY
702 »Aufsteiger wissen oft nicht, welches Gehalt angemessen wäre«, DIE ZEIT → vielfalt.link/GHWR
703 »Die eigene Klasse prägt einen Menschen für immer«, DIE ZEIT → vielfalt.link/PLAE
704 Berhe: »Der Begriff migrantische Mittelschicht sollte eine Kampfansage sein« → vielfalt.link/NWTK
705 Kemper & Weinbach: Klassismus. Eine Einführung, Unrast, 2009 → vielfalt.link/GYWC
706 Seeck: »Zugang verwehrt«, Atrium, 2022 → vielfalt.link/YXAB
707 Müller: Der erste autofiktionale Comic über Klassismus, Suhrkamp, 2022 → vielfalt.link/GLWM
708 Hamade: Die verachtete Unterschicht, Deutschlandfunk Kultur → vielfalt.link/YMHW
709 Baschek: Klassismus – wenn Menschen benachteiligt werden, WDR 5 → vielfalt.link/HMGP
710 Klimagerechtigkeit, in: Lexikon der Entwicklungspolitik → vielfalt.link/CGWL
711 Climate Change 2023: Synthesis Report, PDF → vielfalt.link/XMFH
712 Which countries are historically responsible for climate change? → vielfalt.link/MBRT
713 CDP Carbon Majors Report 2017, PDF → vielfalt.link/FGWH
714 Confronting Carbon Inequality, Oxfam, 2020, PDF → vielfalt.link/AWLC
715 Implications for climate change, 2020 → vielfalt.link/TBYE
716 »CO_2-Fußabdruck meines Flugs berechnen«, Atmosfair → vielfalt.link/FNGD
717 Loss and Damage, Climate Analytics → vielfalt.link/AWH
718 Discourses of climate delay. Global Sustainability, 2020 → vielfalt.link/EFYL
719 Klimafolgen: Handlungsfeld Biologische Vielfalt, Umweltbundesamt → vielfalt.link/ANMW
720 Klimagerechtigkeits-Kollektiv »intersectionalenvironmentalist«, Instagram → vielfalt.link/RGXF
721 »How to Dismantle Systems of Oppression to Protect People + Planet«, 2022 → vielfalt.link/TAXY
722 »Imeh Ituen, was hat Rassismus mit der Klimakrise zu tun?«, Podcast, Spotify → vielfalt.link/HNPR
723 »Umweltrassismus in Deutschland«, Heinrich-Böll-Stiftung, 2021, PDF → vielfalt.link/AXRL
724 Berliner Klimagerechtigkeits-Kollektivs »Black Earth«, Instagram → vielfalt.link/RADT
725 Ruby Hamad: »White Tears/Brown Scars (…)«, 2020 → vielfalt.link/BTCK

726 Eggers: »Ein Schwarzes Wissensarchiv«, aus: »Mythen, Masken und Subjekte (...)«, 2017 → vielfalt.link/LGDY
727 Thuram: »Das weiße Denken«, Nautilus Flugschrift, Hamburg, 2022 → vielfalt.link/WBPC
728 Saad: »me and white supremacy – Warum kritisches Weißsein mit dir selbst anfängt« → vielfalt.link/NGCH
729 Otoo & Oholi: »Resonanzen, Schwarzes Literaturfestival«, 2022 → vielfalt.link/TGHM
730 Eggers, Kilomba, Piesche & Arndt: »Mythen, Masken und Subjekte (...)«, Unrast, 2023 → vielfalt.link/HYTE
731 Florvil: »Black Germany – SCHWARZ, DEUTSCH, FEMINISTISCH«, Ch. Links, 2023 → vielfalt.link/FTGN
732 Isabel: »Hot Mixed Girl – Eine Dekonstruktion«, Unrast Verlag, 2023 → vielfalt.link/CWTD
733 Lorde: »Sister outsider«, Carl Hanser Verlag, 2021 → vielfalt.link/EGKM
734 Raschdorff: »Schwarz, Rot, Wir. Wie Vielfalt uns reicher macht«, Mosaik, 2022 → vielfalt.link/MBWN
735 Noah Sow: »deutschland schwarz weiss«, 2018 → vielfalt.link/FKXD
736 Chiang: »(...) ChatGPT Is a Blurry JPEG of the Web«, New Yorker, 2023 → vielfalt.link/LMPE
737 »On the Dangers of Stochastic Parrots: Can Language Models Be Too Big?«, 2021 → vielfalt.link/NFGW
738 Salvaggio: »How to Read an AI Image: The Datafication of a Kiss«, 2022 → vielfalt.link/FXMN
739 Geuter: »ChatGPT, Bard und Co: Bullshit, der (e)skaliert«, golem.de, 2023 → vielfalt.link/FEYW
740 »Technikdesign und Diversität: Künstliche Intelligenz vs. Demokratie?«, Uni Tübingen → vielfalt.link/PHTC
741 Bender & Gebru: »A.I. and Stochastic Parrots – Factually«, Video → vielfalt.link/CNPD
742 Bredel & Maass: »Leichte Sprache«, 2016, Dudenverlag → vielfalt.link/DYRG
743 »Über 3 Millionen Schutzsuchende zum Jahresende 2022 in Deutschland« → vielfalt.link/ENYC
744 »Menschen mit anderen Lernmöglichkeiten«, KSL NRW, 2018, PDF → vielfalt.link/HENL
745 Seitz: »Leichte Sprache? Keine einfache Sache«, BpB, 2014, PDF → vielfalt.link/DRHE
746 Kellermann: »Leichte und Einfache Sprache – Versuch einer Definition«, BpB, 2014 → vielfalt.link/FEAT
747 Münchner Kammerspiele: »Warum Antigone in Leichter Sprache?«, 2023 vielfalt.link/APBK
748 Übereinkommen über die Rechte von Menschen mit Behinderungen, Artikel 3 → vielfalt.link/YHCE
749 Plettenberg: »Tagesschau in Leichter Sprache – jetzt!«, Petition auf change.org → vielfalt.link/TEWN
750 Tag der Leichten Sprache am 28. Mai, Anne Leichtfuß im Interview, 2023 → vielfalt.link/CFNT
751 »VdK TV: Was ist leichte Sprache?«, Video → vielfalt.link/LXHA
752 »einfachstars – Aktuelles über Stars in Leichter Sprache« → vielfalt.link/PGBA
753 Lüthen: »Allen eine Chance! Warum wir Leichte Sprache brauchen«, Duden, 2019 → vielfalt.link/TWFK
754 »Ins Herz – die Liebeskolumne«, Der Tagesspiegel → vielfalt.link/KYLG
755 Reimann: »Franziska Linkerhand«, 2023 → vielfalt.link/TGPB
756 »Harry und Sally«, Liebeskomödie, 1989 → vielfalt.link/NLAG
757 Wellershoff: »Der Liebeswunsch«, 2009, Kiepenheuer & Witsch → vielfalt.link/EBTL
758 »Liebesmixtape«, Playlist, Spotify, Audio → vielfalt.link/TYNF
759 Mowat: »Towards a new conceptualisation of marginalisation«, 2015 → vielfalt.link/YWPK
760 Raja: »Postcolonial Concepts: Marginalization and Marginality«, 2019, Video → vielfalt.link/WNED
761 LibertiesEU: »Was ist Marginalisierung?«, 2021 → vielfalt.link/KLTA
762 Diversity Arts Culture: Eintrag zu »Marginalisierung« → vielfalt.link/CKML
763 Shannon: »Social Exclusion«, 2016, Video → vielfalt.link/AMNK
764 Tagouri: »(...) How can you turn marginalization into activism?« 2019, Podcast → vielfalt.link/RDFM
765 Viel Wille, kein Weg. Diversity im deutschen Journalismus, PDF → vielfalt.link/RMAP
766 Welchen Anteil haben Frauen an der publizistischen Macht in Deutschland?, PDF → vielfalt.link/BCHL
767 Mangelnde Vielfalt in Rundfunkräten und was dagegen hilft, NdM, 2022 → vielfalt.link/LCFT
768 Medienstaatsvertrag, Paragraf 26 »Auftrag« → vielfalt.link/ACDF
769 Hall: Ideologie. Kultur. Rassismus, Ausgewählte Schriften 1 → vielfalt.link/YNLK
770 Initiative Mediendiversität – virtuelles Handbuch für Entscheider*innen → vielfalt.link/TRHG
771 50:50 Initiative der BBC → vielfalt.link/FAMP

772 Leidmedien – Tipps für Medien im Umgang mit Menschen mit Behinderungen → vielfalt.link/YMLD
773 Queer media society → vielfalt.link/EHTD
774 Haruna-Oelker: Wer macht Medien? Diversität als Herausforderung und Anspruch → vielfalt.link/FDHA
775 Race and Leadership in the News Media 2022, PDF → vielfalt.link/EHNB
776 Diversity in deutschen Fernsehnachrichten, NdM, PDF → vielfalt.link/WRXH
777 Julia Lück: Diversity in British, Swedish, and German Newsrooms, 2020 → vielfalt.link/DCGP
778 Goldmann: Gäste in TV-Talkshows. Mehr Vielfalt bei der Auswahl, bitte! → vielfalt.link/PRTH
779 Mehr Vielfalt in Redaktionen, DJV, 2018 → vielfalt.link/KDWA
780 »Die beste Instanz« – Onlinediskussionsformat, Video → vielfalt.link/CEWX
781 Leben mit Down-Syndrom, Zeitschrift → vielfalt.link/YWDF
782 El-Mafaalani: »Das Integrationsparadox«, KiWi, 2020 → vielfalt.link/EWYX
783 Grundgesetz für die Bundesrepublik Deutschland, Art. 5 → vielfalt.link/LEMA
784 EPRS: »Freiheit der Meinungsäußerung (...)«, 2019, PDF → vielfalt.link/KDBL
785 Ganzenmüller: »Fakten, Meinung, Mythen – Die DDR als Projektionsfläche« → vielfalt.link/FYMP
786 »Iran will Meinungsfreiheit weiter beschneiden«, Spiegel Online, 2023 → vielfalt.link/MXCT
787 Landeszentrale für pol. Bildung Ba-Wü: »Presse- und Meinungsfreiheit in Ungarn« → vielfalt.link/RBXE
788 Klemperer: »LTI (Lingua Tertii Imperii) – Notizen eines Philologen«, 1947 → vielfalt.link/TDRB
789 Kreye: »Verfolgung in Myanmar: Warum die Rohingy Facebook verklagen«, SZ, 2021 → vielfalt.link/MWED
790 Simone Rafael: »Wo ist denn hier meine Meinungsfreiheit?« → vielfalt.link/RCTE
791 Joswig: »Pressefreiheit bei der AfD: Freie Berichterstattung unerwünscht«, 2022 → vielfalt.link/WYEB
792 Hong: »Meinungsfreiheit und ihre Grenzen«, in: APUZ, BpB, 2020 → vielfalt.link/LXGR
793 von der Decken: »abdelkratie – Meinungsfreiheit«, BpB, 2020, Video → vielfalt.link/LBHP
794 »#Hass im Netz: Der schleichende Angriff auf unsere Demokratie«, Jena, 2019, PDF → vielfalt.link/HMDX
795 »Menschenwürde online verteidigen. 33 Social Media Tipps für die Zivilgesellschaft« → vielfalt.link/GEBW
796 Hate Aid: »Meinungsfreiheit in Deutschland. Ist sie in Gefahr?«, 2022 → vielfalt.link/LGXM
797 Arndt & Hornscheidt: »Afrika und die deutsche Sprache«, 2018, Unrast Verlag → vielfalt.link/NKBA
798 Über: Antisemitische Gesetzgebung während der NS-Zeit, 2021, Juridikum, 2/2021 → vielfalt.link/YPWT
799 Arndt: »Kolonialismus, Rassismus und Sprache«, 2004 BpB → vielfalt.link/NMFE
800 Stiftung gegen Rassismus und Antisemitismus. Glossareintrag zu »Mischling«, 2015 → vielfalt.link/WYCF
801 Sow: »Deutschland Schwarz Weiß«, 2018, Norderstedt → vielfalt.link/BAXD
802 »Genetic variation, classification and ›race‹«, 2004, in: »Nature Genetics 36« → vielfalt.link/EBWM
803 Spanbauer: »Wir brauchen einen akzeptierten Begriff für ›mixed people‹«, 2017 → vielfalt.link/PEHC
804 »2020 Census Illuminates Racial and Ethnic Composition of the Country « → vielfalt.link/GATD
805 »The racial identities multiracial people adopt may depend on how others treat them« → vielfalt.link/NPLD
806 New York Times: »Being multiracial in America«, 2008, Video → vielfalt.link/REDW
807 Wetter: »Ihr nehmt mir das Deutschsein weg«, Spiegel, 2017 → vielfalt.link/FAWR
808 Manne: »Down Girl: Die Logik der Misogynie«, 2020, Suhrkamp → vielfalt.link/ELXN
809 Geier: »Logik und Funktion von Misogynie. Probleme und Perspektiven« → vielfalt.link/GCWA
810 Criado-Perez: »Unsichtbare Frauen (...)«, 2020, btb Verlag → vielfalt.link/FYPL
811 Koldehoff: »Viele Mythen, wenig Wissenschaft«, DIE ZEIT → vielfalt.link/XCYP
812 Tlusty: »Süß: Eine feministische Kritik«, 2021 → vielfalt.link/HYGR
813 Stokowski: »Untenrum frei«, 2016 → vielfalt.link/DHLA
814 Stokowski: »Die letzten Tage des Patriarchats«, 2018 → vielfalt.link/MCFP
815 »Klimaschutz im Verkehr«, Umweltbundesamt, 2023 → vielfalt.link/XKHL
816 »Anzahl der Kraftfahrzeuge (...) von 1960 bis 2023«, Kraftfahrt-Bundesamt → vielfalt.link/LKEH
817 »Pkw-Dichte auf Rekordhoch«, Tagesschau / DLF, 2022 → vielfalt.link/TFLE

818 »Anzahl der Personen (...), die einen PKW-Führerschein besitzen«, VuMA, via Statista → vielfalt.link/DNFB
819 »Die günstigsten Kleinstwagen im ADAC Autokosten-Check«, 2023 → vielfalt.link/CFNB
820 »The lifetime cost of driving a car«, Ecological Economics, 2022 → vielfalt.link/MRHP
821 »Bayern und Mecklenburg sind Schlusslichter bei (...) Bus und Bahn«, 2021 → vielfalt.link/KYNM
822 »Gender Differences in Travel Patterns«, 2004/2005 → vielfalt.link/XPAT
823 Antrag im Bundestag: »Abbau von Bahninfrastruktur stoppen«, Bundesanzeiger, 2019 → vielfalt.link/CMRW
824 »Länge der Autobahnen (...) von 1995 bis 2021«, Statistisches Bundesamt, 2023 → vielfalt.link/LEGK
825 »Bilanzierung und Bewertung (...) verkehrsbedingter Abriebe«, 2021 → vielfalt.link/FWYH
826 »Gender Gap in der Mobilität: Wie sich Städte und Verkehr verändern müssen«, 2021 → vielfalt.link/HFBA
827 »Women move differently - what everyone working in mobility should know «, 2020 → vielfalt.link/YLAT
828 Diehl & Cerny: »Women on the Move: Sustainable Mobility and Gender«, 2021 → vielfalt.link/CEFG
829 Klaas: »Mobilität von Frauen für Frauen«, VCD, 2021 → vielfalt.link/GLBE
830 Brief von Ralph Giordano an die türkisch-islamische Organisation Ditib, 2007 → vielfalt.link/EMLX
831 Begriffsdefinition von »Multiculturalism«, Stanford Encyclopedia of Philosophy, 2020 → vielfalt.link/FHGW
832 Mabe: »Multikulturelle Gesellschaften«, Begriffserklärung, BpB, 2005 → vielfalt.link/CFHB
833 James Cameron, Rede auf Münchner Sicherheitskonferenz, 2011 → vielfalt.link/KFWM
834 »Multikulti schadet den Zuwanderern«, Interview mit Soziologe Koopmans, DLF, 2017 → vielfalt.link/GENB
835 Sciuto: »Die Fallen des Multikulturalismus (...)«, Rotpunkt Verlag, 2020 → vielfalt.link/LRTF
836 »Gott hat mit mir etwas vorgehabt! Erinnerungen einer deutschen Sintezza«, 2020 → vielfalt.link/EFTC
837 Rosenberg: »Das Brennglas«, Verlag Klaus Wagenbach, 2022 → vielfalt.link/DRCN
838 Karola inks: »Sinti und Roma: Geschichte einer Minderheit«, C. H. Beck, 2019 → vielfalt.link/GHRP
839 Lauenberger & von Wedemeyer: »Ede und Unku (...)«, 2018 → vielfalt.link/DYTC
840 Heilig: »Zwischen Verfolgung und Überleben (...)«, 2017 → vielfalt.link/HBRE
841 »Unrecht und Widerstand. Romani Rose und die Bürgerrechtsbewegung«, Video → vielfalt.link/CMWR
842 Singer: »Odd People (...)«, University of Technology, Sidney, 1998 → vielfalt.link/LPKG
843 Walker: »Neurodiversity: some basic terms and definitions« → vielfalt.link/YHKR
844 Liebowitz: »Here's What Neurodiversity Is – And What It Means For Feminism« → vielfalt.link/XGWF
845 Parsons: »Dear Neurotypicals, Here's Why We Call You That« → vielfalt.link/BARW
846 »Autism Spectrum Disorder: Defining Dimensions and Subgroups«, 2013 → vielfalt.link/KHWY
847 »Formen von ADHS: Subtypen und Unterschiede näher erklärt.«, 2022 → vielfalt.link/YKAL
848 McCain: »Explainer: What is Neurodivergence? Here's what you need to know« → vielfalt.link/LNRY
849 Blume: »Neurodiversity. On the neurolgical underpinnings of geekdom«, 1998 → vielfalt.link/BPDL
850 Silberman: »Neurodiversity Rewires Conventional Thinking About Brains«, 2013 → vielfalt.link/RFCH
851 Silberman: »Our Neurodiverse World (...)«, Slate (The Slate Group), 2015 → vielfalt.link/FATY
852 Timberlake: »Why there is no such thing as a ›normal‹ brain.«, BBC, 2019 → vielfalt.link/HFYT
853 »Neurodivergenz. Zwischen Trend und Reform der Psychologie«, DLF Kultur, 2023 → vielfalt.link/HGRF
854 Weßling & Korneli: »ADHS im Erwachsenenalter«, DLF Kultur, 2022 → vielfalt.link/METB
855 »Neurodiversity: An insider's perspective«, Sage Journals, 2019, PDF → vielfalt.link/XDPF
856 »The biopsychosocial model and neurodiversity«, University of Cambridge, 2023 → vielfalt.link/NYWX
857 »Promoting neurodiversity without perpetuating stereotypes (...)«, 2023 → vielfalt.link/TWMK
858 Austin & Pisano: »Neurodiversity as a Competitive Advantage«, 2017 → vielfalt.link/LXYF
859 Nichtbinär-Wiki, Eintrag zu »agender«, 2021 → vielfalt.link/DCPN
860 Nichtbinär-Wiki, Eintrag zu »demigender«, 2021 → vielfalt.link/KGAR
861 Nichtbinär-Wiki, Eintrag zu »genderfluid«, 2021 → vielfalt.link/GWMN
862 Nichtbinär-Wiki, Eintrag zu »nichtbinär und genderqueer«, 2021 → vielfalt.link/WLHM
863 Wikipedia (Englisch): »Non-binary gender: Terms, definitions, and identities« → vielfalt.link/XYAR

864 »International Nonbinary Day«, Nonbinary wiki, 2023 → vielfalt.link/GWXE
865 Recherche der Dudenredaktion zu nonbinär und nicht binär in den Korpora des Verlags → vielfalt.link/NCPG
866 »A Map of Gender-Diverse Cultures«, PBS, 2015 → vielfalt.link/YGWA
867 Vaid-Menon: »Mehr als Binär«, 2022, übersetzt von Linus Giese → vielfalt.link/PXKE
868 Läuger: »Gender-Kram Illustrationen und Stimmen zu Geschlecht«, Unrast Verlag → vielfalt.link/BAMC
869 Reißner & Meier-Brix: »Tin*stories Trans | inter | nicht binäre Geschichte(n) seit 1900« → vielfalt.link/GMRX
870 Siever: »Was wird es denn? Ein Kind!«, BELTZ Verlag, 2022 → vielfalt.link/CPXY
871 Hornscheidt & Sammla: »Wie schreibe ich divers?«, Praxis-Handbuch, 2021 → vielfalt.link/YBLA
872 Kobabe: »Gender Queer«, 2019/2022, via Wikipedia → vielfalt.link/ALCE
873 Heger: »Pronomen wie xier und sier« → vielfalt.link/PMAC
874 Nichtbinär-Wiki → vielfalt.link/KGDC
875 Mehr Ostdeutsche in Führungspositionen, Ostbeauftragter der Bundesregierung → vielfalt.link/BCTH
876 Bundesregierung für mehr Ostdeutsche in Führungspositionen → vielfalt.link/YTDN
877 »Wir Ostdeutsche – Daten, Zusammenhänge, Analysen«, Das Erste, Reportage → vielfalt.link/EAKG
878 »Ostdeutsche Identität(en)? Lange Wege der Deutschen Einheit«, BpB, 2022 → vielfalt.link/WKPT
879 »Ostfrauen: Mythos und Wirklichkeit«, MDR → vielfalt.link/FMCH
880 Wir sind der Osten, Initiative vielfalt.link/MKHT
881 »Warum so viele Ostdeutsche AfD wählen (...)«, DIE ZEIT, Podcast → vielfalt.link/XECT
882 »Was ist Ostdeutschland?«, der Freitag, Podcast → vielfalt.link/LXHM
883 El-Mafaalani: »Wozu Rassismus? (...)«, 2021, KiWi, Kiepenheuer & Witsch → vielfalt.link/CMRD
884 Velhoe: »(Un-)Tiefen der Macht (...)«, in: »Rassismus bildet (...)«, 2010, Transcript → vielfalt.link/BXYP
885 Christine: »Intersektionalität. Eine kritisch-reflexive Perspektive (...)«, 2018, Springer VS → vielfalt.link/PWHY
886 Reuter: »Ordnungen des Anderen«, 2015, Transcript → vielfalt.link/ACWK
887 Said: »Orientalism«, 1979, New York: Vintage, via Monoskop, PDF → vielfalt.link/HNYP
888 Spivak: »Can the Subaltern Speak?«, in: »Marxism and the Interpretation of Culture«, 1988 → vielfalt.link/ACLW
889 Attia: »Rassismus (nicht) beim Namen nennen«, APuZ, BpB, 2014 → vielfalt.link/DBRK
890 Attia: »Die ›westliche‹ Kultur und ihr Anderes«, 2009, Transcript → vielfalt.link/FAED
891 Shooman: »...weil ihre Kultur so ist. Narrative des antimuslimischen Rassismus« → vielfalt.link/ELRX
892 Zehnder: »100 Sekunden Wissen: Othering«, SRF, Podcast, 2023 → vielfalt.link/BKYH
893 Fanon: »Schwarze Haut, weiße Masken«, Syndikat, via DNB → vielfalt.link/TAEB
894 Frisch: »Andorra – Stück in zwölf Bildern«, 1999, Suhrkamp → vielfalt.link/CAYK
895 Logeswaran: »Schützende Bewältigung (...)«, 2022, Springer VS → vielfalt.link/DBFL
896 Wilson: »The Dangers of Othering in the Quest to Belong«, 2020, Video → vielfalt.link/LCEN
897 »The American Heritage Guide to Contemporary Usage and Style«, 2005, PDF → vielfalt.link/KGLD
898 Safire: »On language: People of color«, The New York Times, 1988 → vielfalt.link/BYTP
899 »Weissabgleich: Und wo kommst du wirklich her?«, taz, Podcast, 2021 → vielfalt.link/HRXF
900 Ogette: »Und jetzt du. Rassismuskritisch leben«, Verlag Penguin Random House, 2022 → vielfalt.link/ACYM
901 Garcia: »Where did BIPOC come from?«, The New York Times, 2020 → vielfalt.link/HKBF
902 »›People of Color‹ als Diversity-Ansatz (...)«, Heinrich-Böll-Stiftung, 2013 → vielfalt.link/FRXL
903 »Asians are PoC«, Reddit, seit 2022 → vielfalt.link/TAWM
904 Ogette: »Tupodcast«, Podcast mit Interviews → vielfalt.link/RDNC
905 »Racial justice«, Amnesty International → vielfalt.link/WHKY
906 Initiative Schwarze Menschen in Deutschland Bund → vielfalt.link/HBCK
907 Trevor Noah: »Standing Up Against Cancel Culture and Defending Comedy«, BBC, 2020 → vielfalt.link/MKLN
908 Anapol: »Polyamory in the 21st Century (...)«, 2010 → vielfalt.link/NWEC
909 Easton & Hardy: »A Practical Guide to Polyamory (...)«, 2017 → vielfalt.link/XANH

910 »Ein Leben im Zeichen der Krake«, Interview mit Gwendolin, 2012 → vielfalt.link/DCLG
911 »You Me Her«, 2006, Serie, Netflix → vielfalt.link/XYGL
912 Pieper & Bauer: »Polyamory und Mono-Normativität« in: »Mehr als eine Liebe (...)« → vielfalt.link/DXGK
913 bell hooks: »All About Love: New Visions«, HarperCollins, 2000 → vielfalt.link/XHKB
914 Kurt: »Radikale Zärtlichkeit – Warum Liebe politisch ist«, 2021 → vielfalt.link/CDMT
915 Jönsson & Maresch: »111 Gründe, offen zu lieben«, Schwarzkopf & Schwarzkopf, 2010 → vielfalt.link/BKEX
916 »Kimchi Cuddles«, Webcomic über polyamoröse Beziehungen, seit 2013 → vielfalt.link/KRYB
917 Méritt, Bührmann & Schefzig: »Mehr als eine Liebe – Polyamouröse Beziehungen«, 2005 → vielfalt.link/DXGK
918 Labriola: »The Jealousy Workbook«, Greenery Press, 2013 → vielfalt.link/DECL
919 Neue deutsche Medienmacher*innen, Glossar: »postmigrantisch« → vielfalt.link/PKGL
920 Foroutan: Die postmigrantische Gesellschaft, BpB, 2015 → vielfalt.link/XMPE
921 neue deutsche organisationen: »Manifest für eine plurale Gesellschaft« → vielfalt.link/AKTW
922 »Die postmigrantische Gesellschaft. Ein Versprechen der pluralen Demokratie« → vielfalt.link/LEPD
923 »Labeln oder nicht labeln? Postmigrantische Literatur«, 2022 → vielfalt.link/KPGE
924 Erol Yildiz: »postmigrantisch«, 2022 → vielfalt.link/PLCD
925 Amartya Sen: »The Idea of Justice«, 2011, Belknap Press → vielfalt.link/BXRL
926 Laclau & Mouffe: »Hegemonie und radikale Demokratie«, Passagen-Verlag, 2020 → vielfalt.link/EXKL
927 Noname: »Song 33«, 2020, Song, via Songwhip → vielfalt.link/GPCH
928 Joon-ho: »Parasite«, Film, 2019 → vielfalt.link/NTBA
929 Koreeda: »Shoplifters – Familienbande«, Film, 2018 → vielfalt.link/HANC
930 Berg: »GRM: Brainfuck«, Kiepenheuer & Witsch, 2019 → vielfalt.link/YNBF
931 Berg: »RCE: #RemoteCodeExecution«, Kiepenheuer & Witsch, 2022 → vielfalt.link/APMR
932 Sanyal: »Identitti«, Carl Hanser Verlag, 2021 → vielfalt.link/GBWL
933 »Versuch einer ›geschlechtergerechten‹ Grammatik-Transformation der dt. Sprache« → vielfalt.link/BDWP
934 Heger: »Versionen der Pronomen ohne Geschlecht« → vielfalt.link/LXGC
935 Nichtbinär-Wiki, »Pronomen« → vielfalt.link/DTAW
936 »Ergebnisse der Umfrage zu geschlechtsneutralem Deutsch« → vielfalt.link/REGA
937 Heger: »›they‹ Pronomen in Filmen/Serien deutsch übersetzen« → vielfalt.link/KHTG
938 Heger: »Xier Pronomen in Texten, Serien, Filmen und Video Games« → vielfalt.link/CTPM
939 Heger: »Dey Pronomen in Texten, Serien, Filmen und Videospielen« → vielfalt.link/GXKA
940 Hekanaho: »generic and non-binary pronouns - usage, acceptability and attitudes« → vielfalt.link/XWKR
941 DaF-Lehrbuch: »Impuls Deutsch 1«, Klett → vielfalt.link/BPRK
942 Schenk: »Pronomen-Streit«, BILD → vielfalt.link/HRPG
943 Heger, »Gar nicht mehr so neu – Neopronomen wie xier« → vielfalt.link/BWLC
944 »It's raining demm«, Missy → vielfalt.link/AEYW
945 Projekt für eigene mehrsprachige Pronomen-Visitenkarten → vielfalt.link/GDTC
946 Luca Koch: »xier, nonbinäres Pronomen«, SRF → vielfalt.link/ALCW
947 »(Neo-)Pronomen – warum sie manchmal kompliziert, aber wichtig sind«, Puls → vielfalt.link/XNPK
948 »Star Trek: Discovery« – Folge: »Das Schutzgebiet« → vielfalt.link/XARP
949 Evaristo: »Mädchen, Frau etc.« → vielfalt.link/PGYN
950 Vogt und Vogt: »Aces in Space« → vielfalt.link/CTHX
951 Clarke: »A history of Queer«, The National Archives Blog, 2021 → vielfalt.link/NHWA
952 Jones: »Reviled, reclaimed and respected: the history of the word ›queer‹«, 2023 → vielfalt.link/RALY
953 »Von LGB bis LGBTQIA+: Der Identität einen Namen geben«, National Geographic, 2021 → vielfalt.link/LYBX
954 »Jugend zwischen Individualität und gesellschaftlichen Erwartungen«, DJI, 2018, PDF → vielfalt.link/PYBD
955 Ludigs: »Konflikte in der LGBTI-Community (...)«, 2019, Tagesspiegel → vielfalt.link/WEXF

956 Wörterbucheintrag: »Quote« auf Duden online → vielfalt.link/GLHE
957 Rudolf: »Was die UN-Frauenrechtskonvention leisten kann« → vielfalt.link/FBDX
958 Meyer: »Libanon – Wählen mit Glaubens-Quote« → vielfalt.link/ERLB
959 Rogalla: »Argentinien: Trans-Quote in Behörden eingeführt«, FR, 2021 → vielfalt.link/BWKY
960 AllBright Stiftung: »Fakten... oder warum unsere Arbeit gebraucht wird« → vielfalt.link/BKXA
961 Albrecht & Rude: Wo steht Deutschland 2022 bei der Gleichstellung der Geschlechter? → vielfalt.link/TLBA
962 Charta der Vielfalt: »Für Diversity in der Arbeitswelt« → vielfalt.link/HDKX
963 »Frauenquote per Gesetz: Müssen Männer Macht abgeben?«, ZDF, Video → vielfalt.link/LFKW
964 Mediendienst Integration: »Vor den Wahlen: Was bringt eine Quote in der Politik?« → vielfalt.link/RDEY
965 Fränzi Kühne: »Die Frauenquote fand ich Quatsch«, DLF Kultur, 2021 → vielfalt.link/KCGE
966 »Plan für mehr Ostdeutsche in Chefetagen«, tagesschau, Das Erste, 2023 → vielfalt.link/KGHY
967 »Deutlich unterrepräsentiert: Was bremst Frauen in der Politik?«, ZDF, Video → vielfalt.link/AHXY
968 Hund: Rassismus, 2007, Transcript Verlag → vielfalt.link/NHED
969 Balibar: »Gibt es einen Neo-Rassismus?«, 1990, in: »Rasse, Klasse, Nation« → vielfalt.link/GXLP
970 Hentges: »Zwischen ›Rasse‹ und Klasse. Rassismus der Eliten im heutigen Deutschland« → vielfalt.link/MTFH
971 Küpeli: Reproduktion und Transformation des Rassismus in Social Media → vielfalt.link/FKNH
972 Geulen: »Geschichte des Rassismus«, 2014, Verlag C. H. Beck → vielfalt.link/LRBM
973 »Rassistische Diskriminierung aus der Erlebensperspektive«, 2017 → vielfalt.link/AMXK
974 »Ethnisch-nationale Homogenitätsvorstellungen (...)«, 2017, Springer VS → vielfalt.link/AMXK
975 Hillje: »Das ›Wir‹ der AfD«, 2022, Campus → vielfalt.link/FAND
976 Mudde: »Populist Radical Right Parties in Europe«, Cambridge, 2007 → vielfalt.link/AWCL
977 Franzmann & Lewandowsky: »Populismus? Populismen! (...)«, BAPP, 2020, PDF → vielfalt.link/KLNX
978 »Smarte Spalter. Die AfD zwischen Bewegung und Parlament«, 2019, Dietz → vielfalt.link/XYCR
979 Hillje: »Propaganda 4.0. Wie rechte Populisten Politik machen«, Dietz, 2021 → vielfalt.link/GMDY
980 Lewandowsky: »Populismus. Eine Einführung«, Springer VS, 2022 → vielfalt.link/XLNE
981 Sicherer Herkunftsstaat, Wikipedia → vielfalt.link/PLRB
982 Bundes Roma Verband zum »Chancen-Aufenthalt« → vielfalt.link/HBPL
983 geusenwort, Definition & Bedeutung → vielfalt.link/BTMP
984 Lecture on the Romani Language → vielfalt.link/XAPR
985 The Romani and the Holocaust, YouTube → vielfalt.link/EXYA
986 Rassismus gegen Rom*nja und Sinti*zze; PDF → vielfalt.link/RWTP
987 »Antiziganismus«, von I. Randjelović, Heinrich-Böll-Stiftung → vielfalt.link/XMKB
988 Eine Schwarze Romani Perspektive auf Rassismus und Erinnerungskultur → vielfalt.link/ENAW
989 Das erste Kinderbuch mit Romani und Sinti Charakteren, YouTube → vielfalt.link/MYGP
990 Phral Mende via Romnja Power → vielfalt.link/AKPH
991 Vater unser, Lesung von Anita Awosusi, YouTube → vielfalt.link/EFNA
992 Romnja Power, YouTube-Kanal → vielfalt.link/HTMR
993 Madubuko: »Empowerment-orientierte Praxis in der Erziehung und Bildung«, 2022 → vielfalt.link/XLYP
994 Bak und Machold (Hrsg.): Kindheit und Kindheitsforschung, 2022 → vielfalt.link/HLFK
995 »Safe Space«, RISE-Plattform, JFF – Institut für Medienpädagogik → vielfalt.link/AMLF
996 Youngmin: »Women's Poetry Gatherings and Literary Space (...)«, 2007 → vielfalt.link/DPTL
997 Roestone Collective: »Safe Space: Towards a Reconceptualization«, 2014 → vielfalt.link/LCDG
998 Minkov: »Eine Pause von der Welt«, 2021, Goethe Institut → vielfalt.link/RXNK
999 Hilger: »Sicherheit für alle, Sicherheit für einige (...)«, 2022 → vielfalt.link/FRLB
1000 Hilger: »Safe Space. Sorge und Kritik (...)«, 2023, Campus Verlag → vielfalt.link/DCGA
1001 »Queer Spaces. An Atlas of LGBTQ+ Places and Stories«, 2022 → vielfalt.link/NDMT

1002 Abrahams: »Debatte um Safe Spaces: Bitte nicht den Kopf schütteln«, taz, 2016 → vielfalt.link/GNHY
1003 »Queering Housing Policy: Questioning Urban Planning Assumptions in Namibian Cities« → vielfalt.link/BYKX
1004 »Organizing Safe Spaces: #MeToo Activism in Sweden«, 2021 → vielfalt.link/DLPK
1005 Hartal: »Fragile Subjectivities: Constructing Queer Safe Spaces«, 2018 → vielfalt.link/NGBA
1006 Peşmen: »Wishful thinking: Safe Spaces«, Missy Magazine, 2016 → vielfalt.link/BCMT
1007 Strother: »Seoul's LGBT+ Safe Space«, Deutsche Welle, Audio → vielfalt.link/KALH
1008 »Wo queere und muslimische Menschen einen safe space finden«, ZDF, 2022, Video → vielfalt.link/WMRT
1009 Arndt & Hornscheidt: »Afrika und die deutsche Sprache«, 2004 → vielfalt.link/LDFK
1010 »Wieso das N-Wort nie die richtige Bezeichnung für Schwarze Menschen ist« → vielfalt.link/ELGD
1011 Wörterbuch, Eintrag zu »Schwarz«, Diversity Arts Culture → vielfalt.link/PKGD
1012 Der Report, Afrozensus 2020 → vielfalt.link/KCEF
1013 Noah Sow: »Deutschland Schwarz Weiß: Der alltägliche Rassismus«, 2018 → vielfalt.link/TKMP
1014 Susan Arndt: »Rassistisches Erbe«, Dudenverlag, 2022 → vielfalt.link/PYCM
1015 Kelly: »Rassismus Strukturelle Probleme brauchen strukturelle Lösungen!«, 2021 → vielfalt.link/HPYX
1016 Nduka-Agwu & Hornscheidt: »Rassismus auf gut Deutsch«, 2023 → vielfalt.link/MWDE
1017 Ribeiro: »Wo wir sprechen Schwarze Diskursräume«, 2022, ISBN 978-3960421450 → vielfalt.link/DKHR
1018 Wahrig Herkunftswörterbuch, Eintrag zu »schwul« → vielfalt.link/KMAG
1019 Die Erfindung der Homosexualität. Eine deutsche Geschichte 1867-1933 → vielfalt.link/TNPH
1020 Rückblicke auf die Schwulenbewegung in der BRD 1969–1980 → vielfalt.link/FDTY
1021 Schwules und Lesbisches Leben in der Bundesrepublik, Hanser, München, 2021 → vielfalt.link/WKNE
1022 Gevisser: »Die pinke Linie (...)«, Suhrkamp, Berlin, 2021 → vielfalt.link/DMHN
1023 Anna Hájková: »Jung, schwul – und von den Nazis ermordet«, Tagesspiegel → vielfalt.link/CYWH
1024 Lowder: »I was born homosexual. I chose to be gay«, Slate Magazine → https://vielfalt.link/BAHP
1025 »Eldorado – Alles was die Nazis hassen«, Netflix, 2023, Doku → vielfalt.link/EPGR
1026 Linnea: »Sinn und Bedeutung von Sensitivity Reading.«, 2023 → vielfalt.link/MELP
1027 »Was machen Sensitivity Reader*innen?«, sensitivity-reading.de → vielfalt.link/GTHR
1028 Linnea: »Sensitivity Reading will zum Denken anregen...«, Interview, Börsenblatt → vielfalt.link/AGDF
1029 »Sensitivity Reading«, WDR 5, Neugier genügt - Freifläche, Audio → vielfalt.link/YCKB
1030 Linnea: »Diskriminierung ist in uns allen drin«, Deutschlandfunk Nova → vielfalt.link/MWHY
1031 Aşkın-Hayat Doğan im Interview von Nora Karches, Deutschlandfunk → vielfalt.link/TPAK
1032 »Klischee, lass nach (...)«, Lisa Santos, 2020 → vielfalt.link/MRCT
1033 Arndt: »Rassistisches Erbe«, 2022, Dudenverlag → vielfalt.link/RPLA
1034 Gümüşay, »Sprache und Sein«, 2020, Hanser Berlin → vielfalt.link/LNEH
1035 Stefanowitsch: »Eine Frage der Moral (...)«, 2018, Dudenverlag → vielfalt.link/EXNT
1036 »(...) Maßnahmen gegen Sexismus am Arbeitsplatz (...)«, EAF Berlin, 2021 → vielfalt.link/AGTH
1037 »Sexismus: Erkenne ihn. Benenne ihn. Beende ihn.«, Human Rights Channel → vielfalt.link/MBGY
1038 »Formen der Diskriminierung«, Menschenrechte Schweiz, 2020 → vielfalt.link/HYXE
1039 »Was Geschlechterrollen & Klischees mit Kindern machen«, SRF Wissen, 2020, Video → vielfalt.link/MPBW
1040 »WSI – Genderdatenportal«, Hans-Böckler-Stiftung → vielfalt.link/NLMT
1041 »Einfluss des Steuerrechts auf die Berufstätigkeit von Müttern.«, Ausgabe 15/2010 → vielfalt.link/GEMY
1042 »Was ist eigentlich Sexismus?«, FUMA – Fachstelle Gender & Diversität NRW → vielfalt.link/WBYL
1043 »Heterosexismus«, Queer Lexikon, 2023 → vielfalt.link/WCMD
1044 »Cissexismus«, Queer Lexikon, 2022 → vielfalt.link/FWHD
1045 »Homophobe Gewalt (...)«, Lesben- und Schwulenverband, 2023 → vielfalt.link/BWXT
1046 »Was ist Antifeminismus?«, Amadeu Antonio Stiftung → vielfalt.link/CEBF
1047 Pickert: »Brauchen Männer noch Locker Room Talk?«, Pinkstinks, 2022 → vielfalt.link/HTPE

1048 »Warum Altersarmut weiblich ist«, ZEIT Online, 2023, Video → vielfalt.link/PEDA
1049 »Warum wir geschlechtersensible Medizin brauchen«, TK, 2022 → vielfalt.link/ENWY
1050 »Wie Menschen falsch behandelt werden«, MDR, 2023, Video → vielfalt.link/EXLM
1051 »CSD-Organisator*innen berichten von Gewalt«, queer.de, 2022 → vielfalt.link/PKXM
1052 »Schule gegen Sexismus«, Pinkstinks, 2023 vielfalt.link/GHNY
1053 »Ich bin kein Sexist, aber ... – Sexismus erlebt, erklärt und wie wir ihn beenden«, 2013 → vielfalt.link/TEBN
1054 »Gemeinsam gegen Sexismus«, EAF Berlin – Diversity in Leadership, 2023 → vielfalt.link/CTGN
1055 »Die Mädchenmannschaft« → vielfalt.link/ARFT
1056 »Schön vs. schlau – Sexismus im Feminismus«, Feuer und Brot, Podcast, 2020, Audio → vielfalt.link/DLNG
1057 Bundesverband der Frauenberatungsstellen und Frauennotrufe in Deutschland → vielfalt.link/KCXN
1058 Feminis Collective Las Tesis: »Un violador en tu camino«, 2019, Video → vielfalt.link/AEBR
1059 »Vielfalt im Sport: Hoffnungsschimmer auf der Dauerbaustelle«, NDR, 2022 → vielfalt.link/MXHD
1060 »Bestandserhebung 2022«, Deutscher Olympischer Sportbund, 2022, PDF → vielfalt.link/MHAP
1061 »Medienpräsenz von Sportlerinnen und Journalistinnen in (...) Sportberichterstattung«, PDF → vielfalt.link/RENH
1062 Frauen-WM 2023, Raphale Spät im Gespräch mit Payoshni Mitra, DLF → vielfalt.link/RNCG
1063 »Regelung zum Spielrecht trans* inter* und nicht binärer Personen.« DFB, 2022 → vielfalt.link/HBGC
1064 »Erfahrungen türkeistämmiger Mädchen und Frauen im Sport.«, 2023 → vielfalt.link/XCTB
1065 »Struktureller Rassismus im Sport«, Nora Hespers und Philipp Awounou, WDR, Audio → vielfalt.link/RBXG
1066 »Über die Dominanz männlicher Autorenschaft im deutschen Journalismus«, 2023 → vielfalt.link/XAFW
1067 »Ehrenamt im Sport: Wir scheitern an so vielen Ecken«, Deutschlandfunk, 2023, Audio → vielfalt.link/CMYD
1068 DWDS, Eintrag zu: »Sprachenvielfalt« → vielfalt.link/RMLC
1069 »Sprachenvielfalt – Was Sprachen ausmacht«, Europäische Union → vielfalt.link/PKYD
1070 Fokus Mehrsprachigkeit, ÖGB Verlag, 2022 → vielfalt.link/PXLW
1071 Grjasnowa: »Die Macht der Mehrsprachigkeit«, Dudenverlag → vielfalt.link/FLYX
1072 Stadnik: »Sprachenvielfalt und Mehrsprachigkeit im Unterricht«, LIT, 2022 → vielfalt.link/THGA
1073 »Im Spiegel der Sprache: Warum die Welt in anderen Sprachen anders aussieht«, C. H. Beck → vielfalt.link/XAHP
1074 Abdelilah-Bauer: »Zweisprachig aufwachsen (...)«, C. H. Beck, 2008 → vielfalt.link/LXKR
1075 »Media Representation: Racial and Ethnic Stereotypes«, DeZIM, 2016 → vielfalt.link/MDWR
1076 Zimbardo: Psychologie, 1995, 6. Auflage → vielfalt.link/MTLH
1077 Petersen & Six: »Stereotype, Vorurteile und soziale Diskriminierung«, 2020, Beltz → vielfalt.link/BWAK
1078 Thiele: »Antidiskriminierung: Medien und Stereotype«, in: APuZ, 2016, BpB → vielfalt.link/ELXA
1079 Jugend prägt: »Vorurteile abbauen! Was sind eigentlich Stereotype?«, 2022, Video → vielfalt.link/RKFW
1080 Petersen: »Stereotype«, 2006, in: »Handbuch der Sozialpsychologie (...)«, PDF → vielfalt.link/MRCL
1081 Charta der Vielfalt: »Strategien für sensiblen Umgang mit unbewussten Vorurteilen«, PDF → vielfalt.link/WNAC
1082 »J. K. Rowling Writes about Her Reasons for Speaking out on Sex and Gender Issues« → vielfalt.link/GWFY
1083 »Gender Identity Nondiscrimination Laws in Public Accommodations (...)«, 2018 → vielfalt.link/PTDW
1084 »Junge Transmänner haben höchstes Suizidrisiko«, queer.de, 2018 → vielfalt.link/CNKP
1085 »Mehr Angriffe gegen queere Menschen in Deutschland«, Tagesspiegel, 2023 → vielfalt.link/EBYK
1086 Page: »Pageboy. Meine Geschichte«, 2023, S. Fischer → vielfalt.link/ENFG
1087 Jakobs und Wolf: »All die brennenden Fragen«, 2023, Katalyst Verlag → vielfalt.link/XBKD
1088 Giese: »Transfeindlichkeit unter Frauen«, Tagesspiegel, 2019 → vielfalt.link/TXWL
1089 Giese: »Ich bin Linus«, 2020, Rowohlt → vielfalt.link/TWDF
1090 Comte-Sponville: »Ermutigung zum unzeitgemäßen Leben«, Reinbek / Rowohlt, 2010 → vielfalt.link/NXDP
1091 Popper: »Die offene Gesellschaft und ihre Feinde«, 1945 → vielfalt.link/NFMD
1092 »Widerspruchstoleranz«, Kreuzberger Initiative gegen Antisemitismus, 2013, PDF → vielfalt.link/KGHL
1093 »anders denken«, Plattform für Antisemitismuskritik & Bildungsarbeit → vielfalt.link/DCEM

1094 ToleranzRäume – Ausstellung → vielfalt.link/NMRY
1095 »ToleranzRäume«, Trailer, Kreuzberger Initiative gegen Antisemitismus, 2023, Video → vielfalt.link/LPEM
1096 »Mediendienst Integration«, Serviceplattform für Journalist*innen → vielfalt.link/PMTA
1097 Neiman: »Toleranz ist zu wenig«, De Gruyter, 2016 → vielfalt.link/NMGD
1098 Blümel: »Der persische Mystiker Rumi«, Deutschlandfunk, 2015 → vielfalt.link/YPMT
1099 Queer Lexikon, Eintrag: »trans*« → vielfalt.link/LFES
1100 Trans*-Inter*-Beratungsstelle, Begriffserklärungen → vielfalt.link/GDKY
1101 Ilian Feuerbringer, @IFeuerbringer, Twitter → vielfalt.link/NKCX
1102 »Trans ist jetzt auch ein Adjektiv im Duden«, queer.de → vielfalt.link/LXAH
1103 Faye: Die Transgender-Frage, Hanser Verlag, 2022 → vielfalt.link/TDFE
1104 Meyer: Die Zukunft ist nicht binär, Rowohlt, 2023 → vielfalt.link/GTBF
1105 Menon: Mehr als binär, Zuckersüß Verlag → vielfalt.link/AHRW
1106 Jakobs: All die brennenden Fragen, Zuckersüß Verlag → vielfalt.link/GBEC
1107 Nass: Microsdosing Testosteron, Querverlag, 2023 → vielfalt.link/WDFM
1108 Naujoks: Männer & Zerbrechlichkeiten → vielfalt.link/EHLA
1109 Wright: Darling Days, Suhrkamp, 2017 → vielfalt.link/LTNX
1110 Tin*stories – Trans | inter | nicht binäre Geschichte(n) seit 1900 → vielfalt.link/YARG
1111 Page: Pageboy. Meine Geschichte, S. Fischer Verlag, 2023 → vielfalt.link/HLDR
1112 Gleichheit ist Glück: Warum gerechte Gesellschaften für alle besser sind, 2008 → vielfalt.link/PLGT
1113 Ulrich Schneider: »Kein Wohlstand für alle!?«, 2017, Westend-Verlag → vielfalt.link/NAPG
1114 Zwischen Pandemie und Inflation. Paritätischer Armutsbericht 2022 → vielfalt.link/WRHN
1115 Datenlücke bei sehr hohen Vermögen geschlossen, DIW, PDF → vielfalt.link/EBKP
1116 Schneider: »Weniger Ungleichheiten (...)« in »Ohne Kultur keine Nachhaltigkeit« → vielfalt.link/RHTW
1117 »86 Prozent der Deutschen mit Verschwörungstheorien konfrontiert«, Bitkom, 2022 → vielfalt.link/EBFN
1118 »Fake Facts: Wie Verschwörungstheorien unser Denken bestimmen«, 2021, Quadriga → vielfalt.link/WPKM
1119 »Warum es nicht ›Verschwörungstheorie‹ heißen sollte«, Deutschlandfunk, 2020 → vielfalt.link/CYED
1120 »Die Psychologie des Verschwörungsglaubens«, BpB, 2020 → vielfalt.link/TNPY
1121 »Warum sind Verschwörungstheorien gefährlich?«, SLfpB → vielfalt.link/MHAT
1122 »Feindbild Journalist: Alliiert im Pressehass«, 2021, PDF → vielfalt.link/CYBX
1123 »Wie Telegram zur wichtigsten Plattform für Verschwörungsideologien (...) wurde« → vielfalt.link/FBCT
1124 Lamberty: »Antisemitismus und Verschwörungserzählungen«, BpB, 2020 → vielfalt.link/NDEM
1125 »Neorassismus: Neue Rechte und alte Ideen«, IDZ, 2017, PDF → vielfalt.link/ELAD
1126 »Rechtsextremismus: Transkript zum Ethnopluralismus«, BpB, 2016 → vielfalt.link/PRDE
1127 »Anschlag von Halle: Parallelen zu Christchurch und El Paso«, RND, 2019 → vielfalt.link/HPGE
1128 »Demokratievertrauen in Krisenzeiten«, Friedrich-Ebert-Stiftung, 2023, PDF → vielfalt.link/BEHX
1129 »Daniel Laufer spricht über Verschwörungserzählungen«, 2020, Video → vielfalt.link/BCWR
1130 »Verschwörungserzählungen (...)«, Correctiv, 2021 → vielfalt.link/DAWY
1131 Nocun & Lamberty: »True Facts«, Quadriga-Verlag, 2021 → vielfalt.link/BCGD
1132 Brodnig: »7 Tipps gegen Verschwörungsmythen«, Der Standard, 2021, Video → vielfalt.link/WLGR
1133 »Pro-russische Verschwörungserzählungen (...)«, 2022, PDF → vielfalt.link/DGYN
1134 NDR: Zum Tod von Sally Perel, Video → vielfalt.link/FYXR
1135 Tagesschau: Chanukka-Feier in Bellevue → vielfalt.link/KXLF
1136 Witte: »Die größte Lebenslüge der Bundesrepublik« → vielfalt.link/YFTX
1137 Giordano: Die zweite Schuld, oder: Von der Last, Deutscher zu sein → vielfalt.link/XCKM
1138 Geisel: Lastenausgleich, Umschuldung. Die Wiedergutwerdung der Deutschen. → vielfalt.link/WXCA
1139 Jankélévitch: Hat man uns um Verzeihung gebeten?, Suhrkamp → vielfalt.link/KTYR

1140 Adorno: Was bedeutet: Aufarbeitung der Vergangenheit?, 1959, Suhrkamp → vielfalt.link/LDWF
1141 Czollek: Sehnsucht nach Israel, 1998 → vielfalt.link/AGWL
1142 Czollek: Sehnsucht nach Israel – reloaded → vielfalt.link/AGWL
1143 Czollek: Gegenwartsbewältigung, Carl Hanser Verlag → vielfalt.link/HTAD
1144 Gerczikow: Holocaust-Gedenken: Warum #niewieder viel zu wenig ist → vielfalt.link/BGXC
1145 Rommelspacher: Dominanzkultur, Orlanda Frauenverlag → vielfalt.link/KWAY
1148 »The Origin Of Woke«, Elijah C. Watson, 2022 → vielfalt.link/NMHA
1149 The New York Times: »If You‹re Woke You Dig It (...)«, 1962 → vielfalt.link/DFKL
1150 TIME: The Oxford English Dictionary Just Added Woke → vielfalt.link/RYCK
1151 NZZ: »Sei ›woke‹, sonst wirst du niedergemacht«, Pines → vielfalt.link/TDHR
1152 Duden, Wörterbuch, Eintrag zu »woke« → vielfalt.link/PHLY
1153 ARD: »Feindbild Wokeness? Die Union auf der Suche nach ihrer DNA« → vielfalt.link/PGTD
1154 »Wie funktioniert der mediale Kulturkampf?«, Podcast, Übermedien → vielfalt.link/XTYR
1155 Cancel Culture Transfer. Wie eine moralische Panik die Welt erfasst → vielfalt.link/NDYL
1156 Woke. A joung poets's call to justice, 2020 → vielfalt.link/EYKX
1157 Woke. A guide to social justice, 2019 → vielfalt.link/EBRY
1158 Stay Woke. The Black Lives Matter Movement Documentary, 2016 → vielfalt.link/MCWG
1159 Meek Mill, Stay woke, 2018 → vielfalt.link/PDMA
1160 Rede von Bundeskanzlerin Dr. Angela Merkel vor der Knesset, 2008, PDF → vielfalt.link/KHPR
1161 World Zionist Organization → vielfalt.link/YLRP
1162 David Saiger über Eliezer Ben-Yehuda, My Jewish Learning → vielfalt.link/MHKW
1163 »The Israel Democracy Institute« über die politische Partei »Meretz« → vielfalt.link/KCRL
1164 Definition des Antisemitismusbeauftragten → vielfalt.link/RPYE
1165 Übersetzung der Unabhängigkeitserklärung des Staates Israel, 1948, PDF → vielfalt.link/PCAL
1166 Weisband & Havemann: »Frag uns doch!«, S. Fischer, 2021 → vielfalt.link/TBHN
1167 Rosenthal: »Die Israelis«, C. H. Beck, 2008 → vielfalt.link/BWAE
1168 Avner: »The Prime Ministers«, Toby Press, 2010 → vielfalt.link/LYXM
1169 Senor & Singer: »Startup Nation«, Twelve, 2009 → vielfalt.link/WDPN
1170 Herzl: »Altneuland« → vielfalt.link/APCE
1171 Oz: »Eine Geschichte von Liebe und Finsternis«, Suhrkamp, 2006 → vielfalt.link/DEGP
1172 Shalev: »Der Junge und die Taube«, Diogenes, 2009 → vielfalt.link/PEAM
1173 IHRA-Antisemitismusdefinition → vielfalt.link/CYDE
1174 Jones: »Reviled, reclaimed and respected: the history of the word ›queer‹«, 2023 → vielfalt.link/BPFR
1175 »Von LGB bis LGBTQIA+: Der Identität einen Namen geben«, National Geographic → vielfalt.link/CRLH
1176 »Heartstopper«, Serie, Netflix, seit 2022, Video → vielfalt.link/RADB
1177 queer.de, deutschsprachige queere Nachrichtenseite → vielfalt.link/MXPY
1178 »Geschlagen, beschimpft, verstoßen – Hass gegen Queer«, Dokumentation, ARD, 2023 → vielfalt.link/EBHL
1179 Kram: »Queerkram«, Podcast, queer.de, seit 2020 → vielfalt.link/MCXE
1180 Cnyrim & Goddemeier: »Erklärs mir, als wäre ich 5«, Riva, 2022 → vielfalt.link/PWED

Danksagung

Murtaza **Akbar**: Anja, Sinan, Younis, Amma und Bhaisahb | **Ash**: Sarah, Maxi, Ginnie, ech0 und Ravna | Tayo **Awosusi-Onutor**: Feministisches Romnja*-Archiv RomaniPhen e. V. und IniRromnja | Nora **Bendzko**: Victoria Linnea und deutschsprachige People of Color | Katja de **Bragança**: Ohrenkuss-Team | Friederike **Busch**: Sharon Dodua Otoo, Asal Dardan, Musa Okwonga, Hadija Haruna-Oelker, Eltern | Hyun-Ho **Cha**: Eltern, Uta, Felicitas Sora, Sara, Naemi und Katharina | Sun-Ju **Choi**: Korientation e. V. | Valo **Christiansen**: Walfamilie und Queer-Lexikon | Lea **De Gregorio**: Elisabeth Ruge und Margret Hamm | Isabell **Diekmann**: Zeynep Demir, Leonard Diekmann, Olga Janzen und Kristoffer Klement | Amra **Durić**: Mama, Aida, Armin und Volker | Mela **Eckenfels**: Bernd | Patricia **Eckermann**: mangoes & bullets, Initiative Schwarze Menschen in Deutschland Bund und Neue deutsche Medienmacher*innen | Sung Un **Gang**: Urgroßmutter, Kolja und Saranghae | Eliyah **Havemann**: Marina Weisband und Jenny Havemann | Asha **Hedayati**: Marie Stahlhofen und Benjamin Wuttke | Illi Anna **Heger**: Felix C. Hill, Liliane Gross, Nichole M. Neuman, Ripley Flammer | Werner **Hinzpeter**: Ilona Bubeck und Buchladen Prinz Eisenherz | Derviş **Hızarcı**: Christoph Walesch und Daniel Eliasson | Robert **Ide**: Helena Piontek, Joana Nietfeld, Esther Kogelboom und Wiebke | Frank **Joung**: Simone Ahrberg-Joung | Alexandra **Koch**: Max Koch, Annette Dreißig, Janine Munk und Sarah Reul | Sarah **Koldehoff**: Nora Koldehoff, Hannah Herber, Stefan Koldehoff und Ole Ohlson | Tanja **Kollodzieyski**: Sozialheld*innen, Weibernetz, ISL und Stella Young | Maori **Kunigo**: Jenny Kallenbrunnen | Pia **Lamberty**: Familie, Freund*innen und Kolleg*innen | Thomas **Layschk**: Volksverpetzer-Team | Anne **Leichtfuß**: Kolleg*innen des »Ohrenkuss«-Magazins | Michèle **Loetzner**: Die Arghs, Dominik Fürst, Theresa Lachner, Anja Schmidt | Araththy **Logeswaran**: Isabell Diekmann und Junus el-Naggar | Jana **Maeffert**: Julia Kloiber und Leonie Kühn | Michaela **Mahler**: Yavor Lalev | Lilian **Masuhr**: Familie und Sozialheld*innen | **Maya**: Ravna Marin Siever, Julio Lambing und Leonie Henning | Anna **Mendel**: David | Anna-Kristina **Mohos**: Jolanta Paliszewska, Carina Jakob, Thea Traupe | Sheila **Mysorekar**: Kinder, Freund*innen, Geliebter und alle Revolutionär*innen |

Jelena **Pantić-Panić**: Familie | Jean **Peters**: Käthe Goosses, Claudia von Braunmühl, David Schraven, Martin Kaul, Peng, Correctiv, Kay Voges, Franziska Grillmeier, Nils Jansen und Ruben Neugebauer | Julia **Probst**: Großeltern, Mutter, Kind, Thomas Worseck und Barack Obama | Simone **Rafael**: Kolleg*innen | Alexander **Rasumny**: Wiebke Rasumny und Pia Lamberty | Yolanda Sylvana **Rother**: Marley und Otis, meinen Eltern | Sara **Schurmann**: Netzwerk Klimajournalismus Deutschland | Jannicke **Schwarzhoff**: Sohn und Svess | Sarah **Shiferaw**: Eltern, Geschwister, Tabita, Elias und Alpha | Christian **Stöcker**: Familie und HAW Hamburg | Natascha **Strobl**: Kinder, Mann und Eltern | Konstantina **Vassiliou-Enz**: Andrea D. Bührmann, Susan Kamel, Carlo und Mama | Rebecca **Wienhold**: Renate Hillen und Eine Welt der Vielfalt e. V. | Anne **Wizorek**: Pansy, Sasha Velour, Brenda Howard und Robyn Ochs | Nadia **Zaboura**: CIVIS Medienstiftung, Neue deutsche Medienmacher*innen und quoted | Wille Felix **Zante**: Eltern und Pauline

Bildnachweis

Murtaza **Akbar**: Sven Marquardt | Ferda **Ataman**: Steffen Kugler (BPA) | Tayo **Awosusi-Onutor**: Lilian Scarlet | Aida **Baghernejad**: Luka Godec | Zoë **Beck**: Marlene Charlotte Limburg | Michael **Blume**: die arge lola | Tuba **Bozkurt**: Bodo Vitus | Katja de **Bragança**: Britt Schilling | Friederike **Busch**: Phil Dera | Hyun-Ho **Cha**: Sarah Eick | Sun-Ju **Choi**: Sarah Eick | Valo **Christiansen**: Melanie Steckelberg | Lea **De Gregorio**: Till-Jan Meinen | Katja **Diehl**: Linda Brack | Isabell **Diekmann**: Fabian Riediger | Amra **Durić**: Helmut Graf | Mela **Eckenfels**: Konrad Gös | Patricia **Eckermann**: Smilla Dankert | Nora **Frerichmann**: Yakob El Deeb | Paulina **Fröhlich**: Capital Headshots Berlin | Lea **Frühwirth**: Stefan Haehnel | Sung Un **Gang**: Toni Borgert | Andrea **Geier**: Rosa Steffens / WiD | Ruben **Gerczikow**: Rina Gechtina | Linus **Giese**: Birte Filmer | Imre **Grimm**: Philipp Thonet | Gábor **Halász**: Thomas Kierock / ARD | Hadija **Haruna-Oelker**: Katarina Ivanisevic | Asha **Hedayati**: Sapna Richter | Nora **Hespers**: Annette Etges | Johannes **Hillje**: Urban Zintel | Werner **Hinzpeter**: Max Lautenschläger | Derviş **Hızarcı**: Boris Bocheinski / KIgA e. V. | Inga **Hofmann**: Nassim Rad / Tagesspiegel | Robert **Ide**: Nassim Rad / Tagesspiegel | Mareice **Kaiser**: Oğuz Yılmaz | Julia **Kloiber**: Oliver Ajkovic | Erich **Kocina**: Clemens Fabry | Sarah **Koldehoff**: Nora Koldehoff | Tanja **Kollodzieyski**: Anna Spindelndreier | Johannes **Kram**: Willem Deenik | Raúl **Krauthausen**: Anna Spindelndreier | Maori **Kunigo**: Sergey Sanin | Ismail **Küpeli**: Felix Huesmann / CC-BY | Pia **Lamberty**: CeMAS | Anne **Leichtfuß**: Britt Schilling | Vera **Linß**: Jörg Wagner | Michèle **Loetzner**: Christian Brecheis | Jana **Maeffert**: Marga van den Meydenberg | Michaela **Mahler**: Yavor Lalev | Lilian **Masuhr**: Andi Weiland | **Maya**: Jarka Janssens (winter / @hyoujisama) | Anna **Mendel**: Franziska Molina | Julia **Menger**: Robert Strehler | Anna-Kristina **Mohos**: Kathleen Friedrich | Sheila **Mysorekar**: Sarah Eick | Sandra **Olbrich**: Jana Kay | Monty **Ott**: Elias Keilhauer |

Jelena **Pantić-Panić**: Ifeta Ibračević | Sebastian **Pertsch**: Andi Weiland | Jean **Peters**: Ivo Mayr | Julia **Probst**: Jascha Pansch | Matthias **Quent**: Sio Motion | Simone **Rafael**: Nicholas Potter / belltower.news | Judith **Rahner**: Tanja Schnitzler | Alexander **Rasumny**: privat / CC BY-ND 4.0 | Romani **Rose**: Zentralrat Deutscher Sinti und Roma | Yolanda Sylvana **Rother**: Jan Hogenboom, Honest Basics | Ulrich **Schneider**: Sven Serkis / Paritätischer Gesamtverband | Sara **Schurmann**: Lena Manzhos | Christian **Schwägerl**: Merkau / Raiffeisen | Ravna Marin **Siever**: Vanessa Kleinwächter | Mario **Sixtus**: Jasmin Schreiber / CC-BY | Christian **Stöcker**: Dinny Stöcker | Natascha **Strobl**: Christopher Glanzl | **tante**: Martin Peterdamm | Anastasia **Tikhomirova**: Mia Alvizuri Sommerfeld | Konstantina **Vassiliou-Enz**: Sarah Eick | Maik **Walter**: Hubertus Wiegand | Tilmann **Warnecke**: Nassim Rad / Tagesspiegel | Anne **Wizorek**: Carolin Weinkopf | Nadia **Zaboura**: Lars Weber | Wille Felix **Zante**: Pauline Carla Meyer-Beer

Impressum

Redaktion Dr. Kathrin Kunkel-Razum
Herausgeber Sebastian Pertsch

Texte von Murtaza Akbar, Ash, Ferda Ataman, Tayo Awosusi-Onutor, Aida Baghernejad, Zoë Beck, Hannah Beeck, Nora Bendzko, Michael Blume, Tuba Bozkurt, Benno Brockmann, Friederike Busch, Hyun-Ho Cha, Sun-Ju Choi, Valo Christiansen, Katja de Bragança, Lea De Gregorio, Katja Diehl, Isabell Diekmann, Amra Durić, Mela Eckenfels, Patricia Eckermann, Nora Frerichmann, Paulina Fröhlich, Lea Frühwirth, Sung Un Gang, Andrea Geier, Ruben Gerczikow, Linus Giese, Imre Grimm, Gábor Halász, Hadija Haruna-Oelker, Eliyah Havemann, Asha Hedayati, Illi Anna Heger, Nora Hespers, Johannes Hillje, Werner Hinzpeter, Derviş Hızarcı, Inga Hofmann, Robert Ide, Frank Joung, Mareice Kaiser, Julia Kloiber, Alexandra Koch, Erich Kocina, Sarah Koldehoff, Tanja Kollodzieyski, Raúl Krauthausen, Ismail Küpeli, Maori Kunigo, Johannes Kram, Pia Lamberty, Thomas Laschyk, Anne Leichtfuß, Victoria Linnea, Vera Linß, Vera Lisakowski, Michèle Loetzner, Araththy Logeswaran, Jana Maeffert, Michaela Mahler, Lilian Masuhr, Maya, Anna Mendel, Julia Menger, Anna-Kristina Mohos, Sheila Mysorekar, Sandra Olbrich, Monty Ott, Jelena Pantić-Panić, Jean Peters, Julia Probst, Matthias Quent, Simone Rafael, Judith Rahner, Alexander Rasumny, Romani Rose, Yolanda Sylvana Rother, Ulrich Schneider, Sara Schurmann, Christian Schwägerl, Jannicke Schwarzhoff, Sarah Shiferaw, Ravna Marin Siever, Mario Sixtus, Christian Stöcker, Noah Stoffers, Natascha Strobl, tante, Anastasia Tikhomirova, Konstantina Vassiliou-Enz, Maik Walter, Tilmann Warnecke, Marina Weisband, Ana-Nzinga Weiß, Rebecca Wienhold, Anne Wizorek, Nadia Zaboura, Wille Felix Zante

Illustrationen Katharina Schwochow
Umschlaggestaltung 2issue, München
Layout Veronika Neubauer, Berlin
Satz Veronika Neubauer, Berlin

www.duden.de
www.cornelsen.de

1. Auflage, 1. Druck 2023

Druck und Bindung H. Heenemann, Berlin

ISBN 978 3 411 75601 8
Auch als E-Book erhältlich unter 978 3 411 91426 5